南通民营经济发展报告
(2023—2024)

南通市工业和信息化局 编
南通市工商业联合会(总商会)

中华工商联合出版社

《南通民营经济发展报告2023—2024》编委会

主　　任　　刘　洪　凌　屹　陆建新
主　　编　　吴亚军　曹雁卉
副 主 任　　邵　伟　罗加宏　张伟其　陆志祥
　　　　　　黄卫星
副 主 编　　陆志祥
成　　员　　范志军　范亚林　欧海东　龚庆庆
　　　　　　陶　霞　张晓伟　陆　健　李仁祥
　　　　　　袁　婧

序

　　2023年是全面贯彻党的二十大精神的开局之年,四条过江通道同年开工赋予发展良好预期,经济平均增速居万亿城市前列展示发展强大韧性,南通已进入新一轮黄金机遇期,站上跨越发展的绝佳"风口"。全市上下坚持把学习贯彻习近平总书记对江苏工作重要讲话、重要指示精神与全面贯彻党的二十大精神紧密结合、一同发力,与开展学习贯彻习近平新时代中国特色社会主义思想主题教育贯通融合、一体推进。牢牢把握推进中国式现代化,牢牢把握坚持高质量发展这一新时代的硬道理,把总书记对江苏的勉励鞭策、对南通的殷殷嘱托转化为干事创业的强大动力,扛起经济大市应有的责任担当,"强富美高"新南通现代化建设取得新成效。

　　2023年,面对复杂严峻的困难挑战,南通市委、市政府坚决扛起抢抓机遇、勇挑大梁的使命担当,有力书写南通高质量发展新的"沧桑巨变",高效统筹发展和安全,有效防范重点领域风险,经济运行实现整体好转、营商环境优化取得突破、战略支点地位更加凸显,各项工作获得新成效。全市完成地区生产总值1.18万亿元、增长5.8%;一般公共预算收入680.2亿元、增长11%;全社会研发投入占地区生产总值比重2.75%;固定资产投资增长2.6%,社会消费品零售总额4 215亿元,增长6.5%;城乡居民人均可支配收入分别达到62 512元、32 977元,分别增长5.1%、6.9%;居民消费价格涨幅0.5%;城镇新增就业人数11.9万人;PM2.5平均浓度和优良天数比例均列全省第一。

　　2023年,面对严峻复杂的国际环境和艰巨繁重的改革发展稳定任务,全市民营经济战线深入贯彻落实习近平新时代中国特色社会主义思想,坚定信心、真抓实干、勇挑大梁,经济持续回升向好,展现出"稳中向好、进中提质"的坚强韧性,为南通经济高质量发展注入了新的活力。

　　2023年,全年新登记私营企业4.8万家,年末累计31.1万家;全年新登记个体工商户8.6万户,年末累计89.5万户;新登记私营企业注册资本1 801.3亿元,年末累计注册资本20 049.2亿元;新登记个体工商户资金数额113.9亿元,年末累计资金数额922.7亿元。全年规模以上民营工业增加值增长9.4%,高于规模以上工业0.6个百分点;民间投资占全部固定资产投资比重为66.6%；民营企业合计进出口1 735.1亿元，占全市外贸总值的49.6%，较上年提升1.8个百分点。民营经济实现开票销售2.7万亿元，同比增长4.1%，占全市开票销售总额的83.2%；民营企业研发投入超260亿元，占全社会研发投入的90%以上；民营经济实现税收728.7亿元，占全部税收的比重为72.8%；新增民营企业贷款1 019.84亿元，增幅19.06%；新增境内外上市公司2家，年末全市境内外上市公司57家；2023年跻身全省200强民营企业和全国500强民营企业分别为26家和8家；新增国家级专精特新"小巨人"企业64家，新增数超前四批总和，2家民营企业入选中国独角兽企业榜单，实现了"零"的突破，2023年高新技术企业总数达3 622家，国家科技型中小企业入库5 221家，创历史新高；截至2023年年底，民营经济共吸纳从业人员380万人，占全市从业人口比重近八成。

为全面、准确地反映南通市民营经济的总体态势，研究民营经济发展中存在的问题，进一步促进民营经济高质量发展，南通市工信局、市工商联从2009年开始组织编写南通民营经济年度发展报告，主要收录全市及各县(市)区民营经济发展的总体情况、市有关职能部门、行业商会的专项报告，希望能够为各级党委、政府制定政策和工商企业界人士进行经营决策提供参考，也为相关部门、机构及社会各界了解和掌握南通民营经济发展情况提供基础资料。南通市委、市政府领导十分关注和支持南通民营经济年度发展报告的编辑出版工作，各县(市)区党委、政府和市有关职能部门、行业商会也给予了大力支持与帮助，这为我们进一步做好南通民营经济年度发展报告组稿工作奠定了坚实的基础。希望通过本书的出版，进一步提高南通民营经济研究水平，也使民营经济得到社会各界的更多关注。

2024年是中华人民共和国成立75周年，是全面实现"十四五"规划目标任务的关键一年，也是南通成为全国首批沿海开放城市40周年。南通承载着习近平总书记的亲切关怀、殷切期望，肩负着打造全省高质量发展重要增长极的重大使命，全市民营企业要抢抓机遇风口、乘势而上、持续突破，牢牢把握发展主动权，完整准确全面贯彻新发展理念、加快构建新发展格局，聚焦高质量发展这一首要任务，持续推动经济实现质的有效提高和量的合理增长，为扎实推动中国式现代化南通新实践取得新进展、新突破贡献民营企业力量！

陆建新

2024年6月

目　录

综合篇

南通市民营经济发展报告 …………………………………………（1）
南通市资本市场发展报告 …………………………………………（10）
南通市民营企业外经贸发展报告 …………………………………（21）
南通市对外投资合作发展报告 ……………………………………（25）
南通市民营科技企业发展报告 ……………………………………（34）
南通市民营经济纳税报告 …………………………………………（39）
南通市民营企业吸纳就业报告 ……………………………………（44）
南通市民营企业质量发展报告 ……………………………………（50）
南通市民营经济信贷和融资报告 …………………………………（55）
南通市商会发展报告 ………………………………………………（60）

行业篇

南通市高端纺织业发展报告 ………………………………………（65）
南通市船舶海工产业发展报告 ……………………………………（72）
南通市新材料产业发展报告 ………………………………………（76）
南通市光伏产业发展报告 …………………………………………（82）
南通市未来产业发展报告 …………………………………………（90）

海安市纺织印染行业发展报告 …………………………………… (100)
海安市航空航天及轨道交通产业发展报告 …………………… (105)
如皋市汽车及零部件产业发展报告 …………………………… (111)
如东县食品产业发展报告 ……………………………………… (123)
如东县新能源产业发展报告 …………………………………… (127)
启东市生物医药产业发展报告 ………………………………… (130)
启东市建筑业发展报告 ………………………………………… (135)
通州区建筑业发展报告 ………………………………………… (140)
通州区家纺产业发展报告 ……………………………………… (146)
通州区先进制造业发展报告 …………………………………… (152)
海门区新能源产业发展报告 …………………………………… (159)

县(市)区篇

海安市民营经济发展报告 ……………………………………… (165)
如皋市民营经济发展报告 ……………………………………… (171)
如东县民营经济发展报告 ……………………………………… (178)
启东市民营经济发展报告 ……………………………………… (182)
崇川区民营经济发展报告 ……………………………………… (188)
通州区民营经济发展报告 ……………………………………… (192)
海门区民营经济发展报告 ……………………………………… (197)
南通经济技术开发区民营经济发展报告 ……………………… (203)

专题篇

长三角一体化背景下产业科创人才协同发展研究 …………… (210)
聚焦"急难愁盼"问题 聚力民企"敢闯敢干" ……………… (221)
拓展传统产业转型空间 激发经济持续增长动能 …………… (228)
南通市上规模民营企业调研分析报告 ………………………… (237)

资本与产业融合发展报告 ……………………………………（242）

附录：

　　2023 年南通市民营经济发展大事记 ……………………………（248）
　　2023 年南通市入围中国民营企业 500 强名录 …………………（256）
　　2023 年南通市入围江苏省民营企业 200 强名录 ………………（259）
　　2023 年南通市江苏省省长质量奖获奖名录 ……………………（264）

南通市民营经济发展报告

南通市工业和信息化局　南通市工商业联合会

2023年，全市民营经济战线坚持以习近平新时代中国特色社会主义思想为指导，深入学习贯彻习近平总书记对江苏工作重要讲话和重要指示精神，紧紧围绕南通市委、市政府决策部署，以夯实载体空间、梯度培育企业、提升主体素质、优化营商环境等为推进重点，全力推动全市民营经济实现平稳健康发展。

一、全市民营经济发展基本情况

（一）市场主体稳定增长

2023年，全市新增个体工商户8.6万户，年末累计达89.5万户，比年初增加4.56%；新增私营企业4.8万家，年末累计达31.1万家，比年初增加11.35%，新登记私营企业注册资本1801.3亿元，年末累计达20 049.2亿元，比年初增加6.53%。

（二）民营工业增势强劲

全市全年规模以上民营工业增加值增长9.4%，高于规模以上工业0.6个百分点，拉动规模以上工业增加值增长6.0个百分点。民营制造业完成开票销售1.1万亿元，增长9.5%，高出全省平均2.6个百分点，列江苏五个万亿城市首位。全市8家企业入列"2023中国民营企业500强"，入围数位列全省第三。26家企业入围全省民企200强。当升科技新晋为百亿企业。

（三）创新发展动能稳健

全市高新技术企业数量同比增长25.5%，增幅全省第一，3 622家高新技术企业中民企占比超95%；496家省级以上研发机构中，以民营企业为主导的超93%。以14家国家级企业技术中心为引领、324家省级企业技术中心为骨干、458家市级企业技术中心为基石,企业技术平台梯度培育基础稳步夯实。

(四)民资项目质态提升

2023年,全市民间投资占全部固定资产投资比重为66.6%。全年认定5亿元以下专精特新制造业项目104个,同比增长65%。其中,投资方为"小巨人"、单项冠军及国家级企业技术中心的占33.7%。

(五)民营进出口占比提高

2023年,南通市有进出口记录的外贸民营企业6 964家,新增347家,民营企业合计进出口1 735.1亿元,占全市外贸总值的49.6%,较上年提升1.8个百分点。

二、推进民营经济发展主要举措

(一)聚焦集群培育,做强产业支撑

深入实施产业壮群强链工程,持续推进产业倍增三年行动、长三角产业链供应链配套协同发展南通行动方案、产业链供应链生态体系建设三年行动计划。出台制造强市建设实施方案,围绕船舶海工、高端纺织两大国家级先进制造业集群培育,建立集群发展协同推进机制,统筹推动产业链招商、科技人才支撑、生态体系建设,进一步凝聚推进制造强市建设共识。坚持市场化导向,举办2023南通新一代信息技术博览会,电子元器件工业名城、国家集成电路创新中心江苏分中心正式落地。突出国际化、高端化、品牌化方向,举办2023船舶海工先进制造业集群大会暨产业展,发布"通泰扬船舶海工集群培育提升三年行动方案"。2023年,船舶海工、高端纺织、新一代信息技术等六大重点产业集群产值首次突破1万亿元,同比增长10.7%。

(二)聚焦梯度培育,提升主体质态

大力实施小微企业列规增收三年行动,2023年,全市新增规上工业企业1 007家,总数达6 886家。持续开展"创新型中小企业评价",广泛遴选企业入库培育,有效发挥"蓄水池"作用,不断充实优质企业的基础力量。新培育创新型中小企业622家,累计达2 306家。实施"1521"大企业培育工程、省"百企引航"工程,持续推进"小巨人"企业、单项冠军企业培育计划,加快培育壮大优质企业的中坚力量。围绕专精特新企业发展、协作配套强链能力等开展线上调研;扎实推进专精特新服务专员制度,实现省级以上专精特新企业全覆盖;发挥全国首家制造业单项冠军企业赋能基地作用,举办单项冠军企业培育交流研讨会暨2023年申报培训会等多项活动,不断加大支持企业专精特新发展的基础支撑、要素支撑和服务支撑。2023年,新增"小巨人"企业64家,新增数超前四批总和。

(三)聚焦数智赋能,加快转型步伐

纵深推进全市"智改数转网联"取得积极成效,入围2022年度省制造业智改数转成效明显地区,上榜信通院"智能制造城市二十强",全市两化融合发展水平达68.1,首超全省平均。全年实施"智改数转"项目8 171个,新增10万兆端口数1.5万个,标识解析二级节点运营数据全省全国领先。全市新增国家级智能制造示范工厂3个、国家级智能制造优秀场景2个。新增省互联网+先进制造业基地1个、省智能制造示范工厂10家、省工业互联网标杆工厂4家、省两化融合管理体系贯标示范企业7家。新增省星级上云企业619家,创历年新高。中天互联节点获首届全国工业互联网标识应用创新大赛第一名。元始智能获第八届"i创杯"大赛全国第二名,第六届"绽放杯"大赛、首届长三角5G+工业互联网大赛南通获奖数全省第一。

(四)聚焦环境优化,推进服务精准

深耕法律服务平台建设,2023年全市新增商会警务服务站65家,解决警务诉求366次,被全国工商联表彰为民营企业产权司法保护协同创新百佳实践案例;南通商会商事调解中心调解案件770件,标的3.4亿元;涉案企业合规第三方监督评估机制共对21家企业进行了合规整改;全市已有131家商会与63家律师事务所建立联系合作关系;商事仲裁中心共快速仲裁商会民企纠纷24起,标的1.24亿元。常态化推进领导干部挂钩服务市场主体大走访活动,深入开展"万家民企大走访",全市全年累计走访企业超1万家,协调答复企业诉求近4 000个。加快"惠企通"平台2.0建设,进一步优化检索匹配体系、完善"诉求直报"内容、扩展"政企直通"

功能,征集民企直通车典型案例30个,汇编形成《2023南通市民企诉求直通车典型案例》。相关部门组织召开民营企业高管座谈会、全市民营企业家座谈会、民营经济"两个健康"沙龙等活动,畅通企业诉求反映渠道,切实帮助企业协调解决难点问题。

(五)聚焦思想教育,筑牢理想信念

广泛组织民营经济人士学习贯彻中央重要会议讲话精神,开展党的二十大精神进区县、进商会、进民企系列活动,组织"学思想、建新功,高质量发展大讨论",全市132家商会,召开152场专题讨论会,近2 500名企业家参加。依托张謇企业家学院,2023年市县两级工商联在张謇企业家学院举办培训班19期,培训1 277人,会同南通日报社、张謇企业家学院举办2023年国际形势与经济发展论坛;市工信局组织产业链内企业负责人系统化轮训,2023年以创新型中小业培育为主题,举办培训班6期,培训超600人次;牵头举办南通市民营企业高质量发展研修班,组织企业家赴中山大学充实提升管理、营销及风险应对能力。大力宣传通商典型事迹,在《南通日报》开设"南通企业家践行'四敢'风采"专栏,会同南通广电传媒集团推出10期《通商通天下》杰出通商人物系列专题报道,出刊《南通日报》民营企业履行社会责任专版,浓厚亲商爱商氛围。

三、民营经济发展面临的挑战

(一)民间投资持续负增长

2023年,全市民间投资同比下降9.7%,增速比全省低11.8个百分点,与国有投资、整体投资的增速差持续为负且差值均为两位数,低迷态势较为明显。受市场需求恢复不及预期、投资回报率偏低等因素影响,民营企业倾向于选择"收缩式""应对式"经营策略,对扩大再生产、新增投资较为谨慎。2023年各季度相关问卷调查数据显示,始终有70.0%以上民营企业表示下阶段固定资产投资计划减少规模或无投资计划,比重较国有企业高出10个百分点以上。

(二)企业经营压力增大

2023年底,南通市重点跟踪监测的18个大宗商品价格有12个同比负增长。其中,化工、有色金属等行业在持续下跌后有所企稳,但纺织、新能源电池等行业跌幅仍在扩大，部分重点企业销售增幅回落较多。从2023年底全市组织开展的738家企业线上问卷调查情况来看，部分企业面临生产经营困难，反映市场需求不足、订单有所减少的企业占比近七成，反映成本攀高、原材料价格上涨、利润空间缩减的企业占比超六成，反映预期不确定性加大的企业占比近五成。

(三)主体质态有待提升

2023中国民营企业500强榜单中，南通市入围企业中制造业仅3家；江苏民营企业制造业100强榜单中，南通市仅3家，远低于苏州27家、无锡24家、常州14家。南通市经济总量高于常州，规上工业企业数量两者相当，但目前常州高新技术企业比南通多1 098家，省级专精特新企业多137家，"小巨人"企业多42家，单项冠军比南通多7家，规上企业含冠量比南通高0.13个百分点。目前，南通市单项冠军企业平均研发强度为4.33%，较之全国5.87%的平均水平还有一定差距。

四、2024年民营经济发展思路及主要举措

2024年是中华人民共和国成立75周年，是全面实现"十四五"规划目标任务的关键一年，保持民营经济平稳健康运行意义重大。2024年全市民营经济发展的总体要求是：坚持以习近平新时代中国特色社会主义思想为指导，全面贯彻党的二十大精神，深入学习贯彻习近平总书记关于新型工业化重要论述和对江苏工作重要讲话精神，认真贯彻落实国家、省、市有关民营经济发展的决策部署，以做强基础支撑、加强创新引领，提优营商环境等为着力点，充分激发民营经济内生动力和创新活力，持续推动民营经济实现质的有效提升和量的合理增长，为奋力打造全省高质量发展重要增长极、扎实推动中国式现代化南通新实践提供有力支撑。

重点从以下三个方面加以推进。

(一)做强基础支撑，推进民营经济"向实而进"

一是加力民资招引。紧盯世界500强、跨国公司、央企国企、大型民企投资布局，开展精准招商"敲门行动"，加大定制化招商、中介招商、以商引商力度，打造船舶海工产业展、新一代信息技术博览会等品牌活动，让更多信息源成为增长点、更多参展商成为投资商。积极推进有利于畅通循环、强链补链延链、增强区域未来竞争力的中小科创项目,持续引导各地积极招引培育专精特新等高质量制造业项目不少于100个。积极布局人工智能、工业互联网等新型基础设施,加强新型城镇化、教育医疗等领域项目储备建设,全力争取国家债券、地方专项债等政策性资金支持。全面激发民间投资活力,建好用好"三清单一平台",动态发布推介重点项目,建立民间投资重点产业项目库,民间投资增长4%以上。

二是加快产业提升。紧扣共建长江口产业创新协同区、打造通州湾石化双循环基地,构建以六大产业集群为核心、十六条优势产业链为支撑的"616"现代化产业体系。推进传统产业焕新。推动化工、纺织、机械等传统产业大力实施"淘汰落后、老旧更新、绿色转型、产品提档、布局优化"五大行动110个项目,着力提升传统产业含金量、含新量、含绿量。培育新兴产业壮大。聚焦新一代信息技术、高端装备、新能源、新材料等重点领域,加快打造一批各具特色、优势互补、结构合理的战新产业集群,力争战新产业产值占比提高2个百分点。谋划未来产业布局。锚定数字、空间、能源、材料、健康等方向,积极培育氢能、新型储能、第三代半导体、低空经济等未来产业,下好先手棋、打好主动仗。

三是加强主体培育。实施领航企业"培大扶强"行动。加大"1521"工业大企业培育力度,引导链主企业提升创新引领力、市场主导力、群链带动力和成长支撑力,力争实现千亿级企业"零"的突破。实施优质企业"拔节成长"行动。引导鼓励企业"以专而精、以特补缺、以新取胜",力争新认定单项冠军企业5家以上,国家级专精特新"小巨人"企业50家以上,省级专精特新中小企业150家以上。实施小微企业"提档升规"行动。积极引导小微企业规范经营、创新创优、做大做强,力争全年新增规上企业1 000家。实施创业载体"夯基垒台"行动。推进"双创"示范基地和中小企业示范服务平台助力企业高质量发展,全年力争创建省级双创示范基地2家以上,省级中小企业公共服务示范平台3家以上。

(二)坚持创新引领,推进民营经济"向高而攀"

一是推进创新平台攻坚。以长江口产业创新协同区建设为契机,进一步加强与上海、苏南等地产业协作和创新协同,推动创新链产业链"双链"

融合。打造制造业创新中心协同创新机制，培育加强资源整合，支持创新能力强、发展潜力大的企业建设企业技术中心、工业设计中心（研究院）、技术创新示范企业等，建立国家、省、市三级培育梯队，力争新增1家国家级企业技术中心、20家省级企业技术中心。聚焦企业平台提质、提档，力争新增1家国家技术创新示范企业、20家省级技术创新示范企业。

　　二是推动创新项目实施。推进产业基础再造和重大技术装备攻关，锚定南通市产业体系急需突破的方向，实施一批省"1650"产业体系协同攻关项目、重大技术难题协同攻关项目。全方位对接国内高校及长三角科创资源，分行业组织专业性对接，探索"飞地孵化""离岸创新"等模式，推动更多科技成果在通落地转化。依托国家级企业技术中心等重大创新平台，以及省级重大关键核心技术攻关项目实施单位，积极培育一批人才攻关联合体。加快产业科创高端人才引进和本土人才培育，加快落实国家级人才工作计划和省"双创"等专项人才计划，培育先进制造技术、先进基础工艺人才，加快构建支撑产业智能化、高端化、绿色化发展的现代人才工作体系。

　　三是促进数实融合赋能。加快智能化改造。深入学习先进地区经验，积极对接中国工业互联网研究院江苏分院资源，以全省"智改数转网联"工作推进会为契机，深入实施攻坚行动，确保全市规上工业企业免费诊断覆盖率100%、智能示范覆盖率10%、数字化改造企业覆盖率30%，两化融合发展水平提升至70左右。推动数字化转型。加大企业设备数字化改造、生产流程数字化改造投入支持，加快推进光纤网络扩容提速、5G商用部署和规模应用，力争新签约5G项目300个以上。夯实网络化联接。探索工业互联网"一行业一平台"，深化工业互联网标识解析体系建设，新建行业二级节点1个，力争二级节点注册量、解析量再创新高，力争省星级上云企业覆盖率40%。

　　（三）提优营商环境，推进民营经济"向暖而行"

　　一是进一步强化惠企平台建设。向数字经济要活力、向改革创新要动力。持续优化"万事好通·惠企通"企业综合服务平台各项功能。以更大力度推动宣传推广，提高平台知晓率；以更强机制强化部门协同，提高平台运作率；以更全服务完善平台内容，提高平台使用率；以更优功能树立品牌口碑，提高平台满意率。强化政策直达、诉求直报、政企直通机制，围绕企业核心关注点、需求面，高效为各类企业提供政策支撑、项目申报、涉企诉求以及与领导面对面交流等方面的精准服务。变"企业找政策"为"政策找企业"，实现企业一个平台查询政策、一个平台兑现补贴。2024年，力争平台累计注册量突破2.5万家、点击率突破1百万。深化"工商联+"机制。建立健全"产学研"成果对接平台，继续发挥"纳税人之家""环保服务站""中小委""银保商企"等平台作用，推动"政企产银"高校对接、"产学研用"深度融合。

二是进一步推进政企互动交流。深化"营商环境好不好、企业家说了算"服务导向，发挥牵头协调作用，持续推进市场主体大走访，组织开展"万家民企大走访"，完善民企诉求响应机制，夯实"点单、办单、跟单、销单"全闭环流程，强化跨层级、跨部门协同联动，及时办理企业反映的问题和诉求，着力提高诉求办结效率。全面实施"益企同行"走访联系企业主题活动，推动机关干部既要"跑到企业"更要"泡在企业"，紧盯企业需求和关注，不断优化走访调研、问题收集、会商会办等工作机制，确保"实打实"为企业排忧解难、助推成长。围绕惠企政策贯彻落实、绿色低碳发展等主题，不定期开展高层级政企座谈会、民营经济"两个健康"沙龙等活动，进一步畅通政府与民营企业"无障碍、零距离、心连心"式联系与交流，鼓励企业家讲真话、谈实情、建诤言。

三是进一步营造亲商安商环境。组织召开新型工业化推进大会，评选表彰一批优秀企业。持续增强"南通企业家日"品牌影响力，联合重点部门和板块，组织开展"南通企业走进清华"系列活动，深入开展经济形势分析、产业成果转化、高层次人才引进等校企合作。持续挖掘、凝练和提升优秀企业家及群体先进事迹，借力主流媒体、新媒体、融媒体等平台，开展优秀通商群体宣传，以专版、专栏形式刊登企业家故事，宣传一批对党忠诚、弘扬张謇企业家精神的企业家典型，鼓励引导企业家大力弘扬张謇企业家精神，以创新引领发展，以智造成就未来，营造尊重、爱护、支持企业家浓厚氛围。利用张謇企业家学院，对全市民营经济人士开展教育培训，丰富教学内容、探索办学模式、分门别类制定个性化课程,创造性地把张謇企业家精神植入课堂、植入企业家"血脉",提升参训企业家获得感。依托基地组织开展民营经济人士理想信念教育活动,通过思想领航、文化引领、实践引领,坚定企业发展信心,增强企业发展预期,以"两个健康"助推民营经济高质量发展。

张 姜

2024 年 4 月

南通市资本市场发展报告

南通市委金融委员会办公室

2023年,南通市委、市政府始终坚持将企业上市作为中心工作予以推进,持续强化梯队建设、环境优化、服务保障,上市梯队稳步扩容、上市服务扎实有效、上市生态持续优化。全年,全市新增上市公司2家、新三板挂牌企业8家;新增报会企业7家、辅导备案企业10家、入轨企业48家。全市共有境内外上市公司57家(其中境内上市公司达50家),新三板挂牌企业56家,过会待发行企业3家,在会企业11家,辅导备案企业25家。

一、基本情况

(一)上市主体方面

2023年,南通新增境内上市公司2家,共有境内上市公司50家(另有境外上市公司7家),主板上市公司数量及市值占比较高;上市公司主要集中在机械设备、电力设备等行业,通信、电子、国防军工、医药生物等企业在行业市值排名中靠前,重点布局高端装备、新材料等战略性新兴产业。

从全省位次来看,截至2023年年底,南通境内上市公司合计总市值为3 689亿元,平均市值为74亿元,省内市值占比较2022年下降0.21个百分点;在江苏省范围内,南通境内上市公司数量占比为7.2%,同比下降0.28个百分点,上市公司整体情况位列苏州、南京、无锡、常州、连云港之后,省内综合排名第六(详见表1)。

表1 截至2023年年底江苏省各市境内上市公司总体情况

省会和地级市	上市公司数量(家)	全省排名	总市值(亿元)	全省排名	平均市值(亿元)	全省排名
苏州	217	1	16 530	1	76	8
南京	124	2	14 090	2	114	4
无锡	123	3	11 920	3	97	6
常州	69	4	5 046	4	73	10
南通	50	5	3 689	6	74	9
镇江	23	6	1 830	8	80	7
泰州	19	7	830	11	44	12
扬州	17	8	1 121	10	66	11
徐州	16	9	1 722	9	108	5
连云港	12	10	4 032	5	336	1
宿迁	11	11	2 244	7	204	2
盐城	7	12	310	13	44	12
淮安	5	13	792	12	158	3
合计	693		64 156		93	

从上市地及板块来看，50家境内上市公司在深交所上市的共27家、市值2 087.8亿元；在上交所上市的共18家、市值1 529.3亿元；在北交所上市的共5家、市值72.2亿元。板块方面，主板上市公司最多，共28家、市值2 769.6亿元；创业板上市公司12家、市值669.57亿元；科创板上市公司5家、市值177.86亿元；北证上市公司5家、市值72.21亿元。

从行业分布来看，南通境内上市公司约70%集中在机械设备、电力设备、纺织服饰、电子、医药生物、汽车和基础化工等行业。其中，通信、电子、国防军工、医药生物、电气设备等行业上市公司的平均市值较大(详见表2)。南通暂无第一产业上市公司，大多数上市公司为第二产业，占比约为90%。上市公司通过控股公司或自身产业布局等方式在南通市16条优势产业链中11条都有所布局。50家境内上市公司中有39家公司归属于市委、市政府打造的六大千亿级重点产业集群(详见表3)。

表2　2023年底南通境内上市公司市值及排名

证券代码	证券简称	市值（亿元）	所属申万一级行业	所属申万二级行业	市值排名
600522.SH	中天科技	426	通信	通信设备	1
002156.SZ	通富微电	351	电子	半导体	2
600862.SH	中航高科	309	国防军工	航空装备Ⅱ	3
002044.SZ	美年健康	235	医药生物	医疗服务	4
002484.SZ	江海股份	136	电子	元件	5
601222.SH	林洋能源	132	公用事业	电力	6
301155.SZ	海力风电	129	电力设备	风电设备	7
000035.SZ	中国天楹	125	环保	环境治理	8
300623.SZ	捷捷微电	117	电子	半导体	9
301559.SZ	中集环科	113	机械设备	通用设备	10
002239.SZ	奥特佳	105	汽车	汽车零部件	11
603530.SH	神马电力	90	电力设备	电网设备	12
002293.SZ	罗莱生活	78	纺织服饰	服装家纺	13
600389.SH	江山股份	77	基础化工	农化制品	14
002349.SZ	精华制药	72	医药生物	中药Ⅱ	15
688381.SH	帝奥微	64	电子	半导体	16
600770.SH	综艺股份	64	综合	综合Ⅱ	17
301179.SZ	泽宇智能	62	电力设备	电网设备	18
002438.SZ	江苏神通	61	机械设备	通用设备	19
603313.SH	梦百合	60	轻工制造	家居用品	20
000961.SZ	中南建设	50	房地产	房地产开发	21
002201.SZ	正威新材	47	建筑材料	玻璃玻纤	22
002483.SZ	润邦股份	46	机械设备	专用设备	23
601010.SH	文峰股份	45	商贸零售	一般零售	24
300265.SZ	通光线缆	42	电力设备	电网设备	25

续表

证券代码	证券简称	市值（亿元）	所属申万一级行业	所属申万二级行业	市值排名
300091.SZ	金通灵	40	机械设备	通用设备	26
300421.SZ	力星股份	38	机械设备	通用设备	27
688558.SH	国盛智科	37	机械设备	通用设备	28
603339.SH	四方科技	37	机械设备	通用设备	29
603115.SH	海星股份	35	有色金属	工业金属	30
688633.SH	星球石墨	33	机械设备	专用设备	31
002722.SZ	物产金轮	32	纺织服饰	纺织制造	32
300952.SZ	恒辉安防	32	纺织服饰	服装家纺	33
603036.SH	如通股份	30	机械设备	专用设备	34
603968.SH	醋化股份	30	基础化工	化学制品	35
688113.SH	联测科技	30	机械设备	专用设备	36
301186.SZ	超达装备	29	汽车	汽车零部件	37
002576.SZ	通达动力	28	电力设备	电机Ⅱ	38
002394.SZ	联发股份	27	纺织服饰	纺织制造	39
001234.SZ	泰慕士	26	纺织服饰	纺织制造	40
300927.SZ	江天化学	24	基础化工	化学原料	41
301163.SZ	宏德股份	22	电力设备	风电设备	42
300753.SZ	爱朋医疗	22	医药生物	医疗器械	43
603389.SH	亚振家居	17	轻工制造	家居用品	44
836221.BJ	易实精密	17	汽车	汽车零部件	45
873339.BJ	恒太照明	15	家用电器	照明设备Ⅱ	46
832278.BJ	鹿得医疗	15	医药生物	医疗器械	47
871642.BJ	通易航天	15	国防军工	航空装备Ⅱ	48
688096.SH	京源环保	14	环保	环境治理	49
870436.BJ	大地电气	10	汽车	汽车零部件	50

表3 南通重点产业集群相关上市公司

六大千亿级重点产业集群	相关上市公司
船舶海工	润邦股份
高端纺织	罗莱生活、联发股份、物产金轮、恒辉安防、泰慕士
新一代信息技术	通富微电、捷捷微电、帝奥微
高端装备	中航高科、江苏神通、林洋能源、通光线缆、力星股份、如通股份、神马电力、爱朋医疗、国盛智科、海力风电、泽宇智能、星球石墨、宏德股份、联测科技、超达装备、中集环科、易实精密
新材料	中天科技、正威新材、醋化股份、梦百合、海星股份、江天化学、通易航天
新能源	江海股份、通达动力、奥特佳、综艺股份、四方科技、金通灵

(二)上市后资本运作方面

南通上市公司再融资方式多元,金额有所降低,但上市公司并购规模有所增加。再融资方面,2023年南通共有5家上市公司通过定增、发行可转债等形式开展了5笔再融资,合计融资规模为29.87亿元,在全省排名第5,较2022年下降4.09亿元,同比减少12.04%。其中,定增融资的规模占到再融资规模的63.54%。项目投入方面,南通上市公司在通投资项目的规模总体情况较好,近五年,南通上市公司计划使用341.1亿元募集资金投资123个项目,实际已投入资金187.9亿元。其中,2023年计划投资22个项目,计划投入募集资金41.2亿元,实际已投入资金7.05亿元。并购重组方面,2023年南通有8家上市公司合计发起9起并购案例,涉及通信设备、医疗服务、电力设备、农化制品、机械设备、基础化工、照明设备等几个行业,并购总规模为16.6亿元,较2022年增长7.1亿元。

(三)新三板挂牌企业方面

2023年,南通新增新三板挂牌企业8家,累计挂牌数达118家,正常挂牌56家,虽正常挂牌总数低于苏州、无锡、南京和常州,但盈利能力显著优于上述对标城市,企业资产规模与净利润正向关联度较强(详见表4)。南通新三板挂牌企业分布于工业、材料、可选消费、信息技术、金融、能源、日常消费这7个行业,在六大千亿级重点产业集群中高端装备和新材料领域的企业数量较多。

表4　截至2023年年底江苏省各市新三板挂牌公司总体情况

序号	省会和地级市	挂牌家数	资产合计（亿元）	资产均值（亿元）	资产均值排名	净利润均值（万元）
1	苏州	248	952.5	3.8	6	1 222.1
2	无锡	125	306.9	2.5	11	2 355.4
3	南京	107	283.4	2.6	9	969.9
4	常州	93	843.8	9.1	2	1 759.9
5	南通	56	837.7	15.2	1	2 568.5
6	扬州	27	127.2	4.7	4	1 064.3
7	镇江	22	119.9	5.5	3	2 823.1
8	徐州	23	48.5	2.1	12	742.6
9	盐城	20	68.6	3.4	7	743.4
10	泰州	17	44.4	2.6	9	1 899.4
11	宿迁	12	54.2	4.5	5	78.3
12	连云港	10	33.5	3.4	7	382.8
13	淮安	11	22.7	2.1	12	729.4

二、主要做法

（一）优化上市生态

充分发挥党建引领作用。在全省地级市首创建立上市公司协会功能型党委,汇聚各方合力,成立南通市上市公司协会,以上市公司党建工作质效提升来推动上市公司高质量发展。与北交所签订战略合作协议。推动南通市政府与北交所、全国股转公司签署战略合作协议,并同步揭牌"北交所、全国股转公司南通服务基地",举办北交所"三服务"江苏行—南通站启动仪式(除省会城市南京外,江苏唯一地市),为企业搭建北交所"开门服务、直达服务、精准服务"平台。助企抢抓政策窗口期。南通市万达轴承2023年11月申报北交所获受理,该企业成为2023年9月"北交所深改19条"出台后全国首家挂牌新三板不满一年的申报公司,也是全国首家申请直联机制后申报北交所上市的公司。多措并举服务企业上市,全方位优化环境,相关工作先后三次获吴新明书记批示肯定。南通市资本市场支持科技创新相关工作经验,获评长三角资本市场服务基地联盟城市优秀服务案例。

(二)浓厚上市氛围

举办重大活动。成功承办2023金牛上市公司高质量发展论坛暨第25届金牛奖颁奖典礼,该活动以往均在省会城市举办,经多方争取,2023年首次在设区市层面举办;成功举办首届金牛企业可持续发展论坛暨第一届ESG金牛奖颁奖典礼。全国500多家(近十分之一)的A股优秀上市公司董事长及高管齐聚南通,同时组织南通市上市及拟上市企业参加,立足南通市优势产业开展四场子论坛,提升南通在资本市场的影响力并导入优质上市公司产业资源。全力打造上市"好通"南通资本市场服务品牌。针对专精特新企业等优质后备企业群体,与交易所、金融机构、重点部门联合举办上市"好通"南通资本市场服务实体经济高质量发展活动、金融赋能产业高质量发展活动等10余场专题活动。发挥相关机制实效。落实市委、市政府要求,全年共组织召开全市企业上市及新三板挂牌联席会议4次,不断创新会议形式,邀请交易所专家来通专题授课,与企业家座谈会相结合,与重要活动相融合。落实"三个一"机制,邀请沪深北交易所、江苏证监局、江苏股权交易中心等来通10余次,开展专题培训、走访调研、座谈交流等活动,同时每周邀请北交所老师对重点拟上市企业线上辅导。用好"白名单"制度帮助企业协调解决难题,推送第八到第十3批"白名单"企业共130家,累计解决100余项市级层面问题或事项。

(三)狠抓上市培育

深入挖掘资源。联合税务、工信、科技等部门,进行多维筛选,通过全面摸排、多维比对、实地走访,从"专精特新"企业、净利润2 500万元以上或近三年获得私募股权投资的企业中挖掘出200多家重点上市后备资源。开展专题调研。深入各板块开展拟上市公司调研服务,走访服务拟上市企业近100家。对上市后备企业实行节点化推进、梯队化管理,形成过会待发行企业3家、在审企业11家、辅导备案企业28家、入轨股改企业42家,入轨企业66家、其他入围企业近100家的上市后备梯队,把一批具有潜力的优质企业推向资本市场。加强前延工作。持续打造"江海创投行"路演品牌,创新开展各类对接活动,充分活跃南通市私募股权投资市场。2023年以来,与南通市人才办、市工信局、市科创集团等部门联合、与各板块联动,开展"江海创投行""专精特新"企业专场路演、江海英才项目专场路演、"创咖吧"系列子品牌等多形式股权投融资对接活动累计9场,全市引入PE/VC投资资金超40亿元。坚持长情辅导陪伴,将股权融资作为助推多层次资本市场发展的前延工作。2023年以来已通过各类股权投融资对接活动反馈企业投融资建议书62份,为企业对接资本市场快速成长提供建议。对南通市近三年引入PE/VC投资的企业开展梳理筛选,推送至各板块,纳入后备企业库做好跟踪培育。相关工作经验获评长三角资本市场服务基地优秀服务案例。

三、存在问题

（一）上市公司总量较少

截至2023年年底,南通境内上市公司50家,全省排名第五,比第一名苏州少167家、比第四名常州少19家,与苏南先进地市的差距仍然较大。近几年,南通在省内上市公司数量占比、市值占比呈缓慢下降趋势,2023年分别为7.22%和5.75%(详见图1)。

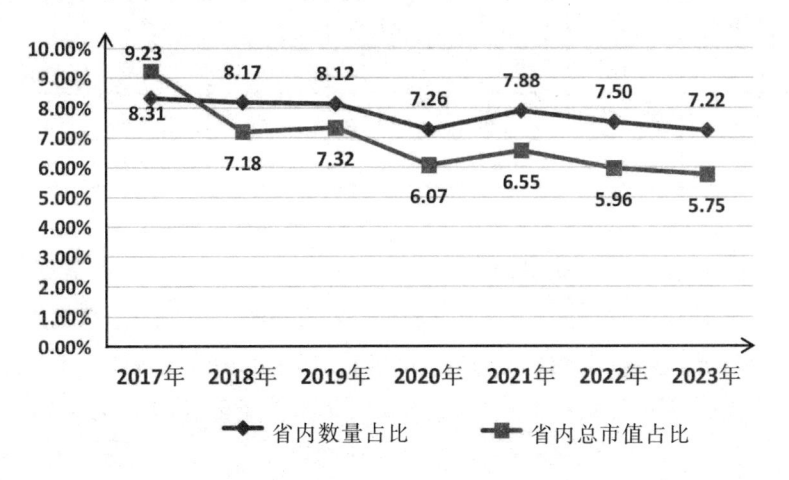

图1 2017-2023年南通上市公司省内数量、市值占比变化情况

2023年,南通有2家企业在境内成功IPO,数量位列全省第6(详见表5)。IPO辅导备案企业数量为25家,在全省排名第5位,比第1位的苏州少80家。

表5 2023年度江苏各市募集资金金额及境内IPO统计

地区	募集家数(家)	募集资金(亿元)	募资额排名	首发家数(家)	首发募集资金(亿元)	首发数排名
苏州	45	387.8	1	20	237.8	1
无锡	31	263.8	2	11	104.7	2
南京	20	169.9	4	7	67.9	3
常州	14	192.6	3	7	63.9	3
徐州	3	50.8	6	3	50.8	5
南通	7	52.9	5	2	23.0	6
连云港	2	8.8	10	2	8.8	6
宿迁	3	17.1	9	2	7.9	6
泰州	4	19.8	8	2	4.9	6
镇江	3	35.5	7	1	12.5	10
扬州	1	5.2	11	1	5.2	10
淮安	1	3.5	12	0	0	11
盐城	0	0	13	0	0	11
合计	134	1 207.7		58	587.4	

(二)上市公司市值偏小

从行业龙头企业来看,最为明显的是上市公司市值分布。截至2023年年底,全省有6家市值千亿元以上的上市公司,但南通还没有该级别的上市公司。南通市上市公司市值超过200亿元的企业仅有中天科技(426亿元)、通富微电(350亿元)、中航高科(308亿元)、美年健康(235亿元)4家企业,诸多企业都不具备龙头属性,企业的整体竞争力有待进一步加强。2023年,南通上市公司市值不足100亿元的企业有39家,平均市值比省内平均市值少18亿元,通易航天、京源环保、大地电气3家北交所上市公司市值在 15 亿元及以下。近几年,南通上市公司的市值占比总体呈下降趋势,从 2017 年的 9.23%下降到 2023 年的 5.75%,降幅为 3.48%。

(三)资本市场利用率不够充分

截至 2023 年年底,南通上市公司总市值约为 3689 亿元,位列江苏省第 6,同期 GDP 为 11813.3 亿元,位列江苏省第 4,证券化率(上市公司总市值/GDP)为 31.22%,排名全省第 8,比江苏省平均水平低 11.2 个百分点。近几年,南通市证券化率呈现先降后升趋势,2018 年大幅下跌至 27.2%,此后逐年回升,但 2022 年开始又大幅下降(详见图 2)。

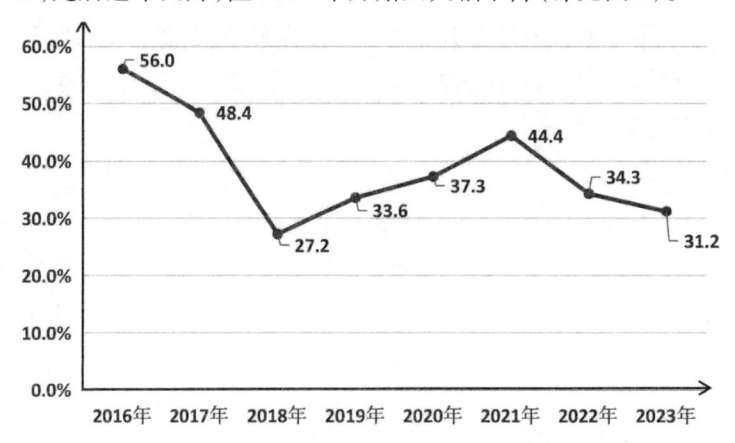

图 2　2016-2023 年南通市证券化率变化情况

四、2024 年工作计划

(一)抢抓北交所改革机遇,全力推动企业上市挂牌

抓住北交所《关于高质量建设北交所的意见》、八项改革措施等相关政策,把北交所作为工作重点,深入摸排、积极走访、联合服务,推动一批符合条件的企业改道北交所、原计划申报北交所的企业早日上市。同时,进一步强化培育指导、优化上市生态、提升服务保障,开展调研、走访、服务、解难、培训等系列活动,加快企业上市挂牌进程。

(二)坚持常态化精准化,深化股权投融资对接

分板块分行业开展股权投融资对接沙龙、专题培训等活动不少于 10 场,帮助南通市企业搭建对接平台、提升对接能力。联合江苏股权交易中心对挂牌企业加强走访服务,定期梳理挂牌企业融资需求,助力企业股权

融资,助推企业向多层次资本市场发展。

(三)依托市上市公司协会,大力提高上市公司质量

充分发挥南通市上市公司协会及功能型党委作用,开展更多、更好的"请进来"和"走出去"活动,切实为上市公司搭建政企沟通桥梁、企业家交流平台、产业链合作渠道、产融对接窗口,推动上市公司开展再融资和并购重组,围绕强链、补链、延链开展活动,促进上市公司可持续高质量发展。市县联动、部门联合,开展重点上市公司调研走访及座谈交流活动,了解企业发展现状和创新发展困境,为南通市上市公司进一步激发创新发展活力、寻找第二增长曲线提供建议。深化落实《关于进一步加强上市公司服务工作的方案》,完善挂钩服务机制、信息报送机制,加强对上市公司的日常服务与问题纾解。

叶礼彬
2024 年 4 月

南通市民营企业外经贸发展报告

南通市商务局

2023年,南通市商务局在南通市委、市政府正确领导下,全力扩大高水平开放,充分激发民营企业国际化发展的活力。

一、助力通商筑梦"一带一路"

深入落实"一带一路"倡议,完善综合服务体系,搭建信息、金融、风险防控等服务平台,帮助更多民营企业"走出去"。2023年,全市新增境外投资项目69个,同比增长86.49%,中方协议投资额25 171万美元,同比下降16.61%。新签对外承包工程合同额241 166万美元,居全省第二,同比增长145.13%,完成营业额153 734万美元,居全省第二,同比增长5.00%。新派各类劳务10 381人,同比增长73.28%,期末在外13 249人,同比下降22.48%。以战略布局抢占市场先机。引导部分制造能力强、技术优势明显的企业加快海外布局设点、拓展业务,沿着"一带一路"开拓新蓝海。对"一带一路"共建国家新增37个投资项目,同比增长105.56%,中方协议投资额10 906万美元,同比下降43.87%,占比43.33%。神马电力投资7 782万美元成立美国子公司,从事复合外绝缘产品的研发、生产;创斯达、恒太照明分别投资2 000万美元,加快海外生产基地建设。以跨国并购延伸产业链条。引导部分制造业企业向"微笑曲线"的两端上行,实现本土企业产业链的国际延伸。全市20多家上市公司开展跨国经营业务,其中10家企业通过并购海外高价值项目,获取国际市场营销网络,加快向价值链中高端攀升。以海外建厂规避贸易壁垒。引导部分企业赴"一带一路"沿线国家开展投资合作,建立生产基地、研发中心、营销网络。梦百合家居先后投资美国和欧盟,打出"世界制造+全球销售"组合拳。以优势产业推动扩量提质。发挥南通建筑产业突出优势，积极培育工程承包经营主体。华新建工、通州建总等11家企业获得对外援助项目实施资格，实现援外项目带动工程承包业务发展。4家企业入选江苏建筑外经十强和ENR全球最大250家国际承包商。

二、助力民营企业稳定外贸增长

加强对全市外贸企业监测，及时了解企业运行和订单情况。加强板块联动和部门协同，会同海关、税务、财政、中信保等建立稳外贸专班，全力推进外贸稳增长，全市市场主体活力充足，民营企业主力作用显著增强。2023年，南通市有进出口记录的外贸经营主体8 087家，历史首次突破8 000家，较上年增加342家。其中，民营企业6 964家，增加347家，合计进出口1 735.1亿元，占全市外贸总值的49.6%，提升1.8个百分点。全力开拓多元化市场。建立重点外贸企业挂钩联系机制，开展全市重点外贸企业大走访。分行业分国别组织召开船舶海工、纺织服装等重点外贸企业座谈会，帮助企业解决实际困难，助推企业加快发展。联合市外汇管理部门，共同开展扶持中小微外贸企业有效规避汇率风险专项行动，增强企业应对汇率风险能力。举办"南通名品海外行"，组织企业参加广交会、华交会各类重点展会，助力企业开拓国际市场。全力稳定市场主体。出台外贸稳规模优结构"21条"，多措并举支持企业发展。组织1 450多家次企业参加境内外展会，举办5场南通名品海外行活动，帮助企业拓市场。用好RCEP红利，帮助企业减免关税近1.5亿元。跟踪服务外贸百强企业，解决出口保函、进口信用证开证难问题。出口信保平台承保超106亿美元，同比增长10.2%。全力发展外贸新业态。国家、省级外贸新业态试点数量和质态全省领先。加快推进跨境电商综试区建设，稳定发展市场采购贸易方式，外贸集聚区建设取得新进展。制定《南通市推进跨境电商高质量发展行动计划（2024—2026年）》及配套政策，举办跨境电商选品博览会，累计培育省级公共海外仓7个，海门驻深圳跨境电商产业园运营。国际贸易"单一窗口"、通关便利化水平提升，口岸环境竞争力持续增强。

三、助力民营企业嫁接利用外资

2023年，南通市民营企业加快国际化发展步伐，通过与国外同行业大公司大集团、世界500强企业和知名跨国公司合资合作，以及嫁接改造、境外上市等渠道和方式，在资金、技术、人才、品牌和市场等方面实现跨越发展。2023年全市完成实际外资实际使用外资19.9亿美元。为推动民营企业嫁接利用外资工作，一方面精心组织好重点招商活动。全市上下持续开展招商引资突破年活动，不断健全招商引资季度分析会机制，营造了"你追我赶，比学赶超"的浓厚氛围；举办4场跨国公司总部对接会和通籍上海优秀企业家恳谈会等活动。出台外资"12条"，组织94批次经贸团组赴30多个国家和地区招商，新招引协航新能源、泰科电子、欧莱雅、中巽智能焊接机器人等优质外资项目。全市制造业外资占比43.1%，高技术产业外资占比44.3%。创新外资招引方式，落地两个QFLP基金项目。另一方面秉承做外资企业"娘家人"服务理念。为民营企业外资嫁接提供"店小二"式的服务，切实解决民营企业外资嫁接在许可经营、政策咨询、外汇业务等方面问题。建立100家重点外资企业白名单，点对点服务重点外资项目。推动存量外资企业增资扩股、新上项目，全市外资增资到账占比38%。

2024年，我们将继续大力优化民营企业发展环境，持续推动民营企业国际化发展。

(一)继续推动民营企业"走出去"

全面摸排民营企业对外投资合作情况，加强重点企业、重大项目调研，鼓励上市公司、大型企业集团开展绿地投资、跨国并购业务，推动企业通过境外投资实现"购并、引进、吸收、消化、再创新"，高质量参与"一带一路"建设。以援外项目为切入点，以总包项目为突破口，以重点市场为着力点，鼓励民营企业参与国家援外项目招投标，承揽大型总包工程。

(二)继续优化外贸发展环境

组织企业参加省级重点展会和30个市级重点展会，办好10场"南通名品海外行"活动，扩大新兴市场规模。推动服装出口向高端攀升，提升RCEP惠企服务能力，巩固对日本服装出口优势。培育外贸新动能。完善跨境电商产业生态，推进"跨境电商+市场采购+产业带+海外仓"融合发展，举办第三届跨境电商选品会，借助侨商资源加快建设海外仓，做大跨境电商"1210"进口。强化供应链链主企业、外贸总部招引,培育新增量。提升开放平台贡献度。推动综保区探索开展保税租赁业务,做大保税研发。加快水生动物、冰鲜水产品、水果等进境指定监管场所建设,实施口岸码头绩效评估。增开中越班列,推动恢复开行中阿班列,增开南通至越南河内货运航班,满足中间品贸易需求。

（三）继续推动民营企业嫁接利用外资

以南通成为全国首批沿海对外开放城市40周年为契机,办好江海国际博览会、跨国公司高管走进南通等活动。加大"走出去"招商力度,发挥驻外经贸代表处作用,深度链接"四所五行"、跨国商协会资源,完善全球招商网络。探索与欧洲、新加坡共建绿色低碳产业园,与中东主权财富基金在通州湾石化双循环基地建设方面寻求合作,扩大QFLP规模。专班化服务金鹰二期、金光二期、斯堪尼亚等重大外资项目,推动增资扩股和利润再投。

张　明

2024年4月

南通市对外投资合作发展报告

南通市国际经济技术合作协会

2023年，南通市以习近平新时代中国特色社会主义思想为指导，在南通市委、市政府正确领导下，以推动共建"一带一路"高质量发展为重点，着力构建新发展格局，南通对外投资合作平稳发展，稳中有进。全年新增境外投资项目69个，中方协议投资额25 171万美元，同比下降16.6%，新签对外承包工程合同额241 166万美元，居全省第二，同比增长145.1%，完成营业额180 209万美元，居全省第二，同比增长7.9%。新派各类劳务10 381人，同比增长73.3%，期末在外13 249人。

一、对外直接投资略有下降

（一）协议投资额

2023年，南通市新增境外投资项目69个，同比增长86.5%，省内占比5.6%；中方协议投资额25 171万美元，同比下降16.6%，省内占比2.3%。

1.投资主体所在地区

4县市（海安市、如皋市、如东县、启东市）新增境外投资项目29个，同比增长81.3%，市内占比42%；中方协议投资额6 557万美元，同比下降75.3%，市内占比26%；市区（海门区、通州区、崇川区和南通经济技术开发区）新增境外投资项目40个，同比增长90.5%，市内占比58%；中方协议投资额18 614万美元，同比增长412.1%，市内占比74%（详见表1）。

表1 2023年南通市境外投资情况表

单位：万美元

指标	新批项目数			中方协议投资额		
	1—12月	同比(%)	比重(%)	1—12月	同比(%)	比重(%)
全市	69	86.5	100	25171	-16.6	100

— 25 —

续表

指　标	新批项目数			中方协议投资额		
	1—12月	同比(%)	比重(%)	1—12月	同比(%)	比重(%)
海安市	5	25	7.3	1 317	-90.9	5.2
如皋市	8	60	11.6	1 876	-83.8	7.5
如东县	8	166.7	11.6	932	98.4	3.7
启东市	8	100	11.6	2 432	-8207.4	9.7
县市小计	29	81.3	42	6 557	-75.3	26
海门区	7	133.3	10.1	619	231.2	2.5
通州区	4	-33.3	5.8	175	-94.8	0.7
崇川区	13	44.4	18.8	2 788	-1054.9	11.1
开发区	16	433.3	23.2	15 032	3686.5	59.7
市区小计	40	90.5	58	18 614	412.1	74

2.投资市场分布

69个项目,其中亚洲地区47个,占比68.1%;欧洲地区11个,占比15.9%;北美洲地区6个,占比8.7%;拉丁美洲地区2个,占比2.9%;大洋洲地区2个,占比2.9%;非洲地区1个,占比1.5%。

项目分布情况:越南10个,新加坡、中国香港各9个,美国6个,德国、泰国、柬埔寨、日本各4个,英国3个,马来西亚、西班牙、印度尼西亚各2个,毛里塔尼亚、土耳其、墨西哥、巴西、澳大利亚、韩国、萨摩亚、俄罗斯联邦、法国、阿拉伯联合酋长国各1个。

中方协议投资额25 171万美元,其中亚洲地区10 038万美元,占比39.9%;北美洲地区8 742万美元,占比34.7%;欧洲地区3 768万美元,占比15%;非洲地区1 500万美元,占比6%;拉丁美洲地区823万美元;大洋洲地区301万美元。

中方协议投资额前十位国家(地区):美国8 742万美元,占比34.7%;越南2 661万美元,占比10.6%;德国2 521万美元,占比10%;毛里塔尼亚1 500万美元,占比6%;马来西亚1 328万美元,占比5.3%;泰国1 268万美元,占比5%;柬埔寨1 100万美元,占比4.4%;新加坡1099万美元,占比4.4%;土耳其1 000万美元,4%;西班牙862万美元,占比3.4%。"一带一路"共建国家新增37个投资项目,同比增长105.6%,中方协议投资额10 907万美元,同比下降43.9%,占比43.3%。

3. 投资涉及行业领域

涉及第三产业项目33个,同比增长83.3%,占比47.8%,中方协议投资额2 729万美元,同比增长224.7%,占比10.8%;涉及第二产业项目35个,同比增长84.2%,占比50.7%,中方协议投资额20 942万美元,同比下降28.6%,占比83.2%;涉及第一产业项目1个,同比增长100%,占比1.5%,中方协议投资额1 500万美元,同比增长100%,占比6%。

制造业项目33个,中方协议投资额19 937万美元,占比79.2%;批发和零售业项目27个,中方协议投资额2 232万美元,占比8.9%;农、林、牧、渔业中方协议投资额1 500万美元,占比6%;建筑业中方协议投资额1 004万美元,占比4%;居民服务和其他服务业中方协议投资额328万美元;交通运输、仓储和邮政业中方协议投资额155万美元;科学研究、技术服务和地质勘查业中方协议投资额15万美元。

4. 超千万美元重点投资项目

1000万美元及以上项目6个,中方协议投资额15 282万美元,同比下降46.4%,占全市总投资额的60.7%。其中,江苏神马电力股份有限公司在美国特拉华州新设神马电力(美国)股份有限公司投资总额7 782万美元;江苏创斯达科技有限公司在德国北莱茵—威斯特法伦州新设普珞飞特有限责任公司投资总额2 000万美元;江苏恒太照明股份有限公司在越南新设恒太照明(越南)有限公司投资总额2 000万美元;南通远洋渔业有限公司在毛里塔尼亚努瓦迪布新设SOMASCIR南通公司投资总额1 500万美元;江苏南通二建集团有限公司在马来西亚吉隆坡新设南通二建集团有限公司马来西亚有限公司投资总额1 000万美元;中天科技海缆股份有限公司在土耳其伊斯坦布尔新设得美电缆有限公司投资总额1 000万美元。

(二)实际投资额

2023年,全市共有57家企业有境外实际投资,实际投资额17937万美元。

1.投资主体所在地区

4县市(海安市、如皋市、如东县、启东市)企业境外实际投资额11 226万美元,同比下降41.8%,在全市占比62.6%。其中,海安市境外实际投资额5 014万美元,同比下降57.6%;如皋市境外实际投资额2 166万美元,同比下降65.9%;如东县境外实际投资额1 499万美元,同比增长223.3%;启东市境外实际投资额2 547万美元,同比增长294.7%。

市区(海门区、通州区、崇川区和南通经济技术开发区)企业境外实际投资额6 711万美元,同比下降8.3%,在全市占比37.4%。其中,海门区境外实际投资额1 026万美元,同比下降0.6%;通州区境外实际投资额94万美元,同比下降97.3%;崇川区境外实际投资额1 184万美元,同比增长40.5%;开发区境外实际投资额4 407万美元,同比增长119.1%。

2.500万美元以上投资项目

实际投资500万美元及以上企业共9家,实际投资额12 058万美元,占全市实际投资额的67.2%。实际投资1 000万美元及以上企业共7家,其中江苏联发纺织股份有限公司1 914万美元,梦百合家居科技股份有限公司1 712万美元,江苏林洋能源股份有限公司1 541万美元,江苏创斯达科技有限公司1 495万美元,江苏德展投资有限公司1 465万美元,江苏恒太照明股份有限公司1 440万美元,中天科技海缆股份有限公司1 000万美元。

二、对外承包工程稳步发展

(一)新签合同额

2023年,全市新签对外承包工程合同额24 1166万美元。

1.各地区新签合同额

4县市(海安市、如皋市、如东县、启东市)新签对外承包工程合同额19 872万美元,在全市占比8.2%。其中,海安市3家企业新签合同额3 535万美元;如东县2家企业新签合同额12 379万美元;启东市1

家企业新签合同额 3 958 万美元。

市区(海门区、通州区、崇川区和南通经济技术开发区)新签对外承包工程合同额 22 1294 万美元,在全市占比 91.8%。其中,海门区 1 家企业新签合同额 6 539 万美元;通州区 1 家企业新签合同额 11 288 万美元;崇川区 2 家企业新签合同额 16 304 万美元;开发区 1 家企业新签合同额 18 7163 万美元。

2.新签项目国别市场分布

共在 15 个国家有新签合同额,非洲地区新签合同额 189 733 万美元,占比 78.7%;亚洲地区新签合同额 51 069 万美元,占比 21.1%;拉丁美洲地区新签合同额 363 万美元,占比 0.2%;欧洲地区新签合同额 1.2 万美元。

在刚果(布)新签合同额 187 162 万美元,在阿拉伯联合酋长国新签合同额 12 304 万美元,在越南新签合同额 11288 万美元,在蒙古新签合同额 8 093 万美元。

3.对外承包工程大项目

新签超亿美元对外承包工程项目 2 个,惠生(南通)重工有限公司新签刚果(金)海上浮式液化天然气工程建造项目合同额 176 669 万美元和刚果(金)海上浮式液化天然气前期设计采购项目合同额 10 493 万美元。千万美元以上对外承包工程项目共 15 个,合同总金额 228 569 万美元。

(二)完成营业额

2023 年,全市完成对外承包工程营业额 180 209 万美元,同比增长 7.9%。

1.各地区完成营业额

4 县市(海安市、如皋市、如东县、启东市)完成对外承包工程营业额 36 404 万美元,在全市占比 20.2%。其中,海安市 4 家企业完成营业额 13 369 万美元;如皋市 1 家企业完成营业额 1 413 万美元;如东县 2 家企业完成营业额 13 925 万美元;启东市 1 家企业完成营业额 7 697 万美元。

市区(海门区、通州区、崇川区和南通经济技术开发区)完成对外承包工程营业额 143 805 万美元,在全市占比 79.8%。其中,海门区 3 家企业完成营业额 51 691 万美元;通州区 2 家企业完成营业额 11 920 万美元;崇川区 2 家企业完成营业额 15 791 万美元;开发区 2 家企业完成营业额 64 403 万美元。

2.完成营业额市场分布

亚洲地区完成营业额 88 700 万美元,占比 49.2%;非洲地区完成营业额 61 155 万美元,占比 33.9%;欧洲地区完成营业额 27 113 万美元,占比 15.1%;拉丁美洲地区完成营业额 1 773 万美元,占比 1%;北美洲地区完成营业额 1 468 万美元,占比 0.8%。

共在 39 个国家有完成营业额,其中在刚果(布)完成营业额 42 999 万美元,在俄罗斯联邦完成营业额 15 451 万美元,在越南完成营业额 11 343 万美元,在塞尔维亚完成营业额 7 160 万美元,在蒙古国完成营业额 6 632 万美元,在阿尔及利亚完成营业额 6 369 万美元,在阿拉伯联合酋长国完成营业额 6 205 万美元,在柬埔寨完成营业额 5 235 万美元,在印度完成营业额 5 221 万美元,在印度尼西亚完成营业额 4 150 万美元,在莫桑比克完成营业额 3 350 万美元。

三、对外劳务合作显著增长

(一)新派人数

2023 年,全市新派各类劳务 10 381 人,同比增长 73.3%。其中,工程项下新派 1 585 人,劳务项下新派 8 796 人。

1.新派劳务市场分布

新派人数居于前列的国家是:印度尼西亚 4 796 人、新加坡 998 人、俄罗斯联邦 798 人、日本 771 人。

工程项下新派人数居于前列的国家是:莫桑比克 32 人、俄罗斯联邦 25 人、柬埔寨 22 人、印度尼西亚 21 人。

劳务项下新派人数居于前列的国家是:印度尼西亚 4 775 人、新加坡 998 人、俄罗斯联邦 773 人、日本 771 人。

2.各地区新派劳务

4 县市(海安市、如皋市、如东县、启东市)共新派各类劳务 4 288 人,市内占比 41.3%。其中:海安市新派 191 人、如皋市新派 3 372 人、如东县新派350人、启东市新派375人。

市区(海门区、通州区、崇川区和南通经济技术开发区)共派各类劳务6 093人,市内占比58.7%。其中:海门区新派207人、通州区新派5 548人、崇川区新派323人、南通经济技术开发区新派15人。

(二)期末在外人数

截至2023年年底,全市期末在外13 249人,同比下降22.5%。其中,工程项下期末在外4 208人,劳务项下期末在外9 041人。

1.期末在外劳务市场分布

期末在外超200人的国家(地区)有:日本2 908人、新加坡2 551人、阿尔及利亚412人。

工程项下期末在外超200人的国家(地区)有:阿尔及利亚396人。

劳务项下期末在外超200人的国家(地区)有:日本2 908人、新加坡2 551人。

2.各地区期末在外劳务

4县市(海安市、如皋市、如东县、启东市)期末在外劳务共10 682人,市内占比80.6%。其中:海安市期末在外1 985人、如皋市期末在外7 243人、如东县期末在外887人、启东市期末在外567人。

市区(海门区、通州区、崇川区和南通经济技术开发区)期末在外劳务共2 567人,市内占比19.4%。其中:海门区期末在外1 374人、通州区期末在外263人、崇川区期末在外921人、南通经济技术开发区期末在外9人。

(三)雇用项目所在国人数

2023年,全市对外承包工程和劳务合作企业雇用项目所在国人员3 746人。

1.市场分布

亚洲地区人员2 639人,占比70.4%;非洲地区人员1 035人,占比27.6%;拉丁美洲地区59人,占比1.6%;欧洲地区人员13人,占比0.4%。

雇用项目所在国人员超100人的国家有:阿拉伯联合酋长国674人,柬埔寨650人,莫桑比克617人,印度尼西亚573人,越南321人,斯里兰卡 134 人,津巴布韦 128 人,乌兹别克斯坦 100 人。

2.各地区雇用情况

4 县市(海安市、如皋市、如东县、启东市)企业雇用项目所在国劳务 1 027 人,市内占比 27.4%。其中:海安市企业雇用项目所在国劳务 855 人,如皋市企业雇用项目所在国劳务 26 人,如东县企业雇用项目所在国劳务 146 人,启东市企业无雇用项目所在国劳务人员。

市区(海门区、通州区、崇川区和南通经济技术开发区)企业雇用项目所在国劳务 2 719 人,市内占比 72.6%。其中:通州区企业雇用项目所在国劳务 469 人,崇川区企业雇用项目所在国劳务 2 238 人,南通经济技术开发区企业雇用项目所在国劳务 12 人、海门区企业无雇用项目所在国劳务人员。

四、外派劳务培训持续向好

2023 年,南通市国际经济技术合作协会(南通出国劳务培训中心)共举办外派劳务培训考试 82 期,培训考试合格人数 7 313 人(申领合格证 6 228 本),同比增长 0.7%。全市新派各类劳务 10 366 人,同比增长 73%,出国前培训考试率 100%。

"十四五"以来,2021—2023 年,协会共举办外派劳务培训考试 313 期,培训考试合格人数 20 969 人。近些年,受百年变局与世纪疫情交织叠加,对外劳务合作业务受到严重影响,行业发展面临前所未有的压力和挑战。协会根据企业外派人员实际情况,创新考培模式,采用线上线下相结合方式开展出国前培训考试工作,考培人数逐年递增,企业满意度、获得感显著增强。

从外派国家看,2023 年南通外派劳务培训考试合格人员分别前往 19 个国家。其中,印度尼西亚 2 565 人,占比 35%;新加坡 857 人,占比 11.7%;日本 793 人,占比 10.8%;其他国家 874 人,占比 12%。

从从事工种看,普通操作工 3 262 人,占比 44.6%,主要派往印度尼西亚、新加坡等国家;建筑工 3 177 人,占比 43.4%,主要派往俄罗斯、吉布提等国家;缝纫工 439 人,占比 6%,主要派往日本。

从劳务人员户籍所在地看,培训考试合格人员遍布全国 29 个省(市、区),其中,江苏省内2 657人,占比36.3%;省外4 656人,占比63.7%。外派日本技能实习生中,来省内338人、省外455人;外派新加坡劳务人员中,来自省内188人,省外669人;外派印度尼西亚操作工中,来自省内424人,省外2 141人。

从性别来看,培训考试合格人员中,男性有6 245人,占比85.4%;女性1 068人,占比14.6%。男性大多从事建筑、机械操作等行业,女性大多从事纺织服装和服务业。"十四五"以来,协会共培训考试合格20 969人,其中:男性17 468人、女性3 501人。

此外,为方便企业及时到商务部门办理项目审查、人员备案和资格认定,2023年,南通市国际经济技术合作协会(南通出国劳务培训中心)为企业出具培训考试合格证明507份、推荐状181张。

2024年,协会将进一步提升外派劳务培训考试服务水平,坚持急事急办、特事特办、即到即办原则,为广大会员企业和相关单位提供优质服务,促进全市对外劳务合作高质量发展。

王加兵
2024年5月

南通市民营科技企业发展报告

南通市科学技术局

随着更高水平国家创新型城市建设的不断深入，长江口产业创新协同区的系统打造，南通市"如鱼得水、如鸟归林"的一流创新生态持续优化，全市民营经济创新主体量质并举、创新能力不断增强、创新协同持续提升、创新要素加速集聚，迸发出万马奔腾的创新力量，为南通经济高质量发展提供了有力支撑。

一、南通市民营科技企业基本情况

2023年，南通市全社会研发投入占GDP比重达到2.82%，其中90%以上来自民营科技企业。高新技术企业达到3 622家，创历史新高，其中97%是民营企业，2家民营龙头企业入选中国独角兽企业榜单，实现了南通"零"的突破，485家企业通过省民营科技企业备案。民营科技企业在南通市经济运行中的地位愈发重要，为南通市创新发展提供强大的发展动能。

（一）创新主体量质并举

源头供给持续加大。紧扣民营经济发展方向，南通市出台科技招商实施意见，成立市级工作专班，建立了400多人的科技招商团队，按照"季度有主题、月度有活动、周周有洽谈"的要求，大力开展活动招商、基金招商、平台招商、机构招商，2023年招引"有高科技含量、有高层次人才、有高成长潜力、有社会资本关注"的"四有型"科创项目1 428个，98%以上来自民间投资，充盈了民营经济发展的源头活水。主体培育持续加强。全力开展高企培育三年行动，优化"泛科技型企业—科技型中小企业—'小升高'培育企业—高新技术企业—重点科创企业培育"的五级梯次培育路径。经过广泛动员、精准指导、高频调度,2023年认定高企1608家,净增736家,高企总数达3622家,较上年增长25.5%,增长幅度全省第一,国家科技型中小企业入库5221家,创历史新高。创新引领持续提升。积极推动科技型企业加大研发投入,提高技术水平,形成核心竞争力。2023年全市民营企业研发投入超过260亿元,新认定科技创新型企业80家。其中,雏鹰企业29家、瞪羚企业48家、独角兽培育企业3家,累计培育科技创新型企业437家,3家被评为江苏省独角兽企业,高新技术产业产值占全市规上工业总产值比重48.77%,创新浓度日益浓厚。

(二)创新能力不断增强

关键核心技术攻关有突破。滚动实施"揭榜挂帅"项目攻关,通过"企业出题、政府立题、人才破题"方式,鼓励民营龙头企业牵头解决"卡脖子"技术难题,前两批20个项目有序推进,联发纺织的微纳米面料等13个阶段性成果已在生产中运用,2024年第三批遴选的20个项目正在发榜阶段,将集聚全国的创新资源攻关技术难题。积极推动民营企业申报省重点研发计划,2023年7个项目入选省重大成果转化项目,立项数全省第五,共获省财政资助9000万元,资助金额全省第四。其中,2个项目获省重大战略产品创新"揭榜挂帅"类项目立项,首次实现该类项目"零"的突破。研发机构全面覆盖有成效。实施"规上工业企业研发活动全覆盖、大中型企业和规上高企研发机构全覆盖"行动,一批起点高、实力强、机制活的企业研发机构先后建立,新增37家省工程技术研究中心,总数达460家,创历史新高,新增1家院士工作站,2家省企业重点实验室通过验收,高效运行的企业研发机构有力保障了企业创新活动。科技成果转移转化有亮点。紧紧抓住科技成果转移转化的"牛鼻子",全市引进高校院所技术转移机构62家,以科技成果转化和企业技术、应用场景、服务需求为主要内容,集聚高校智力,解决企业技术需求,助力"创新苗"长成"科技果"。2022年联合国家技术转移东部中心、同济大学等举办大型科技成果项目转化对接活动30场次,累计新签产学研合作项目1702项,合作金额7.21亿元。

(三)创新协同持续提升

有效融入长三角科技创新一体化。加快建设长江口产业创新协同区,吸纳科技企业、高效院所等组建长江口产业科技创新联盟,全方位开展跨江科技合作,南通民营企业与长三角地区高校院所产学研合作数占比超60%。2023年,长三角国家技术创新中心第一家分中心落户南通,与东南大学签署战略合作协议建设海洋高等研究院,江苏省船舶海工技术创新中心、长三角光电技术创新中心正加速建设。广泛开展对外科技合作。持续扩大对外开放合作范围,2023年修订了《南通市支持引进外国人才若干便利化措施》,外国专家来华工作居留许可审批时限由7个工作日压缩至5个,对重点企业开展国际合作开辟绿色通道;为民营科技企业对接国外优质科创资源搭建交流平台,成功举办了第二届中国—中东欧国家高校机构创新合作南通行、俄罗斯青年科技专家"中国大使奖"获得者南通行等活动。积极提升区域科创实力。强化高新区科技主阵地作用,按照各自战略产业定位,为企业发展提供优质的空间平台,不断开辟新领域、新赛道,培育竞争新优势,打造高新技术产业和制造业基地。2023年,4家省级以上高新区综合进位11位,南通高新区首次挺进全省前十,并集聚了一批科创企业,新增2个省级创新型产业集群。

(四)创新要素加速集聚

惠企政策体系持续完善。出台"新科创30条",新增前瞻性技术专项、概念验证中心等政策亮点,更大力度推行认定类科技政策"免申即享""简申快享",全面提升政策支持力度、扶持精度、兑现速度,并利用民营经济"两个健康"沙龙等多场活动上进行宣介,扩大政策知晓面。建成企业创新活力积分管理平台,建立起集科技政策发布、活力积分管理、科技项目申报、科研诚信管理等功能于一体的一站式政策智能服务平台。科创金融供给持续加大。制定《关于加强和优化科创金融供给的若干政策措施》,引导金融机构为民营科技企业提供全生命周期的科创金融服务,首批以科创积分为主要依据的科创积分信用贷款已经发放。定期举办"科创汇·天使下午茶"、科技金融进载体等融资对接活动,帮助解决企业融资需求400余项,"苏科贷""通科贷"贷款规模首次超过100亿元。创新载体持续优化。围绕打造全链条的创新创业载体,全力推进众创空间、科技企业孵化器、加速器等科创载体建设,新增科技企业孵化器国家级4家、省级23

家、新增省级众创空间32家、建成市级加速器7家，孵化载体建设成效获省政府督查激励通报。通过搭建好创新载体，从根本上解决制约民营企业创新发展的各类问题。

二、下一步推进工作举措

下一步，将深入学习贯彻习近平总书记视察江苏重要讲话精神，紧扣"建设更高水平国家创新型城市"总体目标，以统筹"科技+产业创新"为关键抓手，以推动长江口产业创新协同为工作重点，坚定不移走以产创融合为导向、以广大企业为主体、以实际需求为牵引的创新发展之路，赋能传统产业迭代升级、新兴产业培育壮大、未来产业前瞻布局，厚植新质生产力，加速民营科技企业高质量发展。

（一）聚力科创主体扩容提质，壮大强劲企业梯队

大力开展科技招商，聚焦新一代信息技术、高端装备、新材料、生物医药等重点产业和确定的6个未来产业，力争招引更多的科创项目，壮大"铺天盖地"的集群规模。深入实施高企培育三年行动，做好国家科技型中小企业评价，充盈科技型企业蓄水池；健全完善科技企业梯次培育路径，瞄准雏鹰、瞪羚、独角兽、科技型上市企业等持续打造一批高成长性民营科技企业，积极塑造"顶天立地"的竞争优势。

（二）聚力企业研发能力提升，提高创新整体效能

强化企业创新主体地位，发挥高校院所技术研发优势，支持企业牵头组建产学研协同创新联合体，推动创新要素向企业集聚。推动第三批"揭榜挂帅"科技攻关，加速突破关键核心技术，提升产业自主可控水平和核心竞争力。积极在优势产业布局技术创新中心、新型研发机构等创新平台，不断提升服务民营企业创新效能。优化产学研合作机制，支持民营企业与高校、科研院所的联合创新，主动承接和转化最新科技成果，引导企业注重原创技术和前沿技术储备。

（三）聚力区域科技创新协同，打造优质创新高地

高标准建设沿江科创带，放大"一核引领、四区联动、多园集聚、全域协同"的联动作用，推动产业链创新链融合发展，不断提升创新要素承载能力、产业集群创新能力。强化高新区科技创新主阵地作用，按照"一区一

战略产业"定位,加快打造高度集聚创新要素的核心区,为承载民营企业提供更为优质的空间平台。全方位开展跨江科技合作,积极融入长三角区域创新共同体建设,全力打造引领性区域科技创新高地。

(四)聚力创新发展生态培优,完善高效服务体系

深化落实市级科技创新促进条例,为民营企业创新提供法治保障。建设科技大市场,加强技术转移、科技咨询、成果评估等专业化服务,健全创新发展服务链条。积极打造"众创空间—孵化器—加速器—产业园区"的一体化科创孵化链条,探索"研究院+孵化器"的建设模式,推动科技成果快速高效转移转化。加强"拨—投—股"等全新支持形式,实施科技金融"组合拳",促进科创要素加速集聚,加快形成"如鱼得水、如鸟归林"的一流创新生态。

顾 毅

2024 年 4 月

南通市民营经济纳税报告

南通市税务局

作为"民营企业家的先贤"张謇先生的故乡，南通一直以来都是民营经济的沃土，民营经济也是推动南通高质量发展的主引擎、生力军。税收大数据显示，2023年南通市民营经济总体呈现稳中有进、回升向好发展态势，是经济恢复增长的重要源泉、经济税源的重要支撑、科技创新的重要力量，在经济社会发展中起着不可或缺的重要作用。税务部门持续优化税收营商环境，落实税费政策红利，支持科技创新，有力助推民营经济发展壮大。

一、总体上看：发展大局支撑有力，民营经济向新而行

（一）民营经济发展向好

2023年，全市民营经济实现开票销售2.7万亿元，同比增长4.1%，占全市开票销售总额的83.2%，与同期基本持平，是南通市经济发展的重要组成部分。其中，民营制造业表现良好，2023年完成开票销售1.1万亿元，同比增长9.5%，快于全市民营经济平均增速5.4个百分点。2023年，全市民营经济实现税收728.7亿元，较2022年同期增长36.8%，贡献了全市税收收入的72.8%。其中，民营制造业保持较高增长，实现税收311.4亿元，增幅为63.2%，高于民营经济税收总体增幅26.4个百分点。

（二）市场主体活力增强

2023年，南通市民营市场主体中开具发票、办理有税申报的相对较活跃户数同比分别增长7.2%、7.5%，反映出民营经济发展活力不断增长。新办市场主体的表现也说明了良好的市场预期和较强的投资信心，2023年，全市新增民营经济纳税人7.9万户，同比增长16.5%，占全市新增涉税市场主体99.2%，并且存活率（当年新办非注销户/当年全部新办户）达

96%。其中,纺织业传统优势产业焕新带来新血液,新办户数同比增长41.9%;互联网和相关服务、软件信息技术服务等新兴产业新办户数分别增长68.6%和23.7%;零售、住宿、餐饮、居民服务新办户数分别增长31.2%、31%、51.7%、45.5%,消费领域有望成为新增长点。

(三)创新动能加快释放

2023年,全市税务部门为民营经济办理退减免缓税费99.2亿元,占全市退减免缓税费总规模的67.1%。其中,先进制造业、集成电路和工业母机企业等三项增值税加计抵减政策中民营企业享受的比重超八成,税费红利加快了民营企业研发投入和科技创新的步伐。2023年全市民营企业申报享受研发费用加计扣除149.3亿元,同比增长20.3%,创新研发投入加大为产业结构加快转型、新旧动能加速转换注入了强劲动力,民营高技术产业、数字核心产业开票销售分别同比增长8.6%、10.3%。其中,民营机器人制造(7.4%)、智能消费设备(29.9%)、海工装备制造(91.4%)、新能源汽车制造(314.5%)等先进产业开票保持高速增长,有效对冲了化工(-12%)等传统行业持续下行的影响。

二、分维度看:区域间、行业间、不同类型税收情况存在差异

(一)分地区看:如皋、海安民营经济分列税收总量及本地贡献度首位,海门、如皋两地增幅超全市平均水平

总量上,市区民营经济贡献税收208.7亿元,占全市民营经济总额的28.6%。六个县(市、区)中,如皋2023年税收收入92.3亿元,总量排名第一,其次为启东和海安,分别入库90.4亿元及86.3亿元。增速上,受2022年大规模留抵退税造成低基数影响,六县市区均实现正增长,其中海门民营经济税收增幅最高,达到了102.7%,高于全市民营经济平均增幅65.9个百分点。本地税收贡献度上,海安市民营经济税收占本地税收的85.3%,贡献度居全市第一,市区占比较低,本地税收贡献度仅为59.3%。

(二)分行业看:制造业税收贡献最高,建筑业持续下滑

总量上,2023年制造业仍是全市民营经济税收最大来源,入库税收311.4亿元,占比超过民营经济整体税收的四成,为42.7%,其次,为建筑业、房地产业、批零业,贡献度分别为13.4%、11.9%、8.6%。增幅上,制造业、电力热燃、科学技术、居民服务增幅较大,同比分别增长63.2%、

293.1%、61.2%、64.3%。受国内经济下行压力加大、房地产建筑业市场恢复不及预期等因素影响,南通市民营经济各大行业中,金融业、租赁和商务服务等行业税收处于低位运行,增幅较低,同比分别仅增长4.5%、1.6%,而建筑业税收同比更是下降了2.2%。

(三)分注册类型看:各注册类型纳税人税收占比基本稳定,私营企业增速最快

结构上,2023年民营经济各注册类型纳税人税收占比基本保持稳定,有限责任公司、私营企业税收占比较高,合计比重超过民营经济税收总量的八成。其中,有限责任公司入库税收311.9亿元,税收贡献度最高,达42.8%,而户数最多的个体工商户2023年贡献税收10.7亿元,占民营经济税收比重为1.5%。增速上,各类型民营经济出现不同程度的反差,私营企业和有限责任公司的税收增幅高于民营经济平均水平,分别高出19.3个、2.2个百分点。股份有限公司、股份合作企业和个体工商户的增幅低于民营经济整体增幅。其中,股份有限公司税收出现下滑,同比下降2.2%。

三、从问题看:房建业行情不佳,部分领域创新、开放的脚步有待加快

(一)房建行业面临较大经营压力

受房建市场复苏较慢影响,部分楼盘停工、新开工项目也严重不足,民营房建企业经营规模萎缩。2023年,全市民营建筑业开票销售3913.7亿元,同比下降10.6%;民企房地产项目预售款开票208.9亿元,降幅高达26.5%,二者均在2022年同比下降的基础上再度下滑。投资热度也明显减弱,2023年全市建筑业、房地产开发经营业新增市场主体分别同比分别下降13.3%、13.7%。企业经营面临较大压力,部分民营建筑和房地产企业面临资金周转困难、法律纠纷等诸多问题,市场遇冷导致房建行业的税收下滑,2023年民营建筑业实现税收收入97.5亿元,同比下降2.2%,房地产业若还原留抵退税因素影响,税收收入数同比下降30%。

(二)产品附加值仍需进一步提升

2023年,南通市民营制造业中税收占比位于前列的行业是通用设备制造(14.5%)、电气机械和器材制造业(11.7%)、化学原料和化学制品制造(9.6%),而附加值相对更高的计算机通信和其他电子设备制造、医药制造、

仪表仪器制造等行业入库税收分别仅占民营制造的3.3%、2.5%、1.3%,还需进一步加强科技创新,加速培育新质生产力,提升产品附加值。与此同时,生产性服务业是引领产业向价值链高端攀升、提高附加值的重要力量,南通市民营生产性服务业[①]支撑效应不显著,2023年开票销售8 293亿元,占全市民营开票比重与2022年基本持平,其中民营软件信息技术服务、科学研究和技术服务、商务服务业市内销售占比分别仅为36.3%、46.3%、48.1%,低于全省平均3.6个、9.1个及15.5个百分点,本地服务业对智能化、高端化转型升级的支撑力还有待增强。

(三)部分领域出口步伐有所放缓

受海外需求波动、发达国家产业回流、贸易摩擦、地缘冲突等诸多影响,民营企业出口增速放缓。2023年,南通民营制造业自营出口开票同比小幅增长0.4%,增幅明显放缓,相比2022年减少10.6个百分点,对欧盟、东盟、日本、韩国等主要贸易伙伴的出口销售额均有所下滑。从出口商品看,化纤棉填充寝具等纺织服装产品出口额减少5.5亿元,同比下降17.6%,而受锂矿价格暴跌影响,锂电行业海外市场景气度下行,原料之一的锂镍钴锰氧化物出口额减少16.8亿元,降幅达27.8%。

四、促进南通市民营经济高质量发展的目标举措

税务部门将持续全面贯彻落实党中央、国务院"促进民营经济发展壮大"的重要决策和部署,落实税费政策,优化税收服务,培育巩固税源,全力支持民营经济高质量发展。

(一)加强税源建设,提升服务发展水平

做实做细全生命周期企业服务管理,推动民营经济健康发展。一是落地落细优惠政策。充分发挥税收在支持科技创新、先进制造业发展、促进绿色低碳等领域的职能作用,建立企业"成长档案",促进优惠政策和享受主体精准匹配。紧跟业务流程,开展事前温馨告知、事中动态提醒、事后跟踪问效,帮助企业精准享受并将税费优惠转化为实实在在的促进发展的红利。二是用心用力培育税源。建立健全"党委政府牵头、财税统筹、部门

---

① 生产性服务业范围参考国家统计局发布的《生产性服务业统计分类(2019)》,包括为生产活动提供的研发设计与其他技术服务,货物运输、通用航空生产、仓储和邮政快递服务,信息服务,金融服务,节能与环保服务,生产性租赁服务,商务服务,人力资源管理与职业教育培训服务,批发与贸易经纪代理服务,生产性支持服务。

协同"的税源共育工作机制,加强经济税源和税基税收比对分析,推动民营重点税源、传统税源、新兴税源、潜力税源"进网入格",促进税源高质量转化。三是做好重大项目服务。加强重点产业集群和重点产业链监测分析,聚焦"招引、建设、投产"三个环节,深度介入重大项目全生命周期管理,助力民营重大项目实现稳落地、快建设、高效益。

(二)加强税费服务,持续优化营商环境

认真落实总局、省局"便民办税春风行动"系列措施,不断提升纳税人缴费人满意度和获得感。一是盯办快办精诚响应。扎实推进新时代"枫桥式"税务所建设,建立健全分类分级调处机制,持续优化"办不成事码上反映"服务,快速处理解决民营企业涉税合理需求。二是便民利民精细服务。推广"精准推送、智能交互、办问协同、全程互动"的征纳互动服务模式,完善"查询、即办、转办"三类清单,提升问办服务质效。拓展江苏税务微信服务号功能,丰富场景应用。三是分级分类精准施策。聚焦民营企业咨询热点,制作推送实用性强、接地气的操作指引短视频库。加强涉税服务监管,维护公平市场环境,更好服务民营经济发展。

(三)加强协同共治,精准解难激发活力

落实促进民营经济发展壮大的各项举措,更好服务高质量发展。一是加强资源整合。整合各部门资源,建立民营企业税务直联点,持续开展"春雨润苗"专项行动,发挥纳税信用在融资、信贷等方面作用,持续规范强化"银税互动",助力解决民营企业特别是中小微企业融资难融资贵问题。二是着力纾困解难。贴近民营企业需求和关切,对反映较多的问题着力研究相应解决措施,推动税收管理和服务不断优化升级。完善诉求联动响应机制,建立"一企一策"研究会商纾困化解工作方案,着力解决民营企业急难愁盼问题。三是聚焦创新发展。完善支持政策直达快享机制,对高新技术企业、专精特新企业等进行专题宣传辅导,帮助企业及时用足用好优惠政策。支持民营企业加大研发投入,加快转型升级,联合服务培育优质民营科技领军企业、专精特新中小企业,加快发展新质生产力,促进民营经济做大、做优、做强。

顾露露
2024 年 4 月

南通市民营企业吸纳就业报告

南通市人力资源和社会保障局

2023年南通市各地区、各部门优化民营企业发展环境,鼓励和支持民营企业发展壮大,提振市场预期和信心。民营企业铆足干劲、竞相开拓,稳定就业有力。南通市人社局立足部门职责,大力实施招工引才、创业扶持、技能培训等一系列政策举措,为民营企业健康稳健发展提供了有力支撑,积极发挥民营企业在稳就业、促增收中的重要作用。

一、基本情况

(一)总体情况

2023年全市民营经济体累计登记总量120.6万户,同比增长6.26%;累计注册资本总额20 971.9亿元,同比增长6.55%。2023年全市支持城乡劳动者成功创业16 806人,其中新增大学生创业2 767人,新增农民创业7 413人,完成开展创业培训13 339人。截至2023年年底,民营经济共吸纳从业人员380万人,较2022年增长5万人,占全市从业人口比重近八成。其中,私营企业31.1万家,吸纳从业人员281万人,户均吸纳人员10人;个体工商户89.5万户,吸纳从业人员99万人,户均吸纳人员1人。2023年城镇新增就业11.9万人,其中8.8万人被民营经济所吸纳,占比达74%。从就业结构看,三次产业的就业结构依然为"二、三、一"的格局,三次产业从业人员比约为18∶48∶34,与2022年基本持平,二、三产业依然成为吸纳劳动力就业的主体。

(二)岗位及用工需求情况

2023年,全市共提供就业岗位33.81万个。其中,民营经济提供就业岗位33.51万个,占比达99%,有招工需求的比例为45.5%。按经济类型分，民营企业7 244家，占93.11%，职工人数41.43万，占83.71%。从用工需求的特点来看，一是用工需求承压后略有增长，计划招聘人数同比增长1.7个百分点；二是大项目拉动效应依然强劲，参与调查的大项目企业115家，占有用工需求企业数的3.2%，新增用工需求4.25万人，占总用工需求的43.9%。；三是服务业需求回暖明显，文旅行业在春节期间强势复苏，旅游行业头部企业携程旗下两家分公司新增用工需求达3500人。

(三)吸纳重点群体就业情况

因民营经济发展快、用工需求大，"在家门口就业"已成南通市农村劳动力就业的第一选项。近年来，随着南通市农民工文化水平提高，且受过工业化生产训练和市场熏陶，越来越多的农民工选择返乡创业。他们涉足的领域广泛，主要涵盖特色种养业、农产品加工和物流、信息服务、电子商务等一二三产业，实现从传统一产向二产、三产融合发展。2023年，在新增转移的农村劳动力中，就地转移人员占比达54.3%。民营企业在薪资、职业生涯规划及后勤保障方面越来越具有竞争力，高校毕业生对到民营企业就业的认可度不断增强。据南通籍2023届高校毕业生就业状况及返通就业情况调查显示，民营经济仍是吸纳大学毕业生就业的主力军，占比超八成。制造业、信息传输及软件信息技术业、建筑房地产业依然占据毕业生就业领域的前三位。

二、助力工作举措

(一)全力保障企业用工

1.跟踪调研摸清需求。年初对全市9000余家企业开展春季用工需求调查，为有赴外招需求的企业制订计划，组建赴外招工作专班，主动同陕西、贵州、山西、云南、广西、青海等地劳务基地对接，搭建校企协作平台，将招聘岗位、活动通知等8 000余条信息及时提供给当地人社部门。年中对有用工需求的2 833家企业开展实地调研，围绕156家重大项目产业企业，精准摸底企业用工需求。三季度对全市1 317家高端纺织企业开展专项用工情况摸排，了解企业用工需求、缺工原因、招聘途径、服务方式，指导各地创新招聘方法、分类精准施策、发挥人才支撑作用、优化用工服务机制，引导企业参加现场招聘、赴外招聘、直播招聘等线上线下招聘活动,全力做好有一线工人需求企业的用工指导。

2.双向发力匹配供需。组织好"创响江苏"春风行动,通过省外劳务基地对接、线上"云聘"带岗、"点对点"返岗复工等措施帮扶企业稳岗扩岗,新建劳务基地19家,在省内外举办招聘活动83场次,发布岗位信息3.21万个,吸引2.19万余人次。全市各级公共人力资源服务机构共举办招聘会1158场,提供就业岗位33.81万个,24.37万名劳动者参与求职应聘。

3.真金白银稳企惠民。全市共为932家单位6869人次发放春节期间用工奖补342.64万元。做好"苏岗贷"扩围工作,已提供39.47亿元的"苏岗贷"资金支持。完成餐饮、零售、旅游、民航和公路水路铁路运输5个行业企业享受一次性留工培训补助的期末申报及资金发放,共发放4210.5万元,惠及2904家企业8.42万名职工。采取"免申请"方式为10.6万家市场主体减轻失业保险缴费负担13.8亿元;为6.2万家用人单位发放稳岗返还2.97亿元,惠及88万职工。

(二)拓展创新创业空间

1.持续发挥创业载体的驱动力。贯彻落实《南通市市级创业示范基地分类管理办法(试行)》,推动分级分类管理,引导各基地不断提高孵化服务能力。根据江苏省厅创建文件要求,评选出自发电生成地砖系统(踏板发电系统)等13个省级优秀大学生创业项目,崇川区复刻科创园和中南科创谷两个省级创业孵化基地。

2.持续加码创业政策的扶持力。协同南通市财政局推出富民创业担保贷款新政2.0,进一步加大对重点群体的创业扶持力度,享受范围扩大到全体城乡创业者,个人贷款额度提高至20万元,对首次申请担保贷款的重点群体实行全额贴息。

3.持续发挥"创响南通"品牌的吸附力。每季度在"南通人社"公众号公布全市创业活动计划,每月公布活动预告,做到月月有活动,季季有亮点。联合各部门在全市各类专场招聘和宣讲活动中嵌入创业政策宣传20余场。举办了"创响江苏"高校毕业生等青年人才创新创业大赛南通市初赛,汇集556个创业项目。

(三)强化培训供给能力

1.坚持需求导向,优化培训项目。将优化后的19个培训合格证书项目正式纳入《南通市2023年政府补贴性职业技能培训职业(工种)目录》。全市组织城乡劳动者就业技能培训19 679人次,新生代农民工职业技能培训6 938人次;市区开展80个班期5 406人的合格证书职业技能培训。

2.依托数字平台,推动线上培训。继续推广"互联网+"培训模式,通过钉钉移动办公平台实现"培训学习在线化、学习时间自由化"。依托省一体化平台线上办理培训机构登记维护、开班申请、签到打卡、考核申请及组织、成绩录入及发证、补贴申报等流程。全市举办了育婴员、电工、养老护理员、咖啡师等工种950个班期的"线上+线下"培训课程,29 364名学员参培。市区组织4 580名大学生开展公共实训,发放公共实训补贴435.3万元。

3.开展岗前培训,帮促职工适岗。走访劳动密集型企业,搭建校企合作平台,指导通威太阳能(南通)有限公司和崇川区启明职业培训学校联合开展了市区首期职工岗前培训班。市区共190名企业新入职员工通过参加岗前培训实现了适岗。

4.优化培训方式,推进大学生创业培训。迅速推进"创响江苏"创业培训进高校专项活动,开展大学生GYB创业培训工作。在工贸技师学院和南通理工学院试点举办GYB创业培训班,共850余人参加培训,837人通过考核,通过率98.48%。

三、存在的问题

(一)人力资源择业优势不明显

相比苏南地区,南通市在产业结构、择业空间、薪资待遇、发展机会等方面都不具备明显优势,多数企业处在产业链中低端、产品附加值较低,特别是部分劳动密集型企业管理不够科学,往往以降低劳动成本来控制生产成本,所提供的工资待遇水平缺乏吸引力。企业效益、员工薪酬相比发达地区存有差距,与苏南相同工种工资水平相差约1000~1500元,生活成本却相差无几,引进来的就业人员往往把南通市作为转向苏南地区就业的跳板。

(二)新生代劳动力择业多元化

近年来,快递物流、外卖送餐、网络直播和网约车等新业态迅猛发展,使得制造业企业对年轻人的吸引力减弱。新经济新业态的就业方式发生了颠覆性变化,时间自由、雇佣关系灵活、工作方式弹性化,对年轻人产生了很大的吸引力。大量"95后""00后"新生代青年就业首选已不是进工厂做一线工人,而是青睐于就业环境好、福利待遇优的外卖、物流、电商、直播带货、自媒体等服务性工作,月收入可达到6000~8000元,比在制造业企业上班高出2000元。

(三)用工环境需要进一步改善

一是用工主体作用发挥不充分。部分企业自主招工、稳工留人主观努力不够,方法不多,缺乏"包容、开放、融合"的用工理念,生产部门与人力资源部门之间统筹规划不够完善。二是订单影响造成"潮汐式"用工困扰。受订单影响,部分工厂招聘需求和薪资待遇不断变化,呈现出"潮汐式"用工。当工厂订单比较多时,用工需求比较大,薪资待遇比较高,而订单比较少时,薪资待遇就会比较低,造成用工极不稳定。三是配套生活娱乐设施建设滞后。青年群体不再满足两点一线的生活,选择落脚一个地区,既看发展机会,也看生活舒适度和生活成本。生活区与园区之间通勤距离过长、公共交通班线缺失、住房、教育、娱乐等配套功能不完善,无法满足企业员工需求,导致员工幸福度和获得感低。

四、下一步工作建议

(一)优化服务助就业

线上线下发力优化企业用工服务机制,强化重大项目和重点企业用工常态化服务。依托省一体化平台等各类信息平台打通企业用工奖补政策网上申报渠道,实现企业用工奖补网上申报全覆盖,提升政策兑现便利度。继续稳固劳务基地建设,指导县(市、区)常态化开展与劳务基地的交流活动,为企业招引外地人力资源搭建平台、拓展渠道。持续开展线上和线下结合的招聘活动以及劳务基地建设人力资源招引活动。

(二)支持培训促就业

高质量推动"产训结合",持续开展技能培训,落实好培训补贴政策;扎实推进新职业培训,紧随社会发展要求及新业态产业形势,聚焦先进制造业集群、战略性新兴产业和现代服务业,努力提高技能人才就业质量,推动数字经济与实体经济深度融合。高质效优化技能培训服务,建立"技能培训+就业服务"深度融合模式,建立以就业技能培训上岗率指标为主、以参训人员满意度指标为辅的培训质量评估机制。

(三)开发创业带就业

大力推进开发新业态创业培训项目,指导高校开发电商直播方向的网络创业培训和创业模拟实训。持续推进"创响江苏"创业培训进校园活动,加强大学生创业意识培训。做好省级创业示范基地和大学生优秀创业项目的创建工作,做强"创响南通"品牌,开展各类丰富多彩的创业活动,不断扩大品牌影响力。

(四)做优做实留就业

引导企业从"招工"向"留人"转变,提高人力资源管理水平,合理确定薪酬待遇,改善生产生活条件,增强人文关怀,提高引人留人的竞争力。各级职能部门应着力解决好外来人员的"关键小事",改善产业园区生活配套,加大人才安居供给,注重新市民子女教育,持续简化入学条件,大力发展社区托育教育,切实解决企业和外来人员的后顾之忧,增强留人的归属感。

洪忆雯

2024年4月

南通市民营企业质量发展报告

南通市市场监督管理局

民营企业是加快发展新质生产力、增强发展新动能的重要支撑。2023年,南通市市场监管局聚焦企业、产业发展,用足用好质量"工具箱",建优建强质量服务体系,民营企业内生活力进一步激发、发展韧性进一步增强。

一、民营企业发展概况

截至2023年12月31日,南通市实有市场主体125.41万户,较上年末增长7.17%,比全省平均增速(3.81%)高3.36个百分点。其中,企业总数35.49万户,增长12.39%;注册资本35 482.37亿元,增长14.02%。个体户总数89.50万户,增长5.25%;资金总额920.80亿元,增长17.28%。企业中私营企业总数31.14万户,增长10.31%;注册资本20 062.07亿元,增长6.60%。

(一)多措并举完善质量发展体系

一是顶层设计逐步强化。出台《深化质量强市建设实施方案》《贯彻落实国家标准化发展纲要三年行动计划(2023—2025年)》《南通市进一步提高产品、工程和服务质量三年行动计划(2023—2025年)》《计量发展三年行动计划(2023—2025年)》等专项规划计划,高位谋划推进质量工作。二是考核机制不断优化。将质量工作列入南通市委、市政府重点工作,纳入对各县(市、区)专项考核、市级机关督查检查考核。召开南通市质量发展委员会成员单位会议,部署推进质量工作,明确任务分工,分解考核指标,确保工作落地落实。三是靶向宣传作用明显。利用"旗舰领航"行动开放日、质量月、城市质量节、中国品牌日等时间节点,有效开展群众性质量活动,营造浓厚质量氛围。

（二）精准施策提升质量助企能级

一是积极推进"质量合作社"建设。联合市场监管总局发展研究中心深入基层，了解基层质量合作社运行现状，打通直通站点作用发挥的堵点，推动质量服务质效提升。深化"一社一策"建设，延伸产业集聚区"质量合作社"服务触角，建成海门家纺质量合作社叠石桥家纺市场质量服务直通站。二是加快质量基础设施建设。持续优化"通通检"质量基础设施"一站式"云服务平台建设，注册用户超2万人，累计访问量82.60万次，同比增长40%，入选苏浙皖赣沪质量基础设施"一站式"服务典型案例。三是用好"苏质贷"助企便捷融资。印发《2023年度南通市银行业金融机构支持高质量发展评价办法》，将"苏质贷"推进情况纳入全市银行业金融机构高质量发展评价。建立政银企三方协作沟通机制，开展银企签约活动，助力企业融资132.47亿元。

（三）善作善成提高质量创新能力

一是品牌打造成果丰硕。1家企业获2023年省长质量奖。23个产品通过"江苏精品"认证。新增省质量信用AAA级企业14家、AA级27家。创成省农业产业化国家重点龙头企业2家。全市累计获鲁班奖124个。建筑业产值规模和获奖数稳居全国地级市首位。二是标准引领卓有成效。南通市标准化工作联席会议成员单位由31个增至38个。通光线缆主导起草发布2项国际标准，中洋集团牵头起草的1项双碳领域国际标准获批立项，中天科技、力威机械获批筹建省技术标准创新基地。7家企业10项企业标准被认定为2022年全国企业标准"领跑者"。三是质量创新活力十足。获第24届中国专利奖9项、首届省专利奖7项，14家企业被认定为国家知识产权示范企业，17家企业被确定为国家知识产权优势企业。全市新增发明专利授权7 437件，有效发明专利量达45 120件，新培育国家知识产权优势示范企业31家。"瑞恩"商标获驰名商标认定。"如皋火腿"获批国家地理标志保护产品。

（四）多元聚力优化质量治理格局

围绕提升企业质量发展意识，开展电动自行车、蓄电池、充电器监督抽查67批次。排查燃气相关生产经营单位1 875家。全省首创叉车"技改+保险+共享"智慧监管模式,打造"通租赁"共享平台,已有187家公司、1 335辆叉车接入平台。开展食品安全监督抽检5.1万批次,问题发现率3%。开展全市夏秋两季收购粮食质量安全监测328批次,结果均为合格。全市未发生区域性、系统性质量安全事件。围绕遏制企业质量违法行为,组织开展民生领域"铁拳"行动,检查各类经营主体2 971家,查办案件969件,罚没1 369.02万元。查办农产品质量安全案件53件。查处生产销售无熄火保护装置、可调节调压阀等产品质量违法行为,立案77件,罚没6.04万元。推进"昆仑2023"专项行动,侦办食药环知森领域刑事案件73起,抓获犯罪嫌疑人204人。围绕创新监管模式服务企业,形成首违不罚、免罚、减轻、从轻、不予强制措施"五张清单",覆盖计量、网络交易等27个领域180项轻微违法行为,覆盖面全国领先。探索"事前预防、事中包容、事后提升"全过程柔性行政执法机制,围绕食品药品、特种设备等重点领域梳理制定合规指导清单107项。

二、民营企业质量提升特色亮点

(一)"首席质量官"制度做优人才强支撑

首席质量官模式在中国质量大会分论坛上作为唯一受邀地级市作交流发言,南通醋酸纤维"1283"设备精益管理模式入选全国首席质量官质量变革创新良好实践典型案例。实现首席质量官学习、考试、获证等全流程"云上服务"。搭建"首席质量官之家""质学会"等交流实践平台,推动优质资源互通共享。

(二)"旗舰领航"行动赋能强链新动力

开展"旗舰领航"行动,为企业开展质量管理诊断、标准化分析、计量检定校准等专项体检,完成210家企业质量体检,形成1024份专项分析报告,梳理出标准、计量、知识产权等问题2 862个。全省首创"标准托管"和"WTO/TBT信息分类推送"服务,托管标准5 971条,发送作废等标准变更信息827条,惠及企业202家。

(三)小微企业质量认证提升行动夯实质量硬基础

发布《关于持续深入开展小微企业质量管理体系认证提升行动的通知》,组建认证机构帮扶联盟。对质量管理基础薄弱、质量发展意识不强的小微企业开展培训,全年共计94场次,涉及企业1 927家;累计为239家小微企业开展精准帮扶,发现并破解行业质量难题135个。

三、当前存在问题

在充分肯定成绩的同时也要清醒地认识到,当前,南通市质量基础建设还存在短板,质量发展需求和主导产业契合度还不高,民营企业质量意识有待提升。

一是部门协同配合能力有待提高。一些部门拘泥于"规定动作",缺乏"自选动作","大质量"意识不够深入人心,协作配合、整体推进的质量工作格局仍需完善。

二是质量技术服务机构能力尚需提升。检验检测、计量等机构数量、能力和覆盖面与南通市先进制造业集群、战略性新兴产业、未来产业和重点产业链高质量发展匹配度还不高,前瞻布局和机构能力有待提升。

三是质量理念宣传广度仍需拓展。部分民营企业质量认识存在偏差,重速度、重数量而轻效率、轻质量的观念依然存在,质量理念宣传推广和科普教育亟待加强。

四、下一步工作举措

2024年,南通市市场监管局将紧紧围绕中央、省市工作部署,聚焦区域高质量发展,主动融入、服务促进发展新质生产力,持续深化质量提升行动,打造质量服务"南通样板"。

(一)更高水平做好统筹谋划

围绕上级部署和考核要求,更好发挥市质委会"双主任"牵头抓总作用,突出重点领域、狠抓关键环节,完善质量激励、质量监督、质量考核制度,进一步健全质量工作体系。发布《南通市国家知识产权强市建设示范城市工作方案(2024—2026年)》。加快《南通市知识产权保护和促进条例》制订。统筹国家知识产权保护示范区创建和省知识产权保护示范区项目建设。深入推进发明专利培育"滴灌计划",力争滴灌企业发明专利授权量突破5 500件。

(二)深入开展质量提升行动

充分发挥质量、标准、认证、检测、品牌、知识产权等工具,聚焦构建"616"现代产业体系,全力服务重点企业实现内外贸一体化。持续开展"南通精品家纺"品牌认证,推动家纺产品向家纺精品转型升级。积极筹建国家高端精品钢产品质检中心,省级碳计量实验室、省变压器产业计量测试中心,争创省级以上技术标准创新基地,吸引国内外知名质量服务机构落户。推广"标准托管"服务,开展检验检测促进重点产业优化升级和小微企业质量认证提升行动。

(三)全力推进质量标杆培育

持续开展"旗舰领航"行动,开展第四批140家企业质量体检,签订三年共建协议。对标国际先进、行业领先,结合企业实际确立质量品牌、质量创新、标准引领等建设目标,完善质量奖梯度培育机制,鼓励引导企业争创中国质量奖、省长质量奖等质量领域重点奖项。新培育国家知识产权优势示范企业10家,通过企业知识产权管理国标认证或省绩效评价企业300家,知识产权贯标备案企业500家。

(四)持续强化质量基础建设

支持重点产业园区、产业集聚区积极争创国家质量品牌提升示范区。加大企业创新金融扶持力度,助企融资180亿元以上。打造"通通检"市场监管服务"主平台",实现助企服务"一站式"标准化。结合产业发展需求和企业发展需要,探索与企业联合建立江苏省重点实验室(生态纺织品)、江苏省功能纤维及制品产业计量测试中心,助企开展技术研究,加快"卡脖子"难题攻关。

(五)务实做优质量文化宣贯

充分发挥消费者协会、行业协会、质量检验认证技术机构等第三方社会组织作用,有效调动民营企业质量发展积极性和创造性。利用"3·15"、质量月、标准日、认可日、食品安全周等活动,加大对质量品牌标杆企业的宣传力度,讲好质量故事、传播质量声音,持续激发全社会质量热情,营造"人人重视质量、人人创造质量、人人享受质量"的浓厚氛围。

吴肖敏

2024年4月

南通市民营经济信贷和融资报告

中国人民银行南通市分行

2023年是全面贯彻党的二十大精神的开局之年，是三年新冠疫情防控转段后经济恢复发展的一年。面对错综复杂的经济金融形势，全市金融系统坚持以习近平新时代中国特色社会主义思想为指引，完整、准确、全面贯彻新发展理念，牢牢把握金融工作的政治性、人民性，忠实履行基层央行职责使命，全市民营经济融资工作取得了新进展、新成效。

一、南通市金融支持民营经济发展的主要情况

（一）稳健货币政策实施有力有效

综合运用多种货币政策工具，加大窗口指导、动态监测和宏观审慎评估工作力度，为南通民营经济运行率先整体好转提供了良好的货币金融环境。2023年末，全市民营企业贷款余额6 369.49亿元，全年增加1 019.84亿元，增幅19.06%，高出各项贷款增幅4.77个百分点。持续释放LPR改革红利，巩固民营企业实际贷款利率下降成果。2023年1—12月，全市企业贷款平均利率分别为3.96%，同比下降0.36个百分点，创有统计以来新低。

（二）金融服务实体经济更加精准

用好科技创新再贷款，推广"苏创融""可转贷""人才贴"专属金融产品、推进知识产权质押融资线上化试点，引导金融机构加大对科创企业、先进制造业的金融支持。2023年末，全市制造业贷款余额同比增长17.02%，高于各项贷款增速2.73个百分点。其中，制造业中长期贷款同比增速高达40%。绿色金融发展持续推进。自政策开放以来至2023年末，累计办理绿色再贴现59.77亿元，惠及109家企业；累计发放"苏碳融"政策资金1.74亿元，惠及29家企业，南通法人银行碳减排支持工具使用金额

居全省前列。截至2023年年末,全市绿色贷款余额2 678.68亿元,同比增长59.64%,分别高于各项贷款增速和全省平均增速45.35个和13.19个百分点。普惠金融发展提质增效。深入实施扶小助农、绿色民营、纾困增效"三个千亿工程"。2023年年末,全市普惠小微贷款余额、惠及经营主体数量分别同比增长23.9%和19.9%,贷款加权平均利率同比下降54个基点。

(三)区域金融稳定基础不断夯实

配合相关部门制定建立市级层面金融支持地方债务风险化解工作小组,配合地方政府化解融资平台经营性债务风险。切实做好"保交楼"工作,引导金融机构对白名单企业提供融资支持,配合化解恒大、中南建设等重点房地产、建筑企业风险,保交楼专项借款,全市无新增债务融资工具违约企业。

(四)回应市场主体关切精准有效

着力优化汇率避险服务供给,将汇率避险纳入银行普惠体系,推动银行通过外汇衍生业务为企业让利超亿元,全年全市外汇套保规模近100亿美元,外汇套保比率达35%,保持全省领先水平。积极协助高新技术和专精特新企业参与跨境融资便利化试点,便利企业借用外债,实现国家、省、市三级高新技术和专精特新企业全覆盖。持续丰富跨境金融服务平台居间撮合功能,率先落地"银企融资对接""海运费外汇支付便利化"应用场景试点,企业融资自主性显著加强,融资类场景累计服务企业200家、放款金额50亿美元以上。

二、金融支持民营经济中面临的制约因素

2023年,南通经济在持续承压中波浪式发展、曲折式前进,总体回升向好,呈现"平开中高后稳"的走势。经济总体回升向好,但持续恢复发展仍面临不少挑战,一定程度影响了金融支持民营经济发展。

(一)国内与国外的反差

从国际比较来看,我国经济增速在大型经济体中保持领先,物价涨幅最低,实现了"合理增长+低通胀+低利率"的组合,发达经济体多是"低增长+高通胀+高利率"的组合,这充分体现了我国经济抵御外部冲击的能力和韧性。美欧发达经济体加息缩表周期接近尾声,政策利率接近或达到峰值,通胀压力总体缓解,但仍有黏性,在中美利差倒挂下,人民币汇率贬值压力和跨境资金流出风险仍可能持续。

(二)宏观数据与微观感受的温差

国内生产总值、工业增加值、服务业营业收入、社会消费品零售总额等规模指标的增速保持较高水平,但企业利润率、产销率、居民就业率、人均消费支出等反映发展质效的指标相对偏弱。在经济增长整体回升的背景下,企业和居民的信心仍显不足,预期仍然不稳。

(三)政策力度与政策效应的落差

2023年以来,促进民营经济发展壮大、调整优化房地产金融政策、稳外贸稳外资等各类支持政策频出,力度也很大,各级政府都在拼经济,但市场反应相对平和,民间投资低迷,商品房量价齐跌,进出口、实际使用外资持续负增长。

(四)银行持续稳健经营承压

近年来,银行减费让利力度加大,净息差明显缩窄,2023年末,大型银行净息差为1.66%,为历史最低水平。考虑存量房贷利率调整、地方债务重组、贷款重新定价等因素,银行净息差可能继续收窄。同时,不良核销和拨备增加,营业收入和利润增长放缓,补充资本和化解风险任务艰巨,银行服务实体经济的可持续性和自身高质量发展的稳健性都面临压力。

(五)重点领域潜在风险不容忽视,金融风险防控还需进一步加强

当前房地产市场仍处在深度调整之中,房价整体承压,商品房销售面积连续两年大幅下降,库存去化周期拉长,政策效应有待进一步释放。房企尤其是部分民营房企经营性现金流恢复不佳,资金链高度紧张,并向上下游蔓延,相关贷款不良率逐步上升,金融机构涉房资产质量下迁压力增大。

三、相关建议

(一)积极发挥南通产业基础与禀赋优势,推动民营经济较快发展

经过多年积极探索,南通已建立形成强劲的产业建设力和高效完备的产业链供应链,拥有装备制造、生物医药、电子、电气、新材料、新能源等一批优势产业。应积极发挥南通这一优势,形成与兄弟发达城市错位发展

战略,加快转型升级,实现制造业弯道超车、重新领跑。积极融入长江经济带、长三角一体化等国家区域协调发展战略,主动融入"一带一路"发展倡议,坚持合作开放,综合利用政策、制度、资源、人才等禀赋,推动南通民营经济快速发展。

(二)贯彻新发展理念,持续加大科技创新与高端领域布局,实现南通民营经济高质量发展

加强政策与资源引导,持续加强在先进制造业、高端设备制造、现代化产业基地及先进制造产业链上的布局及建设。以先进制造业集群培育为总抓手,绘制产业链图谱,加大产业链补链强链力度,提升产业链控制力与竞争力。加强制造业创新中心建设。围绕人工智能、增材制造、高性能碳纤维、高端工程机械、工业软件等关键领域,布局建设一批能够汇聚全市优势资源的民营经济创新中心,实现优势领域、共性技术、关键技术的重大突破。

(三)加大政策支持与营商环境建设,激发民营企业创新动力和新动能积蓄

加大政策、财政资金对制造业企业转型升级、科技创新的支持力度,激发企业创新动力。加强制造业发展战略、规划、政策、标准等制定和实施,强化行业自律和公共服务能力建设,提升产业治理水平。加强技术和知识产权保护,积极营造公平公正、宽松有序、包容创新的良好环境,加快新动能成长。

(四)继续加大金融供给与改革创新,进一步提升金融服务质效,推动制造业更好发展

一是加大正向激励与考核引导,督促金融机构继续加大对民营经济领域融资支持,用足用好各类专项信贷支持政策,加大对新一代信息技术、高端装备、新材料、新能源等重点领域和关键环节的支持。二是进一步优化金融营商环境。地方政府发挥牵头作用,完善融资担保体系和风险分担机制,推动各类信用平台建设,稳步扩大关键非金融信息采集和整合,增强银政企信息共享。三是加强金融产品与服务方式创新。鼓励银行机构积极运用金融科技手段,提升金融服务实体企业能力与水平。根据企业尤

其是小微企业、民营企业以及初创期科技型企业的经营特点、资源禀赋、风险状况和信用环境等，开发和提供更多精准性、针对性和便捷性的信贷产品和金融服务。

胡晓亮

2024 年 4 月

南通市商会发展报告

南通市工商业联合会

商会是市场经济条件下实现资源优化配置不可或缺的重要环节,是实现政府与企业、企业与企业、企业与社会之间相互联系的重要纽带,是政府管理民营经济的有效助手。近年来,随着民营经济的快速发展,商会组织在促进全市经济高质量发展中扮演着越来越重要的角色。2023年,南通市各级工商联组织在南通市委、市政府的正确领导下,团结带领全市各级各类商会以习近平新时代中国特色社会主义思想为指导,深入学习贯彻党的二十大精神和二十届二中全会精神,按照南通市委、市政府工作部署,紧扣"两个健康"工作主题,在大量调查研究的基础上,聚焦需求优化服务,提振民企发展信心,支持民营企业"敢闯敢干",为推动南通民营经济高质量发展作出了新的贡献。

一、全市商会组织建设的基本情况

2023年,南通市新建商(协)会16家,累计共有商(协)会385家,会员企业总数4.1万余家。其中,镇(街道)商(协)会82家,行业商(协)会139家,异地商(协)会51家,市场、园区商(协)会10家,其他类别商(协)会103家。行业商(协)会涉及纺织、服装、机械、电子、建材等60多个行业,一、二、三产比例分别为6%、68%、26%。一产主要集中在养殖业和加工业;二产主要集中在纺织、服装、化工、机械、电子等主要行业,三产主要集中在贸易流通、餐饮服务等行业,基本已经覆盖到南通市各个主要行业。市直商(协)会70家,其中行业商(协)会44家、异地商(协)会24家。截至2023年年底,市县两级在外建立商会组织共92家。其中,在外南通商会42家,包含省级商会8家、市级商会32家、县级商会2家。

通商总会作为海内外通商代表自愿组成的非营利性的社会组织,致力于汇聚通商力量,弘扬通商精神,打造全球通商的"精神总部"和"温暖家园"。2023年9月27日,通商总会二届二次理事会召开,会议总结回顾了一年工作,审议通过了理事会工作报告和理事会财务工作报告,宣读副会长、常务理事增补人员名单,并举行授牌仪式。2023年,通商总会重点扩大市内队伍,推动组建通商总会各县(市、区)分会,基层组织架构进一步完善,目前已经成立海外商会和50家分会。

二、推进商会组织建设的主要做法

(一)完善商会组织体系

召开全市商会高质量发展推进会,制订并下发《南通市工商联所属及在外商会高质量发展三年行动计划(2023—2025)》,重点推进实施"党建领航工程""提质增量工程""赋能护航工程""品牌创优工程"等四大工程,扩大体量、提升能级、完善功能、发挥作用,全力打造商会组织建设南通样板。新成立暖通空调制冷行业协会、低碳经济协会、热处理协会、滁州商会4家市直商(协)会,吸纳青年创客协会、药师协会等成为团体会员,指导盐城商会、温州商会等完成换届。

(二)强化商会党建引领

落实商会党组织和商会组织同步成立,党政班子同步配备,商会党组织在全省率先实现全覆盖。实施商会党组织书记项目,认定10个商会党建工作示范单位,评选先进基层党组织、优秀党务工作者等,市总商会党委《"把方向、议大事、促落实"作用机制发挥情况调研报告》获评江苏省工商联商会党组织服务高质量发展最佳调研成果。海安市《点燃"链商会红引擎"打造"产业链聚能环"》获评全国工商联系统2023年实践创新成果奖。

(三)加强对外合作交流

积极推进在外南通商会筹备组建,赴重点城市、经济发达地区走访调研,新组建珠海、苏州、连云港、广西、太仓5家在外南通商会。进一步完善通商总会组织架构,推动海安、如皋、启东、通州、海门、如东成立通商总会分会。积极参与"一带一路"建设,十年来,南通市84家企业在"一带一路"

沿线投资88个项目,江苏神马电力、惠生(南通)重工两家企业在"一带一路"企业家大会上签约。

(四)注重商会功能发挥

加强"四好"商会建设,新认定99家商(协)会为市"四好"商会,15家为省"四好"商会,认定15名同志为南通市优秀商会工作者。举办5期"百家商会千家民企进高校"活动,980余家民营企业提供了1.9万多个优质就业岗位,覆盖1.2万名毕业生。着眼民营经济人士健康成长,启动"民营企业家健康护航工程",发布"民营企业家健康护航工程"十大服务项目,组织开展首届南通市商会运动会暨"创新紫琅、活力通商"环紫琅湖健步走活动。探索商会服务新路径,启东成立"商会之家",海安成立商会综合服务中心,如东建成如商总会活动基地,着力打造"一站式"集成服务平台。

(五)做实招商引资工作

充分发挥市内外商会和广大通商在服务全市招商引资工作中的作用,制订《深化"招商引资突破年"活动方案》,第十次举办"故乡情·故乡行"百名通商南通行和全国南通商会合作交流会议,结合张謇与通商文化座谈会、苏州市南通商会成立等大型活动,在北京、苏州、成都等地开展南通投资环境推介,全年组织企业回乡投资考察100多批(次),协助全市开展在外招商推介活动80余场(次),共收集项目信息455条,计划投资额2 600多亿元。其中,签约项目69个,计划投资额474亿元。

三、加强商会组织建设的思考

2023年10月,南通市工商联发布《南通市工商联所属及在外商会高质量发展三年行动计划(2023—2025)》,为近三年商会高质量发展提供了基本遵循,指明了前进方向。

(一)夯实基层建设,助力商会组织"扩量"

优化治理体系,指导商会健全法人治理结构和内部工作机制,规范会长会议、理事会议、会员大会的议事流程,强化商会经费使用监督,逐步建立科学的商会整改和退出机制。推动工作覆盖,落实"四个全覆盖"要求,紧密围绕全市产业布局特点,持续加大新兴产业、科技产业、制造业以及各类园区、开发区商会组建力度，规范镇街商会建设。吸纳一批经济类商会组织成为工商联团体会员，不断扩大工商联所属商会在经济社会发展重点行业和领域的覆盖面。建强在外商会，加快在外南通商会组建步伐，重点推进直辖市、省会城市、中心城市等南通商会筹备组建，力争实现经济发达地区南通商会全面覆盖，常态化开展走访调研，主动上门搞好服务，切实提升在外南通商会整体建设水平。

（二）严格办会标准，致力商会组织"提质"

把握"四好"标准，按照"政治引领好、队伍建设好、服务发展好、自律规范好"标准，加强商会组织建设，争创一批全国、省、市"四好"商会。打造工作品牌，以"一会一品"创建工作为抓手，提升商会服务水平，以品牌工作拓展商会服务内容，围绕党建引领、经济服务、法治护航、社会治理、参政议政等重点领域，积极履行社会责任。保持组织活力，加强对商会活动的指导，引导商会组织开展特色活动，加强宣传推广，提升社会影响力，进一步提高会员参与积极性。

（三）发挥功能作用，倾力商会组织"增效"

延伸服务手臂，深化"工商联+部门"合作机制，积极推动行业主管部门为商会发展赋能，完善商会警务服务站、商事调解中心、涉企合规评估、万所联万会、商会仲裁中心法律服务等"五大平台"运行机制，积极搭建政企对接、银企对接、法企对接、校企（研）对接等平台，推进市、县商会服务中心建设，提供集成化综合性服务。助力双招双引，着力引导在外南通商会服务全市招商引资工作，与全市省级以上开发园区实现全面对接，建立常态化招商引资合作机制。建立完善在外乡贤和南通籍知名人士数据库，进一步汇聚通商力量，助力全市招商引资。履行社会责任，引导商会积极融入社会治理体系，制定行规、行约和行业职业道德准则，热心光彩事业、公益慈善事业和乡村振兴行动，在构建和谐劳动关系、促进就业、维护社会和谐稳定等方面发挥重要作用。

（四）党建引领会建，聚力商会组织"铸魂"

凝聚思想共识，深入开展习近平新时代中国特色社会主义思想主题教育，围绕"学思想、强党性、重实践、建新功"的总要求，结合商会职能特点,高度重视、高位谋划,切实推动主题教育走深走实。完善体制机制,以全省"商会党组织发挥政治引领作用"试点工作为契机,推进商会党组织"把方向、议大事、促落实",在双向进入、交叉任职的基础上,结合实际探索制定商会党组织参与决策管理事项清单,与商会领导班子共同商议、提出意见建议、促进工作落实。强化示范引领,开展"两优一先"和商会党建示范单位评比,商会党建工作示范单位培树,实施商会党建创新书记项目,培育商会党建工作品牌,持续强化制度建设和队伍建设,严格把关抓好党员发展。

胡天梦

2024 年 5 月

行业篇

南通市高端纺织业发展报告

南通市纺织工业协会

2023年是全面贯彻落实党的二十大精神的开局之年,是三年新冠疫情防控转段后经济恢复发展的一年。面对复杂严峻的形势,纺织行业坚持稳中求进工作总基调,在南通市委、市政府一系列扩大内需、提振信心政策举措支持下,南通市纺织行业经济运行持续回升,生产、营收、利润总额等主要经济运行指标稳步上升,出口降幅逐步收窄,高质量发展的积极因素积累增多,纺织现代化产业体系建设取得积极进展。

一、2023年南通纺织行业总体情况

(一)市场持续回暖

2023年,南通工业生产保持稳步增长态势,全市规上工业增加值同比增长8.8%,增幅并列全省第三。南通纺织以智能化、功能化、生态化、信息化为主攻方向,不断强化纺织产业链的强链补链,纺织产业的规模、品质、品种、品牌都取得快速发展。2023年,南通全市拥有规模以上纺织企业1486家,营业收入达2054.33亿元,同比增长20.2%;利润总额达108.98亿元,同比增长15%,应收账款为222.51亿元,同比增加8.4%;资产总额达1869亿元,同比增长10.4%。(2021—2023年南通全市规上企业营业收入和利润总额详见图1)

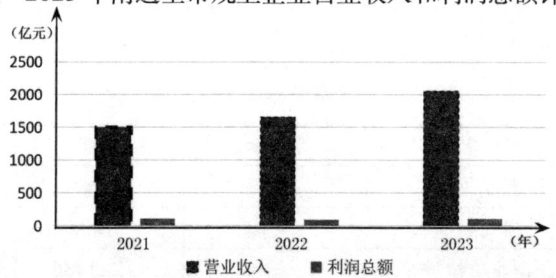

图1 2021—2023年南通全市规上企业营业收入和利润总额

(二)出口降幅逐步收窄

南通市纺织服装出口 475.3 亿元,列苏州(1 206.1 亿元)之后,居全省第二位,占全省同类产品出口总值的 15.3%,提高 0.7 个百分点,出口下降 4.4%,降幅少于全省 4.4 个百分点,少于全国 3.7 个百分点。主要原因在于一是行业积极化解严峻国际形势带来的负面影响,加大科技投入,努力开拓市场,营收实现微弱增长、利润下降幅度收窄;二是服装产业大力开拓国内市场,全力稳住外贸订单,营收和利润降幅实现收窄。

(三)集聚发展态势明显

2023 年,南通纺织产业集群发展态势良好,全市以高端纺织在内的六大产业集群全年产值增长 10.7%,快于规模以上工业总产值 2.8 个百分点。其中,高端纺织产业产值更是实现了 20.5% 的两位数增长。建有海安常安纺织科技园、通州湾现代纺织产业园、如东生命防护特色产业集聚区等一批专业园区。2023 年,海安常安纺织科技园实现开票销售 80.52 亿元,同比增长 5.3%,完成税收 1.77 亿元,同比增长 14.69%。创建省级企业技术中心 1 家,国家高新技术企业 6 家。通州湾现代纺织产业园致力于打造国家印染产业转型升级、绿色生态可持续发展先导区。截至目前,已签约落户项目 32 个,签约投资额 300 亿元。园区集聚了新凯奇、变色龙、东嘉宏等纺织印染细分行业内单打冠军企业,以台洋纺织为首的外贸企业占落户项目 70% 左右,产品主要销往中东、欧洲等地区及印度、美国等国家。从事各类面料染整加工项目 30 家,占比 93.75%;纱线染整企业 2 家,占比 6.25%。项目主要生产工艺聚焦织物染色、数码印花、拉绒加工等附加值较高的印染及后整理环节,有利于提升纺织产业链价值、提高产品附加值,补强补齐南通纺织产业链条。(2023 年全年南通纺织行业主要指标完成情况详见表 1)

表 1　2023 年全年南通纺织行业主要指标完成情况

序号	指标名称	计量单位	本期	同比(%)
1	营业收入	亿元	2 054.33	20.2
2	利润总额	亿元	108.98	15.0
3	企业单位数	个	1486	3.9

(续表)

序号	指标名称	计量单位	本期	同比(%)
4	亏损企业	个	261	-3.0
5	产成品	亿元	117.12	7.1
6	应收账款	亿元	222.51	8.4
8	资产总额	亿元	1 869	10.4
9	负债总额	亿元	1 109.64	13.1

(四)产业发展焕新升级

今年以来,受内外市场需求不足、成本传导压力加大等因素,纺织企业效益下滑虽未整体止住,但在国家稳增长、扩内需政策协同发力支撑下,不少企业经过经营团队带领职工解放思想,敢于创新,多方位拼抢市场,仍取得稳步的发展。2023年,恒科新材料完成生物基PTT投产和低粘切片转产、阳离子聚酯长丝投产,在产品差异化方面取得突破;江苏大生集团10万锭智慧纺纱工厂全面达产达效,示范引领效应显现,获评"市级互联网标杆工厂",荣获2023年度全国纺织行业信息化成果创新应用一等奖,入选工信部"2023年度智能制造示范工厂揭榜单位",企业转型升级再迈一大步。江苏联发纺织股份有限公司2023年荣获中纺联科技进步一等奖2项,江苏省专利优秀奖1项。双弘集团与江南大学合作的"多组份纤维混纺单染面料用纱关键技术",荣获南通市重点研发计划项目,也是南通唯一的纺织企业项目,与东华大学博士团队共同研发的单唛试纺课题,创新建立了原料品质与成纱质量的线性关系模型。江苏文凤化纤集团有限公司参与研究的项目"差别化多功能聚酰胺细旦束丝的低碳制造技术及其产业化"荣获中国纺织工业联合会科技进步二等奖。鑫缘茧丝绸集团股份有限公司荣获"江苏省优秀企业"称号。

二、2023年纺织各分行业经济运行简况

根据南通市纺织工业协会公平贸易工作站重点监测情况分析(详见图2、表2),从纺织、印染、丝绸、化纤、家纺和服装六大门类营业收入来看,2023年完成额分别为553.6亿元、107亿元、114.6亿元、803.3亿元、260.1亿元和193.9亿元,纺织、丝绸、化纤实现正增长,其中化纤实现

61.99%的明显增长。从利润总额指标来看,除家纺和服装外,其余同比均处于正增长之中。从用工数指标来看,丝绸、化纤、家纺实现正增长。

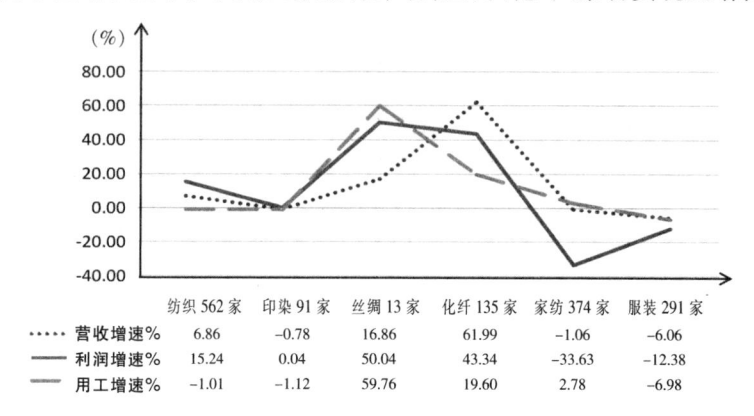

	纺织562家	印染91家	丝绸13家	化纤135家	家纺374家	服装291家
营收增速%	6.86	-0.78	16.86	61.99	-1.06	-6.06
利润增速%	15.24	0.04	50.04	43.34	-33.63	-12.38
用工增速%	-1.01	-1.12	59.76	19.60	2.78	-6.98

图2 2023年南通全市纺织各分行业经济运行简况

纵观整体数据,一是化纤、丝绸行业市场复苏、行情回暖,营收和利润实现大幅度增长,强势拉高集群整体数据。随着国内化纤行业龙头企业入驻南通,以及国内消费的个性化、差异化、功能化的需求升级,为化纤行业整体提质增效和发展优质产能带来空间和契机,南通市化纤产业取得突飞猛进的发展,如江苏恒科新材料有限公司、江苏文凤化纤集团有限公司2023年应税销售均破百亿元。再者,南通市丝绸业逐步形成了从栽桑养蚕、鲜茧收烘、制丝织绸、服装加工、丝绸文化创意、副产品综合利用的发展格局。鑫缘茧丝绸集团股份有限公司2023年公司实现销售收入1.2亿元,利润1 636万元,全集团主营业务收入比上年增长12.23%。二是印染产业蓄势待发。南通市坚持淘汰印染行业落后产能,并对新建印染项目进行从严控制,印染产业提档升级迎来新契机。海安启弘纺织科技有限公司2023年实现应税销售4.9亿元,同比增长14%。三是服装产业主打外贸。南通市服装产业外贸出口起步早,大多数服装企业一直以出口加工为主,整体经营受世界经济和国际市场影响较大。

三、纺织行业面临的现实压力与挑战

(一)市场需求不足

从中央到地方,围绕优化营商环境、深化改革开放等方面密集出台政策,树信心、鼓干劲、作部署、抓落实。但受多重因素影响,当前产业经济稳定恢复的基础还不牢固,经济扩张步伐依旧迟缓,人工智能技术、气候风险等因素正在对产业生态形成现实冲击。不确定性会在一定程度上削弱消费能力与消费信心。整体来看,社会预期依然偏弱,市场需求仍亟巩固。行业供给还不能有效适应个性化、品质化、绿色化、体验化的消费升级需要,供需错位现象依旧存在。对此,纺织企业应通过创新创造产品应用场景和应用文化,生产出更具个性化、差异化、功能化的产品,实现产品和消费者需求的双向奔赴。

(二)"新疆棉"负面影响未消退

当前,地缘政治影响下,全球供应链体系收缩重构趋势明显。"涉疆法案"使得中国棉制纺织品服装出口贸易额连续三年同比负增长。"新疆棉"事件当前对我南通纺织企业总体棉纺织业冲击较小,负面影响集中在美制裁实体清单中的纺织企业,但"新疆棉"事件负面影响还在持续,2024年甚至存在扩大可能。为此,应升级"订单+清单"管理系统,搭建国际贸易综合服务和预警平台,关注美国对华新政,动态监测研判出口走势,进行全面预警。及时为企业提供风险预警,对重点企业开展法律援助,同时组织大范围线上线下业务培训、法律培训,精准提示出口风险,指导企业采取合理应对措施,加强风险防范处置。

(三)用人成本增高

受外部环境和发展阶段等因素影响,行业综合制造成本普遍上涨,企业特别是中小微企业显著承压。大宗商品价格的大幅上涨与剧烈波动,增加企业生产运营成本。用工、用能、融资等成本偏高,成为现实挑战。南通市不少企业反映,受到主要贸易区外需萎缩、部分产业链和供应链转移的影响,2023年,企业存在结构性产能过剩情况,同时,原辅材料涨价幅度较大,劳动力工资成本较高,导致综合成本相对较高,与海外(东南亚)的价格竞争处于劣势。为此,建议一是鼓励企业增强抗风险能力,建立按市场需求进行设备投资、按需求快速响应、能缩能伸的柔性生产体系,以应对和满足复杂的市场变化;二是强化市场多元化战略,积极开拓新兴市场,稳定并扩大出口市场范围。同时,纺织行业老龄化是一个普遍性的问题,为确保劳动力只能提高用人待遇,建议投入智能工厂建设,加大科技创新和研发投入,促进产业向高附加值升级,以适应市场及劳动力需求的变化。

四、2024年行业发展方向

(一)以新质生产力赋能纺织产业发展

传统产业是发展新质生产力的基础支撑,行业要在产业现实、时代潮流、国家战略的框架下审视发展,要以新质生产力赋能纺织现代化产业体系建设。从产业自身发展特点看,结构性问题与周期性矛盾交织,利润空间发展空间承压,产业现代化发展面临着资源环境约束、成本压力、转型需求。新质生产力是突破现实瓶颈的关键所在。新形势下,要以新材料延展新空间,不断开拓纤维新材料、纺织复合材料及产业用制成品的品类与应用。加速数字技术、数据要素与纺织先进制造深入融合,推动制造技术与制造模式升级,稳固纺织行业供给能力和产业体系基础。加强高性能、多功能、轻量化、柔性化纤维材料创新,强化智能制造、生物制造等新工艺的发展。增强工业设计能力,推进流行趋势研究与发布,提升产品创新水平,完善设计创新生态。推动通用型高新科技、战略新兴产业与纺织行业融合创新,促进纺织行业与生物制造、商业航天、低空经济等先导产业的融合发展。

(二)以提升品牌建设增强行业竞争力

大力推进"增品种、提品质、创品牌"战略,培育"中国驰名商标"。一是以大生集团、鑫缘集团、金太阳科技为载体,进一步推动纺织企业品牌、产品品牌、设计师品牌建设,提升南通流行面料、高档丝绸、绿色纤维等品牌的影响力。二是培育服装产业自主品牌,实施企业为主体、政府引导和辅助的品牌名企工程,推动一批中高端服装品牌的提升和成长。三是全力打造西服、衬衣、女装、童装、针织服装等系列服装品牌,大力培养设计师队伍,提高创意设计与创新能力,争创中国驰名商标和国际性品牌,形成南通高档服装优势产业。四是结合南通纺织业在高端棉纺织品、色织面料、茧丝绸方面的优势,以及联发、鑫缘、大生等产业链前端知名企业的作用,向下游延伸品牌优势,并利用线上线下融合发展的新模式,以色织类服装、真丝绸服装、高端棉制服装等品类为重点培育南通自主品牌。五是依托中国南通(家纺)知识产权快速维权中心、南通知识产权保护公证服务中心和巡回法庭建设,构建专利、版权快速授权、确权和维权的全链条保护通道。

(三)以聚力集群发展推动产业向高攀升

2023年12月,江苏省工业和信息化厅印发《江苏省苏州市、无锡市、南通市高端纺织国家先进制造业集群培育提升三年行动方案(2023—2025)》,从推动产业高端化、智能化、绿色化、一体化发展四个方面提出19项具体举措,为加快培育专业化、特色化世界级高端纺织集群提供有力支撑。南通作为江苏唯一滨江临海的城市,区位优势得天独厚,南通纺织历史悠久,但从总体上看,与苏州、无锡的高端纺织产业发展还存在着较大差距。因此,一要提升纺织产业集群引领能力。要做精、做专、做实、做强纺织制造,在技术创新与转化应用中实现高端化、智能化、绿色化转型。壮大优质纺织企业群体,加强"链主"企业、专精特新企业培育,在大中小融通、上下游协同中实现要素互济、企业互促。引导技术、资金、人才、数据等要素资源向中小企业特别是专精特新企业集聚。二要畅通纺织产业集群要素循环。资源禀赋不是集群建设的必要条件,要素流动更为重要。要打造内畅外联的流通枢纽,充分发挥纺织产业集群的生态优势和资源集聚效应,放大高端纺织国家先进制造业集群效应,在商流、物流、信息流、资金流的深度融通中带动区域发展。支持建设纺织数字化转型促进中心等平台,赋能企业数智转型、科技创新、绿色发展,提升纺织产业集群发展能级。

金 鑫 杨潇潇

2024年4月

南通市船舶海工产业发展报告

南通市工业和信息化局

2023年,南通船舶海工产业呈现量质齐升的良好态势,产业链上下游产销两旺,经济运行指标喜人。

一、产业发展基本情况

(一)经济指标增长较快

2023年,327家规上船舶海工总装制造、配套及关联企业产值超1700亿元,同比增长超18%。从18家重点企业调研情况看,2023年实现应税销售561亿元,同比增长44%,用电量同比增长20.2%,用工总人数同比增长21%,盈利达到30亿元,运行质态较为喜人。其中,惠生清洁能源应税销售同比增长162%,启东中远海运海工、南通海庭重工等企业增速超过50%,南通象屿海装、启东中远海工、中集太平洋等多家企业扭亏为盈。

(二)产品订单任务充足

目前,重点企业手持订单交付期排至2026年,部分订单交付期排至2027年。从船舶制造看,三大指标总体保持增长。2023年,全市造船完工量311万载重吨,同比增长5.4%,占江苏16.1%,占全国7.3%;新接订单478万载重吨,同比下降9.9%,占江苏13.6%,占全国6.7%;截至12月底手持船舶订单1 145万载重吨,同比增长16.8%,占江苏17.2%,占全国8.2%。生产保障系数约3.9年(手持订单量/近三年造船完工量平均值,全国平均水平约3.5年)。从海工装备制造看,交付我国首艘智能型FPSO、海工辅助船、海工模块等海工产品43艘(座);新承接3000T浮吊船、海上升压站、海工模块等产品43艘(座);截至2023年12月底,手持自升式钻井平台、风电安装平台、起重铺管船等订单87艘(座)。

(三)高端产品取得突破

南通船舶企业持续推动清洁能源动力船舶、海工装备、关键配套升级突破。南通中远川崎交付世界最大级24188标箱超大型集装箱船。招商重工交付我国首艘智能型FPSO"海洋石油123",批量承接大型LNG运输船订单,首艘18万方LNG运输船开工建造。启东振华海工建造的全球最大、国内首艘双燃料动力系统的15 000方舱容大型耙吸式挖泥船,填补清洁能源挖泥船的空白。惠生清能研发的浮式绿甲醇装置方案获得法国船级社原则性认可,承建的国内最大FLNG(浮式天然气生产储卸装置)开工建造。振华传动自主研发的运动补偿栈桥,填补国内空白、打破国外垄断,实现首台套应用。政田重工研发的波浪能发电平台锚泊系统成功应用于我国首台兆瓦级漂浮式波浪能发电装置。

(四)创新能力持续增强

2023年,江苏省船舶与海洋工程装备技术创新中心"去筹转正",成立创新中心首届理事会,实体化运作迈向新阶段。泰胜蓝岛凭借国家电投滨海北H2#400MW海上升压站项目获江苏省科学技术进步一等奖。惠生清能获评江苏省工业设计中心。振华传动"大跨度、超吊高、大起重吨位海上风电安装平台用升降系统的研发及产业化"项目,韩通赢吉"大跨度、超吊高、大起重吨位海上风电安装平台"项目获得江苏省关键核心技术(装备)攻关项目立项支持,全市累计已有9个船舶海工攻关项目立项,获得省级财政资金1.5亿元,带动企业研发投入9.2亿元。

(五)绿色智能转型加速

南通船舶海工产业坚定不移走绿色发展道路,进一步加快智能化转型步伐。招商重工被工信部评为2023年度"绿色工厂",为产业链企业的绿色生产转型树立新标杆。南通中远川崎获得"江苏省工业互联网标杆工厂"和"五星级上云示范企业"两项荣誉,南通中远船务、启东中远海工、江苏韩通赢吉、象屿海装等企业均在积极推进"智改数转"项目。

二、面临的主要挑战

当前,需求侧活力虽已充分激发,但供给侧挑战也不容忽视。

(一)技工缺口持续存在

2024年,南通市造船完工量同比预计增加约15%,用工量将进一步增加。但船厂作业艰苦、技能要求高,技能人才不足问题持续存在。

(二)环保安全压力上升

VOCS减排压力大,存在因环保管控停工、减产风险。生产任务饱满,叠加用工增加及人员流动等因素,安全生产压力加大。

(三)配套供给能力不足

随着市场迅速向好,关键配套供应趋紧,可能出现"船等机、机等轴"现象。前期市场低迷期间,分段、铁舾件、防腐处理等需求量大的制造能力有所退出,存在产能不足风险。

三、2024年展望和建议措施

2024年,预计全球经济增速将进一步放缓,叠加地缘冲突等因素影响,全球航运业和造船业将面临更多挑战,但行业脱碳进程加快,对新造船市场将产生积极作用。据中国船舶工业行业协会预测,2024年全球造船市场将保持高位。南通要抓住市场机遇,积极应对挑战,着力推动集群向世界级攀升。

(一)加快产业转型升级

未来2~3年,南通市有关部门需加强服务,为甲醇动力、大型LNG船等新技术新产品调试提供充分保障,确保大批高技术船舶和海工装备的建造交付。指导企业充分利用本轮市场机遇加快发展绿色产品,推进"智改数转",加强精益管理,增强竞争力。

(二)积极应对市场变化

面对市场逐步由"经济发展—海运能源需求增长-造船需求增长"的单方面牵引,向经济、规则、技术、供给、地缘政治等共同作用转变,引导企业树立风险意识,积极应对形势变化的不确定性。发挥龙头企业"链主"作用,充分带动上下游,提升产业链供应链安全水平。

(三)加大产业招商力度

各重点地区要紧抓机遇,积极开展专题招商,加强与中船集团、中远海运集团等央企集团对接,积极承接产能扩张需求。加强与重点企业、科研院所对接,招引配套设备项目。加强招引生产性服务业企业,优化产业生态体系。

(四)坚决守住安全底线

当前企业生产任务繁重,安全生产风险上升,企业须坚决落实好安全主体责任,加强企业安全教育培训,大力推动科技兴安,提升安全风险管控能力。

冒小峰　施卜椿

2024 年 4 月

南通市新材料产业发展报告

南通市工业和信息化局

一、总体发展情况

新材料产业是南通市重点培育发展的六大产业集群之一，2023年南通市围绕龙头企业培育、关键载体打造、重大项目服务等发力点，大规模实施智改数转网联，大力引进新上重大项目，新材料产业规模稳步增长、承载能力不断提升、龙头企业做大做强、产业集聚规模凸显。

（一）产业规模稳步扩大

2023年，南通市新材料产业392家重点企业完成产值2147亿元，同比增长14.6%。其中，主营业务增速50%以上的企业34家，增速超20%以上的企业79家，销售超50亿元企业7家、超10亿元以上企业32家。2023年以来，受美联储持续加息、地缘政治冲突频发的影响，下游市场需求整体较为疲软，处于产业上游的新材料行业承压明显，金属新材料、稀土及磁性材料、化工新材料等细分领域均有不同幅度下跌。受益于重大项目陆续投产、企业创新成果逐步转化，全市新材料产业整体呈现出逆势增长态势，成为拉动南通市经济增长的重要引擎，为全市高质量发展提供了不可或缺的原材料支撑，为全市加速形成新质生产力夯实产业基础。

（二）示范效应不断提升

全市涌现了瑞翔新材料、当升科技、恒科新材料、星辰合成材料、甬金金属等一批产品特色鲜明、企业知名度高、竞争力强、行业影响力大的重点企业，对产业发展起到较大带动和支撑作用。其中，29家企业获评为国家级专精特新"小巨人"企业，6家企业获评为国家级单项冠军企业。

(三)创新驱动引领发展

新材料领域科技创新平台建设取得初步成效,全市现有国家级企业技术中心1家,省级企业技术中心48家,省级工程技术研究中心83家,省级工程研究中心21家。华尔康医疗入围工信部生物医用材料创新任务揭榜挂帅(第一批)单位。切实推动产学研深度融合,充分发挥南通大学、南京大学南通材料工程技术研究院等高校、科研院所及重点企业在科技创新方面的重要作用,2023年,全市新立项省级成果转化项目4个。

(四)重大项目赋能发展

充分发挥重大项目对区域经济发展的带动作用,服务重大项目落地见效,积蓄高质量发展新动能。2023年,南通市新材料产业共有江苏省重大工业项目15个,其中新开工项目5个,全年完成投资165亿元。

(五)链式发展赋能产业

充分发挥产业链带动和引领作用,坚持补链强链延链,上下游协同发展,形成了一批国内外有较高影响力的产业基地、产业集群。南通经济技术开发区形成了台橡、申华领衔的功能性高分子材料为主导的化工新材料产业链;海安市形成了以钕铁硼为代表的高性能稀土永磁材料支撑的手机、空调、新能源汽车等行业关键配套材料产业链;如东县形成了"PX—丝—布—面料—最终产品"的完整化纤新材料产业链。如皋化工新材料、如东县高分子材料等6个产业基地获评国家火炬新材料特色产业基地。

二、重点领域发展情况

南通市新材料细分行业领域分布较为广泛,主要有先进高分子材料、金属新材料、光电子信息材料、新型无机非金属材料、高性能纤维及复合材料前沿新材料等。

(一)先进高分子材料

先进高分子材料产业以如东高分子材料特色产业基地、南通经济技术开发区新材料特色产业基地等为载体,拥有星辰合成材料、台橡实业、三大雅精细化学品、爱森化工等一批骨干企业。南通经济技术开发区已经形成了台橡实业、申华化学工业领衔的"分子材料为主导的化工新材料产

- 77 -

业链";星辰合成材料拥有PBT、PPE、双酚A、环氧树脂等多套大型化工生产装置,主要产品行业影响力名列前茅;三菱化学年产6万吨PMMA粒子,单线产能全球第一;重点打造高强高模聚乙烯纤维、环保型轮胎再生橡胶、轮胎还原橡胶、精细轮胎胶粉、高吸水性树脂、锂电池隔膜、新型热塑性弹性体、聚甲醛、多功能塑料软包装材料、热收缩膜、光学膜、太阳能电池用背板用薄膜、聚氨酯弹性体预聚物等一批重点产品。

(二)金属新材料

金属新材料产业以海门区金属材料产业基地、海安市磁性材料特色产业基地、通州区精密机械装备特色产业基地等为载体,拥有中兴能源装备、甬金金属、中天合金等一批骨干企业。中天绿色精品钢项目一期一步全面建成投产;中天合金研发的超导电缆用电镀无氧铜线性能指标位于行业第一梯队;甬金金属在国内民营不锈钢制品行业处于前三强;国核维科生产的核级海绵锆填补了国内核级海绵锆生产空白,是国家重要的战略性物资。重点打造精密不锈钢带、高档精密不锈钢薄板带、汽车用轻量化高性能精密热交换铝管、高导热铝基板、粉末冶金制品、磁性材料、高性能永磁铁氧体、锰锌铁氧体软磁料粉等一批重点产品。

(三)光电子信息材料

光电子信息材料产业以南通经济技术开发区光纤通信特色产业示范基地、如东县智能通讯与电网装备特色产业基地、崇川区电子信息特色产业基地、通州区电子信息特色产业基地等为载体,拥有中天科技光纤、中天科技精密材料、通光电子线缆等一批全国同行业具有影响力的骨干企业。中天科技光纤的特种线缆囊括了目前世界上最新产品和最新技术,数十个项目和产品被列为国家火炬项目和国家级产品,填补国内多项空白;中天电子的化学亚胺化法工艺制备高性能聚酰亚胺薄膜产品为国内首家。重点打造光纤光棒、复合绝缘子、PI膜、动力电池材料、高性能电极泊、磁性材料等一批重点产品。

(四)新型无机非金属材料

新型无机非金属材料产业依托铁锚玻璃、宇迪光学、南通晶体等一批骨干企业,在对传统材料进行改进提升的同时,不断加大对新材料的研发力度。铁锚玻璃安全玻璃的多项技术打破国外企业的技术封锁,并拥有自己的技术专利,高速列车高性能安全玻璃市场占有率达到80%;宇迪光学的光学透镜、投影仪镜片、各类光学镜头及各类高精度放大镜镜片等光学玻璃元件,其背投电视用大透镜产量为全国之最;南通晶体牵头成立江苏省首个人才攻关联合体"江苏省全光谱合成石英气相沉积技术人才攻关联合体",已获得中国电子学会科技进步一等奖、中国电子学会科技进步二等奖和中国通信学会技术发明二等奖等多项荣誉。重点打造动车用安全玻璃、各类光学透镜、镜头、石英陶瓷辊道等一批拳头产品。

(五)高性能纤维及复合材料

高性能纤维及复合材料产业依托九州星际、正威新材料、璟邦新材料、新帝克单丝、醋酸纤维等一批骨干企业,在关键技术和装备上陆续取得突破。中天科技装备电缆的高强高导镍复合碳纤维处于国际先进水平;九州星际的超高分子量聚乙烯纤维年产能达到2万吨,该产品被工信部认定为制造业单项冠军;璟邦新材料的超高分子量聚乙烯纤维生产线16条及可生产各类高强度防切割包覆纱生产线8条,年产能达2 500吨以上。重点打造玻纤、玻钢系列、超高强高模聚乙烯纤维、超纤材料、金属化碳纤维材料等一批重点产品。

(六)前沿新材料

前沿新材料产业以如东功能性高分子新材料特色产业基地、南通经济技术开发区新材料特色产业基地为载体,以中天上材增材、东恒新能源等一批骨干企业为依托,加速推进前沿新材料产业化应用。九州星际自主研发的低油超高强聚乙烯纤维及石墨烯复合材料、高效萃取技术属国内首创;中天上材增材的增材制造用钛合金粉末产品市场占有率已进入国内前三。重点发展先进碳材料、纳米结构应用、介电材料及性能、3D打印金属粉末、无机物复合材料、超微结构制造或处理以及高分子复合材料等领域。

三、产业集群、产业强链工作推进情况

2023年,南通市进一步发挥化工新材料产业链党建联盟合作、开放、共赢的功能作用,举办化工新材料产业链党建联盟第一季度联席会议暨高质量发展研讨会,组织化工新材料企业参加全国超高分子量聚乙烯纤维论坛,通过系列活动、举措,进一步加强政校银企联动,不断完善联席会议制度和政企沟通平台,实施"企业点单、联盟汇总、部门服务"机制,畅通沟通渠道,提升对接效率,加快要素流动,加强产业链上下游对接协作,共同发力推动化工新材料产业链转型升级。

南通市持续开展新材料企业走访调研和产业研究工作,摸清产业家底,掌握行业最新进展。"南通新材料产业高质量发展研究"入选南通市2023年度社科研究热点课题,课题研究成果先后在《南通社科专报》和《江海纵横》发表。联合江南大学开展纺织新材料产业高质量发展调研,共涉及15家重点企业,围绕产品工艺、生产流程、技术服务等方面,开展多角度、多层次调研,通过"问诊把脉",推动企业精准提升,促进产业提质发展。

四、2023年主要推进措施

(一)完善工作机制,加强统筹协调

以"1650"产业体系建设和产业链党建联盟为工作导向,强化新材料产业培育成效。摸排梳理"1650"产业体系新材料领域的骨干、重点企业名单,做好省"1650"产业体系新材料集群月度运行调度,系统梳理新材料领域重点企业关键领域长、短板材料情况,进一步摸清全市新材料产业家底。强化化工新材料产业链党委引领作用,依托链主企业,联合高校、金融机构等帮助企业解难题、稳预期、提信心,为新材料产业发展注入红色动能。

(二)打造产业载体,优化产业布局

推进化工园区提档升级,抓细抓实江苏省化工园区认定复核工作,成立市、县两级迎查专班,全力推动化工园区整改提升、规范管理,南通经济技术开发区化工园区、如东县洋口化学工业园、如皋港化工新材料产业园3家化工园区以高标准、高水平顺利通过省首批化工园区认定复核。谋划产业承载新高地,打造经济发展新增长极,大力推动通州湾绿色化工拓展区设立工作,经多轮调研、考察、论证,省政府常务会议原则同意设立通州湾绿色化工拓展区。南通市制定《通州湾绿色化工拓展区建设内容推进表》，建立拓展区建设和项目推进双调度机制，全力推进拓展区早认定、项目早达产。打造化工新材料产业创新载体，持续推进化工中试基地项目建设，由园区和企业共同出资的运营公司已成立，部分厂房已封顶，厂区主、次干路完成浇筑，预计于2024年6月实现全省首家中试基地投产。

(三)培育龙头企业，强化示范引领

系统推进南通市"1521"工业大企业培育工程，深入落实工业强市建设和产业发展的战略定位，着力识别培育一批体量大、技术优、后劲强的骨干企业，努力构建多点支撑、多业并举、多元发展的产业发展新格局，发挥龙头企业带动作用，保障要素供给，推动新材料产业结构优化、发展质效提升。全市培育了中天科技、瑞翔新材料、九州星际、星辰合成材料等一批行业地位高、市场前景好的龙头企业。

潘晓颖　李诗谙　王　佳
2024年4月

南通市光伏产业发展报告

南通市工业和信息化局

光伏产业是基于半导体技术和新能源需求快速兴起的朝阳产业，也是实现制造强国和能源革命的重大关键领域。我国光伏产业近20年实现了从无到有、从有到强的跨越式发展，是国内为数不多、可同步参与国际竞争并达到国际领先水平的战新产业。近期，市工信局通过实地走访、召开代表板块、企业、专家座谈会、分析研究行业报告等形式，形成以下调研分析结果。

一、光伏产业发展概况

（一）发电装机

2023年，全球光伏发电新增装机量345~390 GW，其中我国新增装机容量约160~180 GW。业内预计2024年全球光伏新增装机容量仍将保持15%~25%的增速。从结构比例看，2023年底全国电力总装机2900 GW、同比增长12.9%。

（二）产品制造

2023年全球光伏组件产能约1 000 GW，其中我国组件产能约占全球的80%。受产品价格大幅下降影响，光伏产品出口额约429.9亿美元，同比下降2.4%。

（三）技术路线方面

目前以晶硅电池为主，PERC电池理论效率极限为24.5%，很难再有大幅提升，业内主要组件公司均在向TOPCon、异质结、BC等N型技术路线转型。TOPCon理论效率极限为28.7%，产线与PERC电池相似度高，最高量产效率已达26.1%，业内预计2024年有望达到70%的市场份额。异质结理论效率极限29.2%,最高量产效率已达26.2%,业内正在逐步导入降本手段,预计2024年综合性价比可与TOPCon持平。钙钛矿及叠层电池研发及中试也取得新突破,国内已建成三条百兆瓦级钙钛矿光伏组件产线(协鑫光电、纤纳光电、极电光能),隆基绿能自主研发的晶硅—钙钛矿叠层电池效率达到33.9%,创世界纪录。

(四)企业布局方面

据不完全统计,2023年全国共有近60个电池片项目投产、试产,落地产能480 GW。其中,TOPCon投产项目43个,落地产能395GW左右;异质结投产项目13个,落地产能42.8 GW;BC电池投产项目2个,落地产能35.5 GW;PERC电池片扩产不超过6.85 GW。在国内一线组件厂商中,晶科能源和晶澳科技最早布局TOPCon,通威股份、天合光能和阿特斯也在加快TOPCon的推进;华晟新能源、东方日升、爱康科技、琏升科技重点布局异质结;隆基绿能、爱旭股份主要发力BC路线。

(五)招标销售方面

据不完全统计,2023年全国光伏组件招标规模约296 GW,较2022年几近翻番。从中标规模来看,隆基绿能(15 GW)、晶科能源(13 GW)、通威股份(12 GW)、一道新能(8.9 GW)、正泰新能(7.5 GW)。

二、光伏产业链情况

(一)晶硅电池产业链

晶硅太阳能电池上游主要包括硅料冶炼、硅片生产及相关设备和辅料,中游主要包括电池片生产、组件封装,下游主要包括光伏电站、分布式光伏(见图1)。

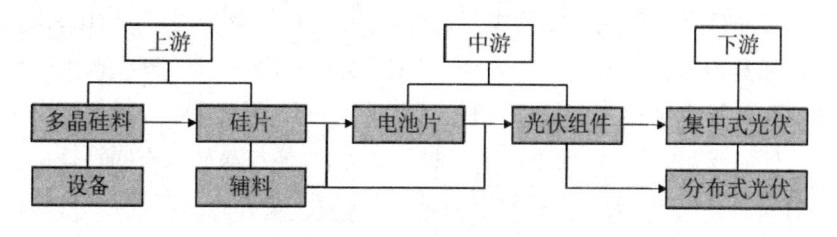

图1 晶硅电池产业链图谱

1.材料领域

主要有多晶硅料、硅片、导电银浆等基础材料,玻璃、背板、胶膜、边框、焊带等组件材料,以及支架等配套材料。硅料和硅片头部企业有通威股份、协鑫科技、隆基绿能、TCL中环等,行业市场集中度较高且在不断提升。银浆是光伏电池的核心辅料,约占电池片成本10%,直接决定电池片的导电性能,苏州固锝为国内龙头,已实现低温银浆量产。光伏玻璃、背板、胶膜、支架等领域龙头企业包括福莱特(光伏玻璃)、赛伍技术(背板)、福斯特(胶膜)、爱康科技(支架)等。

2.设备领域

主要包括石英坩埚炉、单晶生长炉、切割设备、清洗制绒设备、扩散炉、激光设备、刻蚀设备、镀膜设备、丝网印刷设备等,以及逆变器等硬件设备。单晶生长炉龙头企业为晶盛机电;切割设备和耗材龙头企业为高测股份;激光设备龙头企业为帝尔激光;制绒清洗设备、刻蚀设备、扩散炉、镀膜设备龙头企业为捷佳伟创;丝网印刷设备龙头企业为迈为股份,逆变器领域龙头企业为阳光能源。

3.电池片、组件领域

电池片生产环节包括清洗制绒、镀膜、刻蚀、丝网印刷、固化等流程,再通过焊接、层压、装框、清洗、测试等流程,形成电池组件。目前,TOPCon电池片头部企业包括晶科能源、晶澳科技、通威股份等;异质结电池片头部企业包括华晟新能源、东方日升、爱康科技等;组件头部企业包括隆基绿能、天合光能、晶科能源、晶澳科技等。

(二)钙钛矿电池产业链

与晶硅电池的生产流程由"硅料—硅片—电池片—组件"相比,钙钛矿电池只需要两个环节,即"原料及辅材生产—组件",只涉及钙钛矿原料、靶材、导电玻璃和胶膜等材料,产业链条更短、环节更少,制备可由单一工厂完成。钙钛矿电池不涉及硅料和硅片,且能与晶硅或不同钙钛矿材料组成层叠电池,实现转换效率的进一步提升,发展前景广阔,但目前仍处于中试和小规模量产阶段。

三、江苏省及南通市光伏产业现状

(一)江苏省光伏产业基本情况

江苏是光伏制造大省,拥有完整的产业链条和稳定的供应链条,2022年全省规上企业完成营收6 159亿元,约占全国总量的44%。其中,硅片产量114.67 GW,占全国32%;电池片产量124.91 GW,占全国39%;组件产量127.58 GW,占全国44%,硅片、电池、组件产能和产量连续多年保持全国第一。2022年10月发布的《江苏省碳达峰实施方案》提出,到2025年全省光伏装机目标35 GW。2023年1—11月,全省光伏新增装机11.95 GW,累计装机37.06 GW,已提前实现目标。

分区域看,省内光伏产业主要集中在盐城(1 148亿元)、常州(883亿元)、苏州(878亿元)、无锡(818亿元)、宿迁(651亿元)等地。已建成盐城阜宁、常州天合、无锡、徐州沛县经开区等光伏产业园。据初步统计,省内光伏行业上市公司55家,遍及硅片、电池、组件、逆变器、设备、辅材、电站等各个环节,主要分布在苏州(17家)、无锡(16家)、常州(10家)等地,有协鑫集团、天合光能、阿特斯、亿晶光电、润阳光伏等一批百亿级组件企业。

(二)南通市光伏产业情况

南通市光伏产业相关企业44家,2022年实现销售收入227.5亿元,2023年上半年实现销售收入117.9亿元,同比增长7.85%。

1. 产业链

主要集中在中游电池和组件封装,并向上游材料设备、下游光伏发电系统及应用延伸。上游的硅料、硅片环节基本空白。友拓新能源从事硅料清洗服务。材料领域有天盛新材料、俊丰新材料、福莱特、中天光伏、礼德铝业等18家企业,在导电银浆、光伏玻璃、支架等领域具备一定优势。设备领域有中辰昊、启威星、罗博特科、利元亨等8家企业,涉及丝网印刷、制绒清洗、自动化产线等环节;中游电池片及组件领域有韩华新能源、通威太阳能、林洋太阳能、浚丰太阳能、乐能电力、福克斯新能源等14家企业。现有企业以PERC电池为主,部分逐步转产TOPCon和异质结电池;下游应用领域有林洋电力、海东光伏等4家企业,涉及项目施工、销售等(详见表1)。

表1 南通市光伏产业链主要环节分布情况

分类	上游 材料	上游 设备	中游电池片及组件	下游应用	总计
企业数量(家)	18	8	14	4	44
2022年销售额(亿元)	50.11	4.76	155.66	16.95	227.47
2023年上半年销售额(亿元)	33.36	12.24	64.11	8.23	117.94
2023年上半年销售增速(%)	50.1	457.22	−21.6	160.61	7.85

2.龙头企业

南通市组件和电池片企业以PERC电池为主。受市场影响,韩华新能源目前产能利用率30%左右,公司计划2024年外购电池片生产组件,暂未考虑产线调整。浚丰太阳能为中建材下属公司,四季度产能利用率20%~30%。林洋集团启东公司P型电池片已停产;配件和材料领域涨幅明显,天盛新能源浆料产品突破了产业化技术瓶颈,实现了具有完整自主知识产权、国内领先的金属化浆料低成本产业化制造,2023年销售超15亿元,同比翻番。礼德铝业边框出货量全球第四,产能利用率90%左右。

3.重大项目

林洋集团开发区TOPCon电池片项目一期一段总规划产能6 GW,2023年7月新投产,目前产能利用率近50%。通威组件项目规划年产28条线25 GW组件,目前M3厂房的10条线已建成,4条线已投产。上海电气恒羲光伏项目一期投资20亿元,年产1.2 GW异质结光伏电池片及组件,目前电池组件已出片。琏升科技12 GW异质结电池项目规划用地621亩(41.4公顷),计划总投资70亿元,项目分三期建设,一期3 GW项目已开工,计划2024年8月底投产。

(三)存在问题

1.产业基础相对薄弱,集聚发展程度不高

南通市光伏产业规模约230亿元,占全省比重不到4%,企业数量较少、产业链条较短,规模体量与盐城、常州、苏州等地差距较大。全市还未形成专业化的光伏产业园区,产业集聚发展的特征不明显。在《江苏省"十四五"可再生能源发展专项规划》等相关规划布局中,南通市所占份额也较少,在省内关注度不高。

2. 龙头企业规模偏小,行业带动作用不强

目前,设备、材料龙头企业主要集中在苏南地区,如苏州固锝、迈为股份、赛伍技术、爱康科技等。南通市韩华新能源、浚丰太阳能、林洋能源等龙头企业规模相对较小,综合实力不强,行业影响力和对地方产业带动性不高。全市光伏行业单项冠军和专精特新企业少,上市企业仅林洋能源1家。

3. 原创引领技术很少,高附加值产品不多

从光伏产业价值链看,毛利率较高的为硅料、硅片和技术含量较高的逆变器等上游环节、下游电站运营等环节。南通市仅有林洋等少数电站运营企业,硅料、硅片、逆变器等高附加值环节几乎空白,原创引领技术更是稀缺。企业主要集中在组件封装和支架、边框等辅材领域,现有产品技术含量不高。存量企业以PERC为主,产品更新迭代不快,在当前行业大洗牌的背景下,面临一定运行风险。

4. 国际贸易壁垒显现,行业波动风险加大

从国际市场看,除美国、欧盟外,印度、土耳其等国先后出台法令限制对我国光伏产品的进口,海外市场不确定性增加。以巴西为例,巴西是我国组件出口的重要市场,近期出口组件价格下跌至0.75元/瓦,即使考虑13%出口退税因素,但叠加海运成本、在途时间和账期等因素后价格几近成本。倾销式价格对巴西光伏产业造成冲击,自2024年起巴西已对我国太阳能电池板征收10.8%的进口关税。随着俄乌冲突引发的能源危机退潮,欧洲组件库存高企,还需一定的消化周期。受此影响,南通市部分出口企业2023年开票销售同比下降30%左右。

(四)相关建议

光伏作为一种清洁可再生能源,具有广阔的发展前景,据行业预测,到2030年中国光伏累计装机量将达到1 200 GW,终端需求潜力将进一步释放。面对技术快速革新和行业加速洗牌趋势,南通市应依托龙头企业和重大项目,强基础、促集聚、优配套、提能级,稳步推进产业技术迭代和转型升级,加快形成新质生产力。

1.加强规划引导

一是把握政策动向。近年来,光伏发电财政补贴逐渐退坡,多地明确强配调峰能力,行业标准化逐步提升。近期,江苏省发展改革委对2024年新开工的电池、组件项目和异质结项目不再列入省重大项目,已开工的部分TOPCon项目结转列入,传递出对光伏项目从严控制的信号。应密切关注宏观政策变化,顺应政策导向,鼓励企业积极拓展国际市场。二是关注市场风险。光伏企业设备采购、项目建设投资规模巨大,截至2023年三季度,国内118家上市光伏企业总负债规模1.76万亿元,同比增长23.5%。随着2024年TOPCon产能超预期释放,行业内卷加剧,加之钙钛矿电池产业化进程加速,企业经营风险和政府投资风险有所增大。应进一步加强投资研判,建立完善的风险管理体系,健全政府、专家、市场共同参与的项目投资论证机制。引导企业优化投资结构,拓展多元化融资渠道,提升抗风险能力。三是优化产业布局。南通市光伏产业分布较为零散,在省内竞争优势不强。应做好规划统筹,加强与上级规划衔接,推进制造与应用、发电装机与配网建设的对接,引导各地合理扩张,避免产业趋同、恶性竞争。

2.强化精准招引

一是聚焦龙头企业。度电成本是光伏企业的生命线。应主动适应光伏行业洗牌加速、龙头企业市场集中度提升、综合成本优势凸显等新特点,重点聚焦招引技术壁垒高、抗风险能力强的行业龙头企业,同时要高度关注拟引进企业的技术储备、市场份额、在手订单、海外市场等情况。二是布局先进技术。在补贴政策逐步退出的背景下,技术迭代和降本成为企业抢占市场的发力方向。应推动现有企业加强技术研究,抢先布局大尺寸硅片切割、薄片串焊、钙钛矿叠层等先进技术。三是做强平台载体。推动龙头企业在通建立研发中心,引导北大长三角研究院等科研平台与行业龙头深化合作,组建创新联合体。引进相关检验检测及认证机构,完善产业生态。

3.聚力强链补链

一是完善产业链条。随着上游跌价,产业链利润环节将重新分配,"垂直一体化"将是未来光伏企业的核心竞争力。应积极开展大企业培育,鼓励发展总部经济,通过并购重组等方式拉长产业链,突破逆变器、汇流箱等空白领域,力争培育一批百亿级光伏重点企业。二是突破高端环节。鼓励装备企业开发气相沉积、丝网印刷等核心关键设备,定制化开发叠层自动焊接、自动包装等组件生产设备。鼓励材料企业加快产品迭代升级,研发银包铜浆料、复合材料边框等高附加值产品。鼓励智能化生产线的研发和应用,促进整体工序智能化衔接。三是加强本地配套。发挥南通市电池片、边框、浆料、玻璃等基础优势,积极服务本地组件项目,逐步提高本地配套率。引导本地企业与长三角龙头企业合作,缩短供应链半径,压减物流成本,提升产业链供应链安全稳定水平。

4. 合理发展应用

一是做大分布式市场。引导能耗高、出口量大的重点企业密切关注"碳关税"影响,通过发展分布式光伏等绿色能源抵消碳排放,把握产品贸易主动权。支持工厂、园区开展工业绿色低碳微电网建设,发展屋顶光伏、用户侧储能项目,强化能源高效互补。支持利用分布式光伏建设新型绿色基站,降低基站运营成本。二是发展海上光伏项目。结合全省布局,依托沿海滩涂和潮间带风电用地资源,采取统一规划、集中连片、分步实施方式,打造"光伏+海水养殖""光伏+风电场"的大型光伏发电基地,创建一批示范项目。三是探索风光储氢应用。风光储氢一体化是一种新的能源供应系统,是引领产业低碳转型的重要抓手。应结合现有风光储氢资源,加强与行业头部企业合作,探索上游绿电、中游绿氢、下游应用的多场景发展模式,推动新能源一体化开发。

周楚杰　谢菁晶　胡新亮

2024 年 4 月

南通市未来产业发展报告

南通市工业和信息化局

为加快布局南通市未来产业发展,培育增长新动能,我们对未来产业发展现状进行了摸排梳理,初步形成未来产业发展目标和方向、空间布局、实施路径、推进机制、保障举措等研究思考,为加快建设未来产业体系,赢得未来发展争取战略主动。

一、发展现状

未来产业是指由科技创新驱动,代表未来科技和产业发展方向,有望成为主流产业并对经济社会发展带来重大引领变革,且当前处于萌芽期或产业化初期的产业形态,具备原创性、颠覆性、不确定性和先机性等明显特征,是抢占新一轮科技革命和产业变革制高点的有效途径。

从国家层面看,未来产业发展布局正在积极推进。中央会议多次强调加快建设以实体经济为支撑的现代化产业体系,不仅要改造提升传统产业、培育壮大新兴产业,还要前瞻布局未来产业,真正抓住新一轮科技革命和产业变革的机遇,抢占全球科技产业竞争制高点。从省级层面看,省发改委编制的全省加快培育发展未来产业的指导意见(正在征求意见),提出培育第三代半导体、氢能、新型储能、通用智能、前沿新材料等10个成长型未来产业,以及量子科技、深海深地空天、先进计算等一批前沿性未来产业的"10+X"发展体系。从周边城市看,上海、苏南已开展未来产业规划研究。上海出台《打造未来产业创新高地发展壮大未来产业集群行动方案》,提出未来健康、未来智能、未来能源、未来空间和未来材料五大方向,计划建设15个未来产业先导区。苏州出台《关于加快培育未来产业的工作意见》,明确前沿新材料、光子芯片与光器件、元宇宙、氢能、数字金融、细胞和基因诊疗、空天开发、量子技术等未来产业重点领域和空间布局。南通在"十四五"制造业高质量发展规划中提出,积极布局5G、物联网、第三代半导体等未来产业。

2023年,全市六大重点产业集群实现产值10 848亿元,同比增长10.68%;战略性新兴产业产值占比达37.6%,高新技术产业产值占比达48.8%。南通入选全国首批产业链供应链生态建设试点城市,海工装备和高技术船舶集群、高端纺织集群获评国家级先进制造业集群。依托新兴产业集聚优势和技术积累,南通未来产业发展面临新机遇、新挑战。

(一)科创资源方面,发展条件不断改善

近年来南通高度重视科技创新,高水平规划建设沿江科创带,高位统筹组建全市科创委、设立科创投基金,建立科技创新双月例会制度,实施关键技术"揭榜挂帅",着力构建"如鱼得水、如鸟归林"的一流创新生态,全面融入长三角科技创新共同体。聚焦科技自立自强、科技成果转化、科创提质增效,发布新科创30条,其中部分政策为全省首创。南通现有高新技术企业3 622家,取得发明专利45 120项,成功引进北大长三角光电科学研究院等研究机构。

(二)政策环境方面,发展后劲日益增强

持续开展"营商环境提升年"活动,打造有求必应、无事不扰的"万事好通"营商环境品牌,连续两年推出优化营商环境"66条"政策举措,形成"1+10+N"的政策支持体系。推出人才新政4.0,从招引急需紧缺高端产业人才、集聚青年人才和打造一流人才生态三个方面创新突破,力求集聚一批前沿领域重点产业链领军型高端人才,吸引一批优秀青年人才和高校毕业生在通创新创业,优先引进一批高层次和高技能人才,为南通高质量发展提供强大的人才支撑。

(三)产业基础方面,发展方向逐步清晰

在氢能领域,南通涉足氢能产业较早、企业集聚度较高、产业链构建相对完善,主要分布在如皋、如东等地,先后引进培育百应能源、势加透博等20余家氢能相关企业。如皋依托汽车及零部件产业基础,自2010年起在制氢加氢设备、氢燃料电池电堆及关键零部件、氢燃料电池汽车等多个环节加快布局,聚焦氢能装备和检测服务。如东立足绿色能源(绿电制氢),启东、崇川、市开发区等地在细分领域大力培育龙头企业。2023年,全市氢能产业营业收入超5亿元。在储能领域,南通储能产业发展迅速,产业链布局不断完善,产业链分布涵盖范围较广,主要分布在开发区、通州区、海门区等地,目前已集聚中天储能、沃太能源、上海电气国轩新能源等40余家产业链上下游企业。从区域布局看,全市电化学储能产业形成以开发区、通州区、海门区为主要集聚地,如皋、如东、启东等地互为补充的各具特色、协调联动的产业格局。2023年,全市储能产业实现营业收入440亿元。在人工智能领域,南通在软件技术、机器人等细分领域已集聚了南通振康、势通生物、神州龙芯、图灵机器人、濠汉信息技术等部分重点企业,分布在崇川区、开发区、海门区、通州区和海安市。在通信领域,南通5G、光通信产业发展具有一定的基础,主要分布在崇川区、开发区等地,纳入省1650产业链企业的5G、光通信产业链的企业分别有9家、11家。2023年,产业链相关营收分别为超25亿元、60亿元,产业链相关营收占企业总营收比例分别为24%、45%。在航空航天领域,南通已集聚银河航天、深蓝航天、新江科技、铁锚玻璃等航空航天零部件及其配套企业20余家,主要分布在海安、如皋等地,涉及航空材料、航空电子、结构件及配套部件、卫星及火箭等多个领域。2023年,航空航天企业相关营业收入约18亿元。在海工装备领域,南通海工装备和高技术船舶集群入选国家先进制造业集群,已形成集研发、设计、建造、配套、服务为一体的完整产业链体系,拥有中远海运川崎、中远船务、招商重工等国家级企业技术中心。2023年,全市327家船舶海工规上企业实现产值1786亿元、同比增长18.57%。在新材料领域,南通市现有东恒新能源、强生石墨烯、道蓬科技、第六元素材料等4家纳米材料企业,主要分布在如皋、如东等地,集中在石墨烯、碳纳米管领域。在第三代半导体领域,南通第三代半导体产业发展迅速,在非硅基新材料等领域集聚海迪科光电、卓远半导体、昊石新材料、尚阳通、晶利恒半导体等部分重点企业主要分布在如皋、通州,如东、崇川等地也正在积极推进相关项目落地。在生物医药领域,南通现拥有生物制药企业10余家,主要分布在海门、如东等地,主要从事无血清细胞培养基、抗体基因全人源化小鼠、核苷酸、重组蛋白原料生产,以及生物技术研发和基因检测咨询服务等为合成生物、细胞和基因技术的发展打下了一定基础。

二、存在问题

(一)科创资源和核心技术相对短缺

部分产业存在"卡脖子"短板,领域核心关键技术受制于人。比如氢能技术的创新研发仍以企业为主,与科研院所联合攻关的力度与国内先进地区相比尚有较大差距;人工智能人才储备不足,集聚效应较弱,缺乏人工智能相关领军企业、顶尖专家、研发团队,整体技术产品研发实力偏弱;海工装备自主研发关键配套产品难以获得市场认可与应用,缺乏实际工程验证,国内自主研发产品的质量、可靠性与国际水平尚存在一定差距。

(二)高端人才面临结构性短缺

相关领域存在科研机构数量不足、高层次研究人员数量不足、科研设备不完善等问题制约了南通未来产业的创新能力和竞争力。比如生物医药领域所需的高端人才存在很大的缺口,国家级科技创新平台还未实现零的突破;人工智能领域方面,与周边先进地区相比,在人才数量和创新资源等方面存在明显不足。

(三)产业基础薄弱导致龙头企业缺乏

南通在部分领域具有发展未来产业的相关产业基础,但仍然薄弱。比如氢能产业,南通已经培育集聚了一批氢能产业链上下游骨干企业,但缺乏如北京亿华通、武汉雄韬股份等国内行业领军企业,且企业整体处于初创期、培育期,发展较为缓慢;新型储能产业,南通关键配件领域分布较少,一些细分领域仍是空白,产业基础较为薄弱,产业链条不够完整,国内行业龙头企业在南通布局落地的项目不多;航空航天产业未形成规模效应、集聚效应,营业收入、从业人员数以及带动性强的产业载体、领军型头部企业与先进城市相比存在很大差距,产业辐射带动能力亟待提升。

(四)创新成果转化能力不足

有了好的平台和人才,形成了好的创新成果,怎么让这些成果实现高效的转化,这也是当前南通需要重点破解的问题。成果培育和转化机制不完善,缺乏技术工程化途径,成果转化队伍与机构建设不能满足实际需要,在一定程度上阻碍了南通未来产业的发展。比如氢能方面,南通早期的一些示范应用项目目前处于停滞状态,本地氢能企业技术成果转化能力与先进地区相比存在较大差距;新型储能方面,从全省新型储能重特大项目建设来看,南通缺乏重特大储能电站示范项目,一定程度上制约了本地储能产业发展;纳米材料领域,虽然在理论上有着广泛的应用前景,但其产业应用仍然处于摸索状态。

(五)资金政策支持力度不够

未来产业处于萌芽期或产业化初期的产业形态,具有不确定性等特点,需要大量的数据、知识、技术和高端人才等创新要素的支持,创新要素需要资金、政策、配套基础建设的保障。比如氢能产业,南通加氢站建设进度跟不上产业发展速度,氢能供给问题严重制约氢能产业的发展;先进通信产业,通信卫星发射存在失败风险,且产品研发周期长,市场转发周期长,需要大量的资金投入帮助企业度过产业发展的困难期;航空航天产业,南通的政策扶持力度不强,有影响力、可落实的政策举措相对较少,缺乏航空航天产业发展的专项基金和配套政策。

三、发展方向

南通未来产业发展虽有一定基础,但仍存在产业自主创新基础能力相对薄弱、关键核心技术对外依赖度高、高端人才面临结构性短缺、创新成果转化能力不足等差距,需要融通科技、产业、资金、人才等诸多要素,聚焦发展方向予以重点突破,加快推动创新成果产业化。结合南通船舶海工、高端纺织、新材料、新一代信息技术、高端装备、新能源等六大重点产业集群的规模优势,依托海洋工程装备、新能源、新材料、集成电路、人工智能等战略性新兴产业的发展优势,按照"历史有沿革、产业有基础、市场有前景、企业有意愿"的基本思路,初步研究提出南通5大未来产业与10个细分发展领域。

(一)未来能源产业,重点发展氢能、新型储能细分领域

氢能作为终极清洁能源,被国家《氢能产业发展中长期规划(2021—2035年)》,明确定位为未来国家能源体系的重要组成部分。建议上游重点布局"绿氢"制取及氢能装备产业链,依托丰富的风光电等可再生能源,

培育壮大"绿氢"制取产业规模,打造辐射长三角的"绿电绿氢"供应基地。中游着力打造燃料电池及核心零部件产业链,培育引进燃料电池氢气循环泵、膜电极、双极板、高效催化剂、质子交换膜、控制系统等关键材料和核心零部生产企业。下游推动交通运输、工业生产、储能等领域示范应用,在大通州湾开展氢燃料电池物流车、牵引车、港区集卡、叉车及工程机械等应用示范。新型储能是指除抽水蓄能以外,以输出电力为主要形式的储能技术,是构建以新能源为主体的新型电力系统的重要支撑技术,具体领域包括锂离子电池、液流电池、飞轮、压缩空气、热(冷)储能等。建议进一步巩固锂电池产业优势,支持风光储一体化项目,依托现有储能产业基础,开展"海上风电+储能""光伏+储能"项目试点。大力拓展电化学储能路线,支持海四达、泛宇能源等重点企业布局研发钠离子电池、液流电池等新技术、新产品。布局前沿储能技术,围绕压缩空气储能、重力储能、飞轮储能、电磁储能、氢储能等前沿领域,招引培育一批重点企业,探索建设一批示范应用项目,为产业发展储备未来技术。

(二)未来数字产业,重点发展人工智能、先进通信细分领域

人工智能是指研究使用计算机来模拟人的某些思维过程和智能行为的一门新的技术科学,目的是促使智能机器会听(语音识别、机器翻译等)、会看(图像识别、文字识别等)、会说(语音合成、人机对话等)、会思考(人机对弈、定理证明等)、会学习(机器学习、知识表示等)、会行动(机器人、自动驾驶汽车等),是未来数字产业的重中之重。建议大力推进智能机器人产业,推动机器人制造向更加智能化和人性化方向发展,通过更加自然的语言和行为与人进行交互,实现更加灵活、稳定和可扩展,重点突破特种机器人、智能生活机器人。以提供新一代人工智能产业应用场景为重点,推动周边地区人工智能重点应用企业来通落户,大力发展智能经济。围绕智慧城市、智慧金融、智慧交通等诸多公共领域,打造行业应用场景示范样板。先进通信是指围绕未来网络技术,将更先进、更可靠、更快捷、更安全的新一代互联网核心技术成果赋能工业互联网、车联网、能源互联网、智慧城市等创新数字经济领域,并由此而催生网络与信息领域新技术新业态新模式的创新产业。狭义上讲,先进通信包括6G技术、卫星互联

网技术、量子通信技术和未来网络技术。广义上讲,人工智能技术、元宇宙也属于先进通信。建议依托中天科技、银河航天科技等重点企业,大力发展6G技术、卫星互联网技术、未来网络技术等,推动先进技术成果转化和示范应用,提前布局产业互联网新型基础设施,加快确定性网络实现更大范围覆盖,打造成为未来网络行业的示范区、引领区。

(三)未来空间产业,重点发展深远海装备、空天产业细分领域

深远海装备是指深远海进行海洋资源勘探、开采、加工、储运、管理、后勤服务等方面工作时所需的大型工程装备和辅助技术装备。建议充分发挥现有船舶海工产业基础,特别是海工装备领域的央企优势、制造优势、研发基础优势,加强与渔业、信息技术等领域的交叉融合发展,积极拓展海洋渔业养殖装备、海洋可再生能源装备、海洋科考装备、深海矿产资源开发装备、海洋天然气水合物开采装备等5个领域。重点开展载人潜器、海洋空间开发装备、深海空间站、海工船舶及专用设备、自主化智能控制器、深海装备智能集成平台、海洋环境监测系统、海上风电技术及装备等深海进入、探测与作业技术装备研究。空天产业是指构建空间基础设施,收集、存储、处理和分析来自空天领域信息并提供多样化服务的新兴产业,是迈入全互联时代涌现的前沿新兴产业形态。建议积极抢抓南通新机场建设机遇,聚焦大飞机配套部件、低空经济、航空航天材料、空间遥感、商业航天5个领域,重点发展航空航空透明件等结构部件;发展耐高温、抗腐蚀、高强韧的合金材料、先进陶瓷材料、树脂材料、高性能纤维材料、石墨烯材料;发展航天发射测控保障装备、航空管制、飞机牵引设备、飞机客梯车、飞机各类作业平台等地面保障装备;发展火箭发动机及主要结构部段、微小卫星、有效载荷和分系统研发制造等。

(四)未来材料产业,重点发展纳米材料、非硅基芯材料细分领域

纳米材料,是指在三维空间中至少有一维处于纳米尺寸(1~100 nm)或由它们作为基本单元构成的材料,这大约相当于10~1000个原子紧密排列在一起的尺度。建议面向信息电子、能源转换与存储等重点应用方向,重点开展纳米发光材料、大尺寸柔性纳米触控膜、纳米探测与传感器、高转化率纳米催化材料、纳米改性金属、纳米微球等新型纳米材料制备与

应用关键技术研发。明确洋口港开发区为发展纳米产业主阵地,加快推进与苏州纳微公司共建纳米新材料中试产业园,提升中试及产业孵化能力,促进外部创新链与本地产业链顺畅链接,争取更多原创性、引领性成果就地转化。非硅基芯材料以碳基芯片材料为主,较传统硅基芯片具有更强大的稳定性以及散热能力,能够弥补芯片制程工艺不足造成的短板,与 Si(硅)、GaAs(砷化镓)等前两代半导体相比,在耐高压、耐高温、高频性能、高热导性等指标上具备很大优势,并且碳基半导体无需当下全球最先进的 3 nm、5 nm、7 nm 等先进工艺。建议依托第三代半导体产业发展基础,加强推动碳化硅、氮化镓等非硅基芯材料化合物发展,积极布局非硅基芯材料晶圆制造工艺技术,增强非硅基芯材料芯片产品设计能力;推动石墨烯、碳纳米管等碳基芯片材料,半导体二维材料等未来非硅基半导体材料技术研究和布局。

(五)未来健康产业,重点发展合成生物、细胞和基因技术细分领域

合成生物是指利用工程学思路,模块化改造或创造生物细胞,使其具备合成化合物的能力。广义上,一般是基于 DNA 编辑技术,形成一系列下游技术的延伸,包括微生物代谢工程、酶工程、基因编辑服务、细胞治疗与基因治疗、人造细胞等领域。建议提升生物人工器官、人工血液的研发和制造能力,加快干细胞、小核酸等基因工程药物开发利用。建议推动生物技术、信息技术交叉融合发展,重点发展高通量基因测序、全基因组合成物、细胞治疗等细分赛道,培育相关创新药物和高端医疗器械上下游产业。细胞和基因技术是指将确定的遗传物质转移至患者的特定靶细胞内,通过基因添加、基因修正、基因沉默等方式修饰个体基因的表达或修复异常基因,达到治愈疾病目的的过程。建议聚焦基因组学新技术、新一代基因测序、基因细胞治疗等领域,依托生物医药领域产业基础,重点发展基因组学、基因测序、基因治疗、细胞治疗技术,加强核心技术攻关,激活产业创新源头。

三、发展路径

(一)实施"前沿技术攻坚"行动

下好创新"先手棋",推动科技与产业联动,构建"源头创新—技术转

化—场景应用—产业集群"的未来产业培育路径,建成一批起点高、实力强、机制活的新型研发机构和公共服务平台,形成以基础研究带动应用技术突破、以技术引领产业发展、以产业推动技术创新的良性循环。支持企业通过"揭榜挂帅"等方式承担重大攻关项目,大力突破"卡脖子"技术难题,推动新技术、新产品迭代升级。以场景示范带动产业发展,开放一批未来产业应用场景,围绕教育、医疗、交通、工农业生产等领域打造标杆性应用场景。

(二)实施"产业集群筑基"行动

依托现有以六大产业集群为核心、十六条优势产业链为骨干的"616"产业体系,着力提升产业链供应链韧性和竞争力,全力打造一批综合实力国内领先的战略性新兴产业集群和先进制造业集群。统筹全市未来产业布局,依托产业园区、双创基地、众创空间、创业孵化基地等组织载体,以创新策源和产业引领为重点,打造未来产业先导区,在智能机器人、新能源等细分赛道打通创新链和产业链的全链条,着力形成各具特色、分工合理、优势互补的未来产业发展格局。

(三)实施"头部企业领跑"行动

以实施"1521"工业大企业培育、百企领航计划为抓手,鼓励现有行业头部企业布局未来产业前沿领域,支持企业牵头科研院校搭建未来产业创新联合体,培育一批未来产业"链主"企业。鼓励创新创业型中小企业、高成长性企业专业化、精细化、特色化发展,瞄准产业链高价值环节,不断强化专业化协作和配套能力,持续提升细分领域创新能力。

(四)实施"未来生态孵育"行动

更大力度发挥资本撬动作用,推动资本链与产业链、创新链深度融合,依托多层次资本市场助力未来产业加快发展。发挥政府投资基金引导作用,构建未来产业"企业孵化—创新融资—产业扩张"的全周期股权基金支持体系。完善融资担保体系,拓展"江海贷""通科贷"等创新金融业务,提高未来产业贷款比重。

(五)实施"协同开放链接"行动

落实长三角一体化、长江经济带等国家战略,积极参与 G60 科创走廊、沿沪宁产业创新带、苏锡常通科创圈建设，依托构筑长江口产业创新协同区，探索构建长三角未来产业协同发展体系。发挥江海博览会、新一代信息技术博览会、船舶海工展等展会平台作用，构建多层次、多渠道的跨区域未来产业发展合作机制。鼓励本地国企与重点央企对接，加快构建未来产业生态圈。

五、保障举措

(一)加强组织领导

依托全市推进未来产业发展专项行动工作专班，建立健全市级层面未来产业推进工作机制，积极向上争取国家和省级资源，强化跨部门、跨区域、跨层级协同联动，制订未来产业行动方案，落实未来产业重大任务。组建市未来产业专家咨询委员会，为全市未来产业发展提供外脑支持。

(二)加大支持力度

按照各有侧重、错位支持的原则，进一步优化市级专项资金支持方向，加大对未来产业领域重大项目支持力度。各部门高效协同联动，围绕未来产业推动科技自立自强、民间投资、公平竞争、柔性执法、金融支持等方面，组织制定配套措施，完善政策体系，各司其职，协同配合，形成整体工作合力，抓好推进落实。

(三)营造发展环境

优化创新创业生态体系，打造一流创新生态，形成鼓励创新、宽容失败的社会氛围与创新文化；制定更具竞争力的未来产业创新人才政策，建立未来产业人才培养体系；强化知识产权保护和要素保障，完善创新成果培育和转化机制，营造未来产业良好的发展环境。

葛蕾 马政
2024 年 4 月

海安市纺织印染行业发展报告

海安市工商业联合会　海安市色织业商会

纺织产业是海安市传统产业、优势产业，在市委、市政府的正确领导下，培育部门紧紧围绕上级要求和产业发展规划，有效开展产业集群培育工作，经过多年的努力，目前海安纺织业已形成集纺、织、染、整、服装加工为一体的完整的纺织产业链。成为全国知名的"中国纺织产业基地市""中国色织产品开发基地""中国化纤混纺纱精品基地""中国针织纱线研发生产基地""中国经编毛绒产品开发基地""艺术染整与现代扎染产品开发基地"。

印染业是纺织服装产业链中提升产品品质、丰富产品功能、实现美学价值、创造市场价值的关键环节，也是推进绿色发展、实现责任发展的关键环节。海安市印染产业起步较早，"十二五"期间，海安市将印染列为纺织服装产业强链补链重点方向，2012年，海安市政府与常熟市政府合作设立省级南北共建园区——常安现代纺织科技产业园，经过近十年的发展，园区已成为全国知名的高端纺织印染产业园；2012—2020年，海安市印染业发展较快，企业规模和数量进一步增长；2023年，全市印染业通过结构调整和转型升级，印染行业发展由规模型逐步向质量效益型转变。

一、产业发展主要特点

（一）产业集聚度不断提升

印染业原分散于海安市高新区、开发区、滨海新区，污水大多由企业自建污水处理厂处理，因各企业设备质量和管理水平有差距，不达标排放问题时常显现。2000年后，海安县委县政府加大力度推进城市建设，鼓励企业退城进郊，联发纺织等企业异地搬迁，企业污水处理能力不幅度提升,形成了以联发纺织为中心的印染小集群。目前海安印染业主要围绕联发环保新能源、开发区常安水务、高新区鹰泰水务形成了三大集聚区。

(二)经济贡献度不断提高

2023年,行业运行基本保持平稳,在染色纱、印染布产量下降的情况下,行业开票销售超132亿元,同比增长8.2%。以集中于印染、印花的常安现代纺织科技园为例,自2012年开建,2015年起企业陆续入驻投产以来,园区企业年开票增长均在20%以上,2023年突破80亿元,预计2024年将超100亿元。

(三)能耗占用率不断降低

以联发环保、天翔印染等为代表的龙头企业不断推进技术改造,设备节水节能水平不断提升;常安纺织园新入驻企业普遍采用新设备新工艺,中水回用率超80%。

二、产业发展存在问题

印染业是纺织服装产业链上不可或缺的重要环节,科技含量高、管理要求高,又是一个高耗能、高污染、劳动密集的行业。当前海安市纺织印染业尚存在以下问题。

(一)环保安全压力大

新环保法、废水排放、大气排放、固废处置等法律法规的实施,给企业带来巨大压力。尽管长三角省市制定的排放地方标准已高于国家标准,但随着城市飞速发展,城市边际向外延伸,原本位于郊外的印染企业被居民小区逐步逼近。再加上人民生活水平的提高,对大气、水等影响生活环境的要素越来越重视,导致针对印染业的投诉不断增加。

(二)传统企业改造难

海安市部分本土印染企业设置分散,设备更新换代慢,生产工艺和管理水平不高,再加上企业效益不好,不愿意投入资金改造,靠着污水指标吃老本,甚至存在一租了之的"厂中厂"现象。从科技创新上来看,许多纺织企业与高校院所联系不紧密,仅限于某个项目的合作,缺少与高校院所建立"长期创新同盟"意识和战略眼光。从企业主管能动性上看,面对新的形势缺少新的发展理念,存在观望等待思想,不敢闯、不愿投。

(三)耗用资源总量高

据统计,全市纺织业已建成 5 000 t 标煤以上企业共 13 家,数量占"两高"企业比重为 52%,用能占比为 45.9%。其中印染企业 11 家,数量占比 84.6%。据新奥燃气数据,全市印染业用气量为 $16×10^5$ m^3/天,占全市用气量 20%,印染业占用能耗量与经济贡献度不匹配。

(四)经济效益不高

印染业是重资产行业,资金投入大,如果没有贯通上下游,形成织造、染整、成衣产业链,仅靠纯印染加工业务,资金投入回报时间长,企业成本压力大。由于受国内外市场行情的影响,一些企业订单不足,企业不能"吃饱开足",且全市面上纺织企业的产品也多为价值链的中低端,难以达到市委市政府提出的亩均开票、亩均税收要求。

三、产业发展思路

我国纺织服装产业主要集中在长三角和珠三角地区,尤其是江苏省,拥有产业规模总量、龙头企业数、产业链完备度三个全国第一。随着纺织服装业高质量发展逐步提速,苏南、浙江部分地区对印染业进行结构调整,部分印染企业向区域外转移速度加快。从全国范围来看,尽管中西部以及华北地区许多省市将承接东部和南部纺织产业转移放在优先位置,大力发展纺织业,但不可忽视的是长三角地区具备历史传统、配套设施、专业市场和成熟的企业家队伍等客观有利因素,印染企业首选地还是长三角地区。海安市作为中国纺织产业基地,具有苏北射阳、南通通州湾和中西部地区无可比拟的优势,从近几年纺织产业招商情况看,浙江、苏南外迁的印染企业的首选区域还是海安。

根据海安市土地、能耗、污染指标等资源容量的现状,将以"四大工程"为抓手,持续推动产业高质量发展。

(一)实施控量提质工程

控量提质,转型升级,就是要逐步实现生产水平的技术领先和产品的高端化,在市场竞争中占有一席之地,乃至拥有一定的发言权。根据中国印染协会对产业未来形势展望,国际方面,全球经济增长放缓给我国印染行业外贸出口带来较大压力,在 2022 年较高基数的背景下,近几年出口规模将呈现收缩趋势。2023年、2024年第一季度，受整体行情影响，全市不少印染企业存在排污指标未用足问题。因此要立足推动现有企业挖掘潜力，释放产能，提高效益。鼓励纺织印染企业并购重组，产品提质，淘汰低小企业，培育印染标杆，形成在全国有地位有影响龙头企业。要支持企业加强生产管理、深化现场管理、强化安全管理、完善绿色供应链管理，提升现代化管理水平。引导企业建立化学品绿色供应链管控体系。提高中水回用率，推进清洁生产和绿色化生产。要引导支持企业发挥中间环节优势，与产业链上下游加强合作对接，加快高端纺织面料开发和应用，从产品加工型向产品开发型转变，提升企业在供应链中的话语权。

(二)实施印染集聚工程

印染产业集聚可以为入驻企业提供研发、检测、对外商务、信息服务、技术咨询、产品展示、人才培训交流等全方位的现代生产性服务平台，还可以解决集聚后老厂房的处置问题。通过优化综合配套服务，可以降低企业生产和管理的综合成本，提升产品市场竞争力。通过集聚区，减少印染用地，减少污水排放，淘汰落后产能；以天然气、蒸汽为主要能源，减少二氧化硫排放等。常安现代纺织产业园和联发工业园发展已经较为成熟，固废处置、助剂复配、危化品物流和危险废物集中暂存库等配套设施先后完成，江苏联发高端纺织产业技术研究院、检测中心、信息技术服务公司等科技平台已开始承接区域技术服务工作。

(三)实施科技创新工程

根据中国纺织工业联合会《纺织行业十四五规划》相关要求和海安市实际，提升印染产业科技水平、实现印染产业转型升级。在总量增长、高新技术产品的研发及其产业化应用、先进的技术装备引进、节能减排成效、淘汰高能耗高水耗低技术水平的落后产能等方面，实施目标控制和过程控制。提高纺织印染产品的技术含量，研发具备自主专利、具有核心竞争力的高新技术。加强知识产权保护，鼓励技术研发，扶持印染业公共创新平台建设，强化"产学研"协同，研发和推广高性能新型纺织材料和绿色环保的纺、织、染新技术。

（四）实施项目优选工程

排污指标是一项极为宝贵的资源。例如，常安纺织园已审批项目接管水量为5.9万吨/天，已洽谈即将审批项目接管水量为1.2万吨/天，合计7.1万吨/天，若全部达产，则超出了现有污水处理厂处理能力（6万吨/天），污水处理厂需扩容。因此，在招商引资方面，要拒绝一切以排污指标为目的的招商引资项目，成立项目招引专家评审组，对需要排污指标的项目进行专家论证，确保项目质量。招引项目应向上游、下游两头延伸，招引东丽、帝人等功能性梭织化纤企业，功能性户外面料和运动面料附加值高，产业前景好；招引符合未来印染产业发展趋势，具有占用污染指标少、排放少的特点的无水染色、少水染色、天然染料染色和数码印花项目。

傅杰峰

2024年4月

海安市航空航天及轨道交通产业发展报告

海安市工商业联合会　海安市轨道交通业商会

一、海安市航空航天及轨道交通产业发展概况

经过近几年的培育,海安航空航天及轨道交通产业链不断完善,航空航天产业涉及航空铝材、纳米颗粒复合强化挤压材、飞机安全玻璃、航空结构件、航空轴承和导弹轴承等零部件,机场道路专用沥青、气相防锈袋、喷涂防锈剂等辅助材料及航空粮油等航空食品产业正加速向"三机一箭一星一站"大航天版图有力迈进;轨道交通产业经过了从单一到多样、从小到大的发展,形成了以生产轨道扣件系列产品、轨道以及机车用橡胶制品、铁路 RPC 系列产品、铁路电缆系列产品、各类机车配件、铁路道岔及各类轨道机车铸造配件、电机配件、刹车件、安全玻璃、屏蔽门配套设备等为主的具有一定规模的新兴产业。

航空航天及轨道交通板块现有江苏海迅实业集团股份有限公司、江苏铁锚玻璃股份有限公司、江苏迅通铁路器材有限公司、江苏鹰球集团有限公司、江苏繁华应材科技有限公司和江苏增光新材料科技股份有限公司等 15 家规上企业。2023 年,实现开票销售 119.11 亿元,同比增长 10.2%。

二、产业链发展趋势

当前和今后一个时期,我国发展正处于重要战略机遇期,在复杂变化的发展环境下,航空航天及轨道交通产业整体发展态势较好,但随着经济发展、社会进步和技术革新,市场需求发生了巨大变化,因此产业呈现出新的发展趋势。

（一）航空航天产业发展趋势

航空航天行业目前国内的现状是需求提振和国产替代强力驱动，"内需+外贸"双双提振。航空航天市场空间广阔，属于军民双核产业，宏观经济波动对航空航天行业影响甚微，目前此行业已成为经济发展新的增长点。航空航天技术是高度综合的现代科学技术。力学、热力学和材料学是航空航天的科学基础；电子技术、自动控制技术、计算机技术、喷气推进技术和制造工艺技术对航空航天的进步发挥了重要作用；医学、真空技术和低温技术的发展促进了航天的发展。上述科学技术在航空和航天的应用中相互交叉和渗透，产生了一些新的学科，使航空和航天科学技术形成了完整的体系。

（二）轨道交通产业发展趋势

全球轨道交通装备市场呈现出数字化、智能化的发展趋势。当前，全球正出现以信息网络、智能制造、新能源和新材料为代表的新一轮技术创新浪潮，全球轨道交通装备领域孕育新一轮全方位的变革。轨道交通装备制造业作为高端制造的代表，全球领先的轨道交通企业已经开始实施产品数字化设计、智能化制造、信息化服务。在发展趋势和政策导向下，中国轨道交通装备制造业将迈进信息化、智能化时代，走上制造强国之路。近年来受疫情影响，全年经济增长承压，逆周期调节有望发力，"新基建"成为拉动投资扩大需求的方向。轨道交通产业可与"新基建"中的5G、人工智能等高科技产业紧密衔接，增强"新基建"的经济带动作用。

三、海安市产业链发展优势

（一）产业发展优势

近年来，随着经济的快速增长，我国航空航天产业得到了快速发展，中央既制定了明确的总体规划和发展蓝图，也通过综合运用科技政策、产业政策、财税政策等，调动和激发科技人员和创新主体的积极性，助力航空航天核心技术攻关，形成了推动产业实现突破和创新发展的强大战略力量。

航空航天及轨道交通是海安市18条产业链之一，覆盖研发、基建、零部件生产制造、配套服务等上、中、下游,主打产品有一定知名度,已成为海安优势产业。航空航天及轨道交通产业将紧扣产业转型发展重要节点和快速发展重要战略机遇期,立足现有产业基础,加快高附加值产品研发,引进和培育一批"专精特新"企业,加快形成航空航天及轨道交通全产业链,促进产业集聚化,加速构建产业链、供应链,提升产业链供应链现代化水平。

(二)区域发展优势

海安是江苏省委、省政府确定的两个落户县级的省级枢纽城市之一,是江苏长江以北可实现"公铁水"无缝对接的城市,得天独厚的"公铁水"联运交通枢纽优势为海安航空航天及轨道交通的产业发展提供了便利的条件,也为企业在做强主打产品的同时,紧扣科技创新、军民融合,积极拓展新市场,延伸产业链提供了有利契机。

(三)政策支持优势

当前,全球新一轮科技革命和产业变革蓬勃发展,航空航天及轨道交通产业呈现出智能化、电气化、轻型化的发展趋势。为顺应产业的发展潮流和趋势,我国对航空航天及轨道交通产业出台了许多宏观调控政策和规定,加快转型升级,推动航空航天及轨道交通产业的高质量发展。

四、发展思路和目标

(一)发展思路

围绕航空航天及轨道交通产业,引进培育关联度大、辐射力强、带动力强的龙头型、基地型企业,壮大产业规模,提升产业水平。统筹规划产业园发展空间,引导同类及关联企业集中布局,推进企业分工协作和上下游联动发展,形成规模集群效应。注重协同作战思维,寻找区域的抱团发展模式,将本地区发展有效、充分的融入区域发展中,精准定位、协同创新,以打造价值共同体的思路谋划自身发展。

把握航空航天及轨道交通产业机遇期,充分发挥海安的交通枢纽优势,以市场为导向,以创新驱动为引擎,按照"以零促整、引创结合、协同发展"的思路,遵循高端化、规模化、集群化的发展原则,加大高附加值产品研发,引进和培育一批"专精特新"生产企业,形成产业集聚,打造海安市航空航天及轨道交通高质量发展新名片。

(二)发展目标

1.总体目标

海安航空航天及轨道交通产业将紧紧抓住国产大飞机、新基建等发展的机遇期,加大招商引资力度,紧盯产业短板、链条缺环,有针对性招引,补齐短板、产业链。深化产学研合作,助推产业企业转型升级,奋力打造"枢纽海安,科创新城",形成海安市工业经济发展新的增长极,产业发展重要集聚区。

到2025年,实现航空航天及轨道交通产业链企业总开票销售近200亿元,其中集团上市1家,销售收入超80亿元1家、超50亿元1家,超10亿元1家,超5亿元2家。

2.结构目标

从整个产业链的角度,对产业链上中下游各环节制定优惠政策;鼓励产业链上中下游企业之间进行产学研合作,共同进行技术攻关,分享技术成果;鼓励相关企业的兼并重组,形成一批技术过硬、资金充足的大企业;统一产业技术标准,以产业技术标准的统一带动全面竞争市场的形成;为产品打开市场创造机会。

在开发区、高新区重点发展航空航天及轨道交通产业。首先,继续做大做强玻璃行业。轨道交通产业:动车用前挡玻璃;航空产业:飞机前挡眩窗玻璃、智能玻璃。其次,走自主研发,取代国外垄断。地铁隧道(站场、管网等)结构件设计、制造;海迅集团、鹰球集团两家企业与同济大学轨交院就"高速列车轮轨踏面增粘装置"摩擦片研发、制造取代进口,打破国外企业垄断国内市场格局。

3.产品技术目标

加强与国际院所以及各高校产学研合作联盟,将产学研的研究成果扩大至整个产业链。鼓励企业行业产品的科技研发投入,增加新的产业产品,其中重点加强与西北工业大学、铁科院、西南交大、上海同济等合作,实现具有前沿科技含量的产品,来引领行业发展。

鹰球冶金积极开发轨道交通等领域应用的材料与零件,扩大新能源汽车粉末冶金制品应用领域，满足客户对高端产品的需要。铁锚玻璃紧扣轨道交通及特种玻璃扩建项目，同时注重拓宽航空、船用、核电装备后处理领域。海迅实业加强与铁设院等铁总下设科研院所专家的沟通对接，加大轨道集成技术开发研究探索，从而实现企业高质快速发展。

4.人才目标

随着产业链的升级演变和发展推进，产业升级更加依赖于人才链，"一岗多技"和"一专多能"的高端技能型人才越来越受到欢迎和重视。产业链各企业紧抓产业发展有利时机，用好"江海英才计划""人才强市36条"等激励措施，积极招引高层次产业人才，鼓励企业与高校采取"订单式"培养等方式，形成高、中、低配置合理的人才梯队，推动企业健康、高质量发展。同时，在院企产研合作方面，打破原有固定模式，探索新的机制，高度激发一流院校科研人员的钻尖钻精的责任与动力，最终实现航空航天及轨道交通产业质的飞跃。

(三)发展重点

瞄准世界航空航天及轨道交通科技前沿和国家重大战略需求，加强海安市重点研发计划、科技重大专项和重大工程与国家科技计划等的衔接，集中优势资源要素，前瞻布局战略预判性技术及关键核心技术研发，积极突破一批基础性、前瞻性、先导性的轨道交通重大技术，抢占产业技术制高点。建立前瞻技术研发和创新培育机制，探索长期任务委托和阶段性任务动态调整的良性竞争模式，鼓励企业和高校院所联合开展前瞻性技术研发。积极推动5G、人工智能、物联网、云平台、大数据等新技术与技术融合创新，支持智慧建造技术研发，鼓励智慧装备研发。

航空航天产业作为重要的战略性新兴产业，对经济社会发展具有极强的带动作用。紧邻上海长三角的龙头、长江经济带的龙头，在原材、航天装备零部件制造、配套建设等方面加强本土企业铁锚玻璃、海全机电、增光新材料等企业加强"外引+内强"思路，提升产品竞争力，拓宽经营渠道，发展航空航天产业拥有比较优势。

发挥海安市现有企业的比较优势，以高质量、高性能、高安全为原则，研发、制造和发展与国内外知名企业等相配套的产品。推进特种玻璃、轨道用扣件及弹条、摩擦盘架等现有产品升级换代,不断提高产品质量;布局为高速铁路客车、重载铁路货车、城市轨道交通装备配套的列车牵引控制单元、牵引及辅助变流器等高附加值的关键零部件,加快系统化、模块化、智能化产品的研发。以整车制造为引领,拓展干线轨道交通、区域轨道交通和城市轨道交通的谱系化运载装备,加快发展牵引转动系统、列车制动系统、通信信号系统等关键系统,掌握核心部件的自主研发与创新关键技术,推进产业向包括原材料、工程建设、装备制造及系统、整车制造和运营维护环节在内深入拓展,加快打造海安市特色的轨道交通产业体系。

曹明亚

2024 年 4 月

如皋市汽车及零部件产业发展报告

如皋市工商业联合会 如皋市汽车及零部件商会

汽车工业是现代工业的重要标志，是世界上规模最大和最重要的产业之一，具有政策导向性强、关联度高、规模效益显著、消费拉动大、资金和技术密集等特征，在制造业中占有很大比重，是国民经济的重要支柱产业。汽车零部件产业为汽车整车制造业提供相应的零部件产品，是汽车工业的重要组成部分，是汽车工业发展的基础。新时代的汽车产业正朝着电动化、智能化、低碳化、数字化的"新四化"方向演进，给产业链、供应链上下游企业带来难得的发展机遇。汽车及零部件产业是如皋市规划重点发展六大支柱产业之一，如皋市制定实施了《市领导挂钩联系汽车及零部件产业链发展工作方案》和《如皋市优势产业链高质量发展工作方案》等政策，通过不断加大招商引资，狠抓项目建设，强化优质企业服务等有力举措，持续做大做强产业规模，努力提升做优产业质态，有力支撑了全市经济高质量发展。截至2023年年底，全市共有汽车及零部件工业企业121家，其中规模以上企业36家，规上企业实现应税销售107.4亿元，税收2.87亿元。

一、如皋市汽车及零部件产业发展的现状与特点

汽车及零部件产业在如皋有着悠久的发展历史，曾经几度辉煌几度春秋，在汽车产业发展初期狼山汽车早开如皋汽车产业发展先河，世纪之交英田农用车曾经占据一定市场规模，新能源汽车产业发展初期陆地方舟纯电动车起步并不落后，赛麟汽车的名头一度响遍国内外，百应能源以氢能源动力电池应用探索领先世界，为如皋赢得联合国开发计划署"中国氢经济示范城市"称号，如皋对外宣称拥有六张十分珍贵的汽车整车牌照。随着赛麟汽车骗局的破产，如皋汽车产业发展一度失声。国际知名商

用车品牌斯堪尼亚亚洲生产基地的成功落户为如皋市汽车及零部件产业的发展带来了新的机遇和希望，如皋市汽车及零部件产业又一次面临发展腾飞的风口。产业发展呈现以下特点。

(一)产业集群初步形成

如皋市汽车及零部件产业呈现集群发展特点，主要分布在如皋西北部地区的国家级如皋经济技术开发区、江苏省重点镇搬经镇以及江安镇、磨头镇。如皋经济技术开发区是如皋市汽车及零部件产业发展的龙头，先后获批省新能源汽车生产基地、新能源汽车特色产业集群、新能源汽车及零部件产业园、国家国际科技合作基地、国家火炬如皋新能源汽车特色产业基地、江苏省氢能小镇。先后招引了斯堪尼亚、吉利汽车等整车企业，落地双钱轮胎、延康汽车、创源电化学等汽车零部件企业，入驻势加透博、百应能源、安思卓、江苏清能等氢能制造企业，形成了一定的产业基础。2023年底拥有汽车及零部件企业38家，其中规模以上企业12家，实现应税销售68.2亿元，同比增长8.9%，占全市规模以上汽车及零部件企业应税销售收入的63.5%。

(二)重点项目建设加快

2020年，如皋经济技术开发区引进瑞典斯堪尼亚商用车项目，注册资本20亿元人民币。2021年12月取得江苏省发改委项目备案，并被列入江苏省重大项目。该项目重点生产两个品牌车型，一是高端车型斯堪尼亚商用车，另一车型为其母公司根据中国及亚洲市场新研发的中高端车型。产品在满足中国市场的同时，还将出口亚洲市场。项目计划总投资101亿元，用地约1200亩(80公顷)。一期整车制造项目，计划总投资约50亿元，用地约817亩(54.47公顷)，总建筑面积约$3.18×10^5$㎡，新建冲压、焊装、涂装、总装等生产线以及办公用房、配套设施，全面达产后将具备年产5万辆商用车的生产能力，年营收约170亿元。二期动力总成及核心零部件项目，计划总投资24亿元，其中设备资约14亿元，主要为斯堪尼亚整车项目配套，研发制造发动机、变速箱、车桥等，设计产能5万台套，全面达产后年营收约20亿元。斯堪尼亚一期整车项目于2022年启动建设，预计2025年一季度正式投产。二期动力总成项目于2023年10月启动建设，与整车项目同步投产。

(三)龙头企业发展加速

如皋市汽车及零部件产业拥有国家级高新技术企业16家,国家制造业单项冠军企业1家(力星钢球),国家级专精特新"小巨人"企业2家(汤臣汽车、势加透博),省级专精特新中小企业4家,两化融合贯标企业2家。双钱轮胎2023年实现应税销售32.65亿元,公司主营业务研发、生产子午线轮胎,在国内外市场销售并提供设计服务和配套服务。核心产品包括卡客车轮胎、工程机械和农用车轮胎、轿车轮胎以及特种车辆轮胎,自主研发设计的产品多达500多个品种,销往全球120多个国家,并通过13项3C强制性产品认证和3项自愿性产品认证,其中全钢丝子午线轮胎更是获得国家绿色设计产品认定。江苏华永复合材料有限公司及关联企业2023年实现应税销售为14.5亿元,主营产品占该细分领域国内市场占有率40%份额,市场排名第1。超达装备2023年实现营业收入5.8亿元,主导产品汽车内外饰模具,国内和国际市场占有率一直位居前列。

(四)技术创新成效显著

拥有国家技术中心1家,省级工程技术研究中心7家、企业技术中心4家、工程研究中心1家。瞄准汽车产业轻量化发展方向,率先成立江苏省轻量化汽车零部件创新联合体,由龙头企业江苏汤臣汽车零部件有限公司牵头,产业链上下游10家企业参与,以清华大学、吉林大学、中国北方车辆研究所等高校院所及其专家团队为支撑,开展产学研协同创新。紧跟绿色低碳发展趋势,自2010年底起积极实施国家新能源产业发展战略,着力布局氢能产业发展,发起成立江苏省氢能及燃料电池汽车产业创新联盟;牵头与上海合作建立的"国家氢能源汽车研究检测公共服务平台",填补了长三角乃至全国在第三方氢能燃料电池综合检测服务领域的空白。2016年,被联合国开发计划署评为"氢经济示范城市"。目前已拥有百应能源、安思卓新能源、江苏清能、国家能源集团、加拿大星动新能源等近20余家氢能企业,是全国涉足氢能产业最早、企业集聚度最高、氢能产业链建设最全的地区之一。

二、如皋市汽车及零部件产业发展的短板与不足

如皋市汽车及零部件产业发展呈现良好的发展势头，也面临产品档次不高、产业链接不紧、技术引领不强、资源供给不足等问题，亟待进一步提升能级、加强招商引资、形成特色集群效应。

（一）产品档次不高

现有企业主要产品分散在金属铸造、内外饰件模具、轮胎等领域，多为轮胎、制动器、底盘、车桥、支架等不处于产业链核心环节的产品，汽车芯片、汽车电子、三电系统、智能软件等核心关键领域相对空白，且在从零件材料到部件组成的产品附加值提升上还有待突破，总体规模难以实现快速扩张。

（二）产业链接不紧

如皋市汽车及零部件产业虽然拥有100多家生产企业，但产品品类多分属不同细分领域，企业间互动性较弱，相互配套能力不足，本地上下游配套率较低，没有那能够形成相互串联、自我配套的完整产业链条。虽然拥有处于产业龙头端的整车制造企业，但因自身产能释放不足，下游企业配套率不高等原因，未能发挥龙头带动作用。

（三）技术引领不强

汽车产业链现有规模以上企业中拥有南通市级以上研发平台企业仅为10家，承担国家级科研项目的企业屈指可数，拥有产业链核心技术和自主品牌企业较少。企业自主创新意识、自主知识产权比重、科技成果转化速度等均有待提高。规上企业中与高校或科研机构开展产学研合作企业仅有6家，缺少产业研究院及高能级平台，与行业协会联系不紧密，外部智力支撑支持明显不足。受限于国内外氢能整体市场欠佳，以及企业对政策补助依赖性较大等原因，氢能企业产能释放需要时间传导，周期相对较长。

（四）资源供给不足

如皋市汽车及零部件产业发展重点在经济技术开发区，开发区的发展面临的土地、能耗、排放等约束性发展指标的严重制约。土地方面，开发区新增工业用地指标较少，但斯堪尼亚、吉利汽车托企业用地需求较大，

剩余用地资源紧张。能耗方面，开发区可用能耗余量为15万吨标煤，扣除斯堪尼亚约3万吨标煤的能耗、现有企业17%省级降耗预留（现有企业降耗难度较大，需预留指标），剩余指标相对紧张。排放方面，开发区主要污染物排放量较高，与省级工业园区污染物排放控制目标仍有一定差距。资金方面，开发区企业资金来源渠道仍有待拓宽，政府引导基金需加强投后管理以提高投资质量。

三、如皋市汽车及零部件产业发展的机遇与挑战

如皋汽车产业的几起几落告诉我们，经济的长期稳定高质量发展没有风不行，但仅仅靠风也是不行的，必须要有强硬的翅膀，要有驾驭风的能力。理智分析思考，眼下如皋市汽车及零部件产业面临难得的发展机会，处于快速发展机遇期，踏在发展的风口之上，但也面临大量的困难和难题，处于发展的瓶颈期，卡在发展的关口之下。对于如皋市汽车及零部件产业的发展既是风口，亦是关口，关键在于如何抓住风口突破关口，实现产业的跨越发展。

如皋市汽车及零部件产业发展居于风口之上，面临以下一些良好的发展机遇。

（一）重大项目建设带来的跨越发展机遇。斯堪尼亚公司如皋生产基地项目是斯堪尼亚公司除欧洲和南美外的全球第三个生产基地。项目计划于2025年一季度全面建成达产，项目自身将会形成超过200亿元销售收入，超过100亿元的国内配套需求，给如皋市汽车及零部件产业带来量和质的飞跃和超越。江苏华永复合材料有限公司及关联企业先后投入数十亿元，以自主核心材料工艺创新为基础，研发制造高强度轻量化汽车底盘悬架类产品及高性能传动类产品，紧密围绕高性能铁基复合材料、高端悬架总成、大功率自动变速箱等进行创新研发活动，突破了基础材料、变速箱总成方案等"卡脖子"关键技术，打破了商用车空气悬架、大功率AT自动变速箱等领域的外资垄断，产品获得一汽解放、北汽福田、东风、徐工、斯堪尼亚等国内外客户认可。基础材料的创新突破将会带来产品的系列创新，引领企业进入快速发展新赛道。

（二）高额存量资产带来潜在发展机遇。如皋市汽车及零部件产业发展几经周折磨难,但也留下了大量的宝贵的难得的存量资源,为今后的发展提供了巨大机遇。现有存量资产土地超千亩,总建筑面积超过20万平方米,具备年产15万辆整车生产能力。拥有冲压车间、焊装车间、涂装车间、总装车间、生产管理中心及其他附属设施(交验车间、110kV变电站、食堂、联合站房等)组成的完整生产线,建筑总投资额10亿元。整体生产线采用先进的ANDON可视化系统和先进主流的MES系统,能全面监控生产过程。总装车间加注、电检等设备均采用德国DURR设备,检测线可同时满足SUV、轿车和跑车过线调整。总装车间内的设备、工具均采用世界一流品牌,是一个真正的领跑制造行业的先进智能化车间,设备总投资额约20亿元。在当前发展空间日趋紧张,资源供给严重不足的大环境背景下,只要能够坚持从实际出发,加大招商引资力度,一旦合作成功,必将带来汽车产业的快速跳跃发展。

(三)优势产业基础带来集群发展机遇。产业发展专家认为,从国际汽车产业集群的形成历史来看,汽车产业集群形成与发展的成功关键因素至少有四项:机械制造与相关产业基础,较大的汽车需求市场,充满活力具有较强竞争意识与创新精神的企业和企业家,优质的不可移动生产要素。考虑到我国汽车工业的特殊性,我国汽车产业集群形成与发展的成功关键因素还需要另外增加四项,即本地汽车产业的历史与现状、落户该地的国际汽车集团公司的发展态势、本地的市场化进程和国有企业的改革力度。如皋具备机械制造相关产业发展的悠久历史和产业基础,位居中国乃至世界最大的汽车消费市场,拥有不可或缺的优质生产要素,世界知名品牌成功落户的发展机遇,从宏观到微观,从历史到现状,如皋市都面临汽车及零部件产业发展的最好时机。

(四)新能源汽车带来全新发展空间。以新能源引领的新四化已经成为汽车及零部件产业发展的潮流和方向,全球汽车产业从传统燃油车向新能源汽车发展的趋势已日渐清晰,几乎所有的世界汽车巨头都在研制新能源汽车。2023年,中国新能源汽车继续保持快速增长,产销分别完成958.7万辆和949.5万辆,同比分别增长35.8%和37.9%,连续9年排名世界第一,市场占有率达到31.6%,高于上年同期5.9个百分点。新能源乘用车产销分别占乘用车产销的34.9%和34.7%。中国"乘联会"4月20日发布消息:4月上半月,新能源乘用车零售渗透率为50.39%,首次超过传统燃油乘用车。2023上海车展的主题是"拥抱汽车新时代",新时代的汽车产业正朝着电动化、智能化、低碳化、数字化的方向演进。新能源汽车对汽车产业发展带来的冲击和影响绝不仅仅是能源的改变,必将带来供应链格局重塑和整合,整车企业及零部件企业都面临洗牌和排序的风险,同时也带来了弯道超车和跨越发展的机遇。

如皋市汽车及零部件产业处于跨越发展的关口之下,也面临着发展中的瓶颈、制约和挑战。

一是整车项目产能释放达产关。整车项目对于汽车产业的发展有着巨大的龙头拉动作用,项目审批建设难,产能释放达产更难。当前汽车产业,包括新能源汽车,已经在某种程度上处于结构性产能过剩状态,国家发展改革委认为汽车行业产能已经过剩200万辆,在建能力220万辆,正在酝酿和筹划的新上能力达800万辆。乘联会的数据显示,截至2022年年底,车企产能TOP20产能合计为3 749万辆,占总量近九成,但是整体的平均产能利用率却低于50%。产能利用率在70%以上仅有5家车企。不乏部分现在或者曾经的主流车企产能利用率低于40%,甚至有的产能利用率低于15%。根据统计,在乘用车总产能中,约有38家企业共计405万辆产能是完全闲置的。江苏省发展改革委发布《关于切实加强汽车产业投资项目监督管理和风险防控的通知》显示,2016—2020年,江苏省汽车整车产能利用率由78%下降至33.03%,衰减近半,且低于全国平均水平约20个百分点。2024年3月26日至28日,2024中国商用车论坛在湖北省十堰市举办。斯堪尼亚中国集团总裁何墨池坦言,中国重卡市场20年的发展,现在看来产能过剩严重,累计起来现在行业总产能超过300万辆,而全球重卡市场2023年整体需求也只有210万辆,出口市场未来将很难消化所有过剩产能。面对严重过剩的生产能力,整车项目产能释放达产成为一个难以跨越的门槛,也是新增产能项目必须跨越的一个关口。枫盛汽车(江苏)有限公司成立于2014年1月,占地面积198亩(13.2公顷),总投资近12亿元,2019年1月获得国家发展改革委委托江苏省发展改革委核准年产5万辆纯电动乘用车项目,2019年8月通过国家工信部工厂准入审核,项目建设投产以来产量却一直处于极低水平。斯堪尼亚商用车虽然具有强大的品牌效应,但同样会面临严重的市场挑战,达产也有一个过程。

二是整车发展零部件本地配套关。全球前20大车企中,中国有5家,但全球前20大汽车零部件企业中,中国却只有1家。中国贡献了全球31%的汽车产量,但全球前100家零部件企业中,中国只占12%。汽车零部件产业发展结构性滞后于整车产业是中国汽车产业发展不能回避的问题,在高端零部件和龙头企业方面尤其明显。这样的问题在如皋同样存在,如皋市汽车及零部件存在零件多部件少,单件多配套件少,整车企业本地配套率极低,产业发展存在严重的断链问题。未来数年内,斯堪尼亚如皋制造基地的国产化率将超过80%。项目达产后预计年产值逾300亿元,将带动江苏汽车及零部件产业链条不断完善,促进如皋、南通乃至江苏全省制造业进一步转型升级。如何解决产业问题,实现整车企业与零部件企业以及零部件企业之间的相互配套和链接,是如皋市汽车及零部件产业发展必须突破的关口。

三是存量资产盘活中的资产减值关。当前如皋经济发展面临的最大制约就是规划空间不足,土地开发强度已经接近临界点,今后一段时间内可供开发的土地空间十分有限,建设用地矛盾将会长期存在,对经济社会的发展形成刚性约束。汽车及零部件产业发展过程中由于粗放发展理念和错误的投资决策,造成部分企业投资强度严重不足,投入产出比不高,不少僵尸企业占用了大量土地资源。英田集团、陆地方舟、江苏赛麟虽然如今不再辉煌,但我们可以将其视作历史的教训,而不应成为如皋发展的历史包袱,应该看到这是如皋在新的历史时期加快发展的宝贵资源和空间。资产盘活,不可能全活,也不可能全身,接盘者只能是为利而来。盘活的过程必定伴随巨大的让利和巨额的资产减值。随着时间的推移存量资产的减值是不可避免的,越晚盘活损失越大,让利和减值是盘活存量必须付出的机会成本,要求操盘者有足够的睿智、勇气和担当。我们不能趴在历史的旧账上,看到的只有固定资产的原值,必须解放思想,实事求是,立足现实,放眼长远,用系统思维方法,在看到固定资产原值的同时看到社会财富的现值，看到今天存量资产减值的同时看到明天社会财富的增值，算好账面资产减值和社会财富增值的借贷账，突破资产减值的关口，早日盘活存量资产，实现SL项目重生涅槃。

四是传统零部件企业转型升级关。据不完全统计，我国90%的零部件企业产品集中于中低端。在核心技术零部件领域，如汽车电子、发动机电喷系统、涡轮增压器、变速器电磁阀、等速传动轴等，基本上被国外先进厂家垄断。在发动机管理系统(包括电喷)、ABS等核心零部件领域，外资企业所占比例分别高达95%和90%以上。如皋市零部件企业由于资金不足、生产规模小、实力弱，缺乏规模效应，绝大部分企业不掌握高端产品技术，缺乏研发能力，缺少核心竞争力。面对"新四化"发展趋势和要求，加大研发投入，提高核心竞争力，实现传统零部件企业向现代零部件企业的华丽转身，已经成为如皋市汽车零部件企业必须面对的又一个关口。

四、如皋市汽车及零部件产业发展的对策与建议

如皋市汽车及零部件产业的转型升级发展问题重大且紧迫，必须坚持问题导向，采取有效措施，强化系统思维、理清工作重点，充分放大既有优势，补齐突出短板，增强产业链条韧性，不断提升整车及关键零部件技术水平和创新能力，引导汽车产业向电动化、智能化、网联化、绿色化转型发展，进而巩固并扩大产业优势、补链强链，创造性地开展好产业链培育相关工作，促使产业高质量发展。

(一)切实加强组织领导

建立汽车及零部件产业发展协同推进机制，发挥好由市领导任组长的汽车及零部件产业链供应链工作专班作用，研究落实重大项目，统筹规划、项目、土地、园区和招商资源，统筹协调推进全市汽车及零部件产业发展。建立常态化工作机制，改组市新能源汽车产业发展办公室，设立如皋市汽车产业发展办公室，由市发展改革委牵头，科技、财政、商务、市场监管、自然资源、金融等部门及经济技术开发区、搬经镇、江安镇、磨头镇相关负责人参与，市发展改革委、经济开发区汽车产业园区、汽车及零部件商会相关人员人员组成日常工作机构，日常工作机构下沉，办公地点设立在经济开发区汽车产业园，及时发现、协调、解决产业产业发展中的各种问题。

（二）大力推进产业融合

深化实施"供应商AB近地化策略"，推动整车企业梳理关键核心零部件、重要物料"AB近地化"清单，政企联动开展产业链供需对接，吸聚核心供应商在本地及周边区域布局，共同补齐供应链短板。搭建整车与零部件企业信息交流平台，实现供需双方信息互通、互动交流。建立整车与零部件协同创新激励机制，围绕汽车产业链关键领域，打通整车企业与本市汽车零部件企业的设计研发链条，实现整零的同步设计创新；打通整车企业与零部件企业的生产管理、质量控制的链条，实现整零产品质量的同步提升。支持零部件企业与全球主流车企建立合作，在同步设计、研发创新、高端配套方面结成战略合作伙伴，同时推动大企业为其配套的小企业给予技术、资金、信息、市场网络等方面的支持和合作，提高集群小企业的专业化水平和参与社会化竞争的能力。

（三）完善产业链政策供给

深入研究国家、省汽车产业引导政策，统筹高质量激励意见和制造业提档升级、科技创新、专精特新、智改数转、资源绩效评价等政策文件，整合形成一套政策工具包，全力支持汽车及零部件企业转型升级、跨越发展。围绕"补短板、强弱项、破难点、畅堵点"各个环节，针对汽车及零部件产业链上下游各类诉求，加大企业扶持力度，进一步加强资源要素的科学配置和保障，量身定制解决方案，制定有针对性的"一链一策"专属政策包。针对高附加值、高成长性的产业项目开辟绿色通道，确保项目立项、环评、审批服务等环节高速畅通，同时加强用地、资金、人才等多点支持。制定专项政策，鼓励汽车及零部件产业链"链主"企业牵头搭建集采平台，引导整车企业及核心供应商等积极参与联合采购，降低采购成本，提升近地化率，促进产业链上下游企业实现供应链安全布局。对投资建设"AB近地化"功能或优质的制造类项目，视项目先进性、紧缺性等因素，给予专项奖励支持。

（四）加大项目招引力度

聚焦放大产业优势、补齐产业短板，依托斯堪尼亚商用车项目，发挥整车龙头企业带动效应,定向招引一批龙头项目、高端项目、特色项目,填补产业链空白,与现有优势企业"优势互补"或"强强联合",提高产业集聚度。依托产业链商会建立产业融通机制,推动本土优势企业积极与长三角区域产业互补,加大对国内外产业链上下游企业和配套中小企业的垂直整合、兼并收购、产能对接、联合攻关力度,推动产业链纵向拉长和供应链横向拓展,加快构建完整的产业链结构。建立汽车产业链大中小企业融通机制,开展融通对接活动,全面摸排如皋市产业链内中小企业与发榜大企业的融通对接需求,引导中小企业结合自身优势产品和技术,加强与大企业的产研合作、产融合作、产销合作等,解决中小企业和大企业信息不对称问题,丰富拓展大中小企业融通对接渠道。

(五)加强产业园区建设

产业园区是项目招引落户的重要承载平台,要深入实施特色园区形象提升和能级提升工程,绘制汽车及零部件产业地图,大力推进基础设施优化改造。围绕汽车及零部件产业链发展规划,聚焦整车、汽车零部件和氢能三条主线,以如皋经济技术开发区为主要载体,锚定产业中长期发展的重点方向,以高水平的发展架构吸纳各类优质资源要素快速集聚,为存量龙头型项目及发展潜力大的成长型企业留足发展空间,确保新进项目引得来、落得下。谋划引进产业公共服务平台,为产业链企业提供专业化的政策咨询、创业辅导、人员培训、融资担保、技术开发、检测检验等公共服务,保障前瞻技术、创新模式的培育和孵化,引领和保障产业创新发展。以中瑞(如皋)智能制造合作创新园筹建为契机,推动汽车产业链开展中瑞产业链对接合作,提高产业集聚度、提升经济外向度、打造国际化特色营商环境。

(六)提升金融服务水平

加大对汽车及零部件产业政策引导力度,动态及时掌握纺织行业经营状况和政策变化,对纺织行业符合市场准入条件、符合银行信贷原则、符合国家节能环保政策的企业和项目提高授信效率和有效供给。引导金融机构加大对汽车及零部件企业产品创新、设备改造、并购重组等转型升级项目的信贷支持力度,对技术水平高、生产工艺先进、经营管理能力强的大中型汽车及零部件企业以及链上、下游企业加强信贷支持,推进汽车及零部件企业的技术进步和产业转型。积极发展实施差异信贷政策,鼓励金融机构加强金融产品创新,丰富授信担保方式,发展符合汽车及零部件产业特点的信贷产品和服务模式,全方位提升金融服务水平。在风险可控前提下,进一步简化服务流程,信贷审批流程,采取续贷提前审批、设立循环贷款等方式,提高贷款审批发放效率。

孙德祥
2024 年 4 月

如东县食品产业发展报告

如东县发展和改革委员会　如东县工商业联合会

2023年如东县紧紧围绕"补链、增链、强链"工作目标,在项目招引、扶强创优、品牌建设、服务优化等方面持续发力,积极推动全县食品产业高端化、智能化、绿色化发展,加快推动产业链现代化,全县食品产业经济质量效益和核心竞争力显著提高。

一、如东县食品产业发展概况

2023年如东县食品产业实现主营业务收入110.98亿元,同比增长5.6%,实现利润3.98亿元,同比增长18.7%。其中59家规模以上食品生产加工企业实现主营业务收入94.62亿元,实现利润2.56亿元。

二、产业链提升情况及取得成效

(一)项目建设不断推进

依托食品科技产业园推动重大食品项目建设稳中求进。华润、中广核、华能分别到账500万美元、500万美元和91万美元;苏润、苏州高峰、新华完成签约注册,高峰变性淀粉项目顺利投产。坚持用"走出去"促动"引进来",主动拜访企业52家,获得有效项目信息36条。15个项目已来如考察,有望达成合作。

(二)服务保障不断优化

充分发挥市场监管职能优势,组织实施食品质量安全"赋能强企",以守底线"三加强"(加强食品安全风险隐患排查、加强重点监管企业"销号"管理、加强产业链过程控制)、拉高线"三引导"(引导实施食品安全总监制度、引导产品创新和品牌培育、引导实施先进质量管理体系)举措,持续抓好食品安全主体责任落实,促进食品产业高质量发展。

(三)党建引领不断强化

突出"强党建"和"强发展"相融合,推动食品产业链党建工作实体化运作,召开全县食品产业链党建推进大会,发布"育匠"培训服务、"检安"检测服务、"律护"法律服务三项"党建互促守食安"服务项目,培训食品生产企业和食品小作坊450人,引导企业强化主体责任,提高管理水平。

三、产业发展中存在问题

(一)从全县层面看

一是增长方式粗放,结构性矛盾依然存在。全县的食品加工产业涵盖行业众多,但规模型企业布局分散;从产品结构看,初加工产品多,精深加工产品少,高附加值产品比例更少,尚未形成主导品牌产品,整个产业集聚程度较低。二是研发环节薄弱,自主创新能力不够。目前如东县食品行业整体装备水平与发达国家还有一定差距,整体研发能力不高,关键技术自主创新率低,现有食品企业中,大部分生产流程简单,部分还停留在传统工艺,技术含量较低,现代食品制造技术和先进装备在食品工业中的应用刚刚起步。三是资源利用率低,污染问题仍然突出。集约化、资源再利用、循环生产、清洁环保水平普遍较低,企业节水、节能、污染减排有着较大潜力。

(二)从园区层面看

一是配套相对滞后,承载力还不强。已完善了部分基础设施,但园区配套还不够完善,与客商的期望和要求还存在差距。园区所在区域还是原始状态,还未有专业园区应有的形象。土地并未完全平整,土地受政策调整延缓供地,蒸汽、天然气、污水处理等管网未能对园区实现全覆盖,园区管网园区道路未能形成闭环,绿化为自然状态,景观效果尚未形成,影响了食品园区整体形象。产业园配套商务区仍处于规划状态,不能提供入驻企业就近的办公、生活等基础服务。二是经济环境持续下行,新动能还不足。经济大环境的影响,对食品行业的影响非常大,从现有对接食品项目看,企业进行投资的信心都不是很足,项目落户存在一定困难。外农区域相对较偏,人员招聘存在一定困难,前期对接的几个项目均是因招工问题而未能落户。亩均税收达20万元的要求对食品行业来讲门槛比较高,一定程度上增加了项目洽谈难度。入驻企业较少,食品园区建设较慢。入驻企业中投产者甚少,园区没有支柱型企业和国内外知名品牌,发展呈随机性、无序性。三是政策措施不够完善,支撑力还不够。外农(苴镇)以农业、渔业为主,每年财力极为有限,缺少支撑项目落户的金融、税收、土地、财政、人才、劳动力、物流、招商奖励或支持等政策,一定程度上影响招商引资满意度。园区内没有专门的招商运营团队,市场化运营的知识和能力还不足,相对园区"专业化、集群化、高端化"发展方向,远不能满足园区建设和发展的要求。

四、下一步推进产业发展的工作打算

(一)强化招商引资工作

一是创新招商方式。探索推行中介招商、大数据招商,借力市场监管平台、依靠上海市行业协会、全国焙烤制品委员会糕点分技术委员会等行业协会,对接江南大学、上海海洋大学等高校院所,了解产业发展基础和方向,突出产业链招商,采取"小团队、点对点"灵活机动的举措,充分发挥"盯关跟"精神,快速对接、快速跟进、保持联系,加快项目落地转化。二是强化宣传推介。开展"走出去、请进来"活动,充分利用各类博览会、招商洽谈会等活动平台,积极推介,广泛宣传。打造优秀招商队伍,适时充实调整招商人员。对现有招商人员从招商理念、招商方式、谈判技巧等方面进行培训,为招商引资工作提供优秀人才保障。

(二)加快在建项目进度

围绕现有变性淀粉、经纬食品、标龙项目等项目,紧盯关键时间节点,细化施工计划,定时间、定任务、定责任,对每一个项目安排专人跟进,向企业提供政策信息、代办帮办等服务,开展跟进式、定制式、量化式服务,及时关注掌握项目进展情况,协调解决项目推进中遇到的困难与问题,做好服务保障,确保高效推进项目建设。

(三)提高品牌建设速度

引导食品企业增强品牌意识,鼓励食品企业加强品牌建设,加强与大型电商品牌对接,拓宽销售渠道。着力培育一批拥有核心技术、配方和市场竞争力强的品牌,鼓励县内老字号食品企业传承升级,形成如东地方标识。充分利用龙头企业先进技术、品牌价值、标准和营销网络,提升知名度和外向度,形成"区域名片"。积极参与全国食品安全示范城市创建,推进溯源体系建设,鼓励指导企业通过质量体系认证,提高食品安全与食品质量,提高食品企业竞争力和区域综合竞争力。

(四)拓宽人才培养渠道

积极落实人才战略,有针对性地与江南大学、上海海洋大学、江苏省海洋水产研究所等高校院所加强联动,与如东中专高职院校落实蓝领工人共建计划,推进人才培养互动机制。推行"职业院校+行业协会+龙头企业"模式的产业技工培养基地,推动技工院校与行业协会、龙头企业等社会培训资源合作,通过深化校企合作、举办职业技能竞赛、开展职业培训鉴定等措施,为加快发展食品加工产业提供更多技能人才支撑。

曹卫东

2024 年 4 月

如东县新能源产业发展报告

如东县发展和改革委员会 如东县工商业联合会

新能源产业作为如东优先发展的战略性新兴产业,对推动如东社会经济发展具有极为重要的意义,为推动该产业的发展,2023年如东县进一步加快了对新能源产业的推进力度,全县新能源产业发展后劲进一步凸显,对如东县工业经济的贡献份额显著提高。

一、如东县新能源产业发展概况

2023年,全县新能源装机容量突破640万千瓦,其中风电装机562万千瓦,光伏80万千瓦;2023年全县风电上网电量126亿千瓦时,与2022年持平。新能源产业链工业规上企业共58家,全年完成应税销售186亿元,同比增长11.2%。

二、产业链推进情况及取得成效

(一)不断完善新能源专项规划

积极跟踪省级"十四五"海上风电规划编制及报批进展,争取远海深水风电项目纳入国家示范,全县"十四五"海上风电规划总容量达475万千瓦,其中领海基线内125万千瓦,滩涂光伏资源达195万千瓦,为"十四五"重大能源项目的顺利实施、产业链的可持续发展夯实基础。

(二)加快实施新能源产业链项目

组织如东县新能源产业链企业组成联合体,适时参与领海线内规划项目竞争性配置工作;继续争取国家级领海线外海上风电示范项目,同步启动相关前期研究工作;外农万亩渔光互补项目共增装机容量66万千瓦,包括华能、华润、中广核、通威渔光一体四期65兆瓦光伏项目已全容量并网。

(三)全力推进产业链招商工作

按照县委"招商引资质态年"的工作部署和"盯目标、钻产业、精活动、强专班"的思路举措,集中精力做好产业链培育工作。组织海力风电、中天科技等企业抱团"走出去",布局山东、浙江、广东、海南等海上风电产业基地,争取更多的市场订单。

三、产业发展存在问题

随着风电平价时代的到来,如何控制风电开发成本将成为未来海上风电产业可持续发展的关键。通过近几年来的大力发展和推动,如东风电产业链已初步形成,风机关键零部件以及配套的生产性服务业方面还需进一步补链,特别是在大兆瓦级的风电主机、新型柔性材料叶片研发生产和关键电控设备国产化还需进行技术攻坚。集聚集群效应尚未完全形成,光伏产业链还处于建链阶段,缺少头部企业进驻,储能产业还刚刚起步。同时,在海上风电"抢装潮"大背景下,海上风电项目已进入了冲刺阶段。如何应对台风、寒潮和突发强对流等恶劣天气,加强海上应急救援基地和能力建设,加强面广量大的海上运维船舶的安全监管,将成为当前风电行业安全发展的重中之重。

四、下一步工作举措

(一)进一步完善专项规划

继续跟踪省级"十四五"海上风电规划编制及报批进展,积极争取远海深水风电项目纳入国家示范;进一步优化光伏资源布局,充分挖掘沿海可开发利用光伏资源,稳步开发集中式光伏项目,推进国家百万级千瓦光伏基地建设,加快推进整县分布式光伏发电项目;不断加强与省、市、县自然资源和规划、生态环境等部门的沟通衔接力度,实现风电、光伏开发与其他涉海产业和谐共存、相互促进,实现项目用地、用海的合理化和资源利用高效化,为"十四五"重大项目的顺利实施、为如东县新能源产业链的健康、可持续发展夯实基础。同时,积极利用风电和光电优势,探索氢能产业,谋划实施一批示范引领性、带动性和标志性的新能源与氢能重大项目。

(二)进一步加快项目建设

继续加大协调力度,主动靠前服务,通过加强与属地政府和企业的沟通和联系，帮助镇区和企业及时化解在项目建设和运行过程中遇到的突出问题和矛盾，为在建风电、光伏项目和已落户产业链项目的顺利推进营造良好氛围。依托小洋口风电母港及配套重装产业基地，加快推进东方-三峡如东先进装备制造产业园区项目尽快开工、早出形象，持续打响如东"全国海上风电第一县"品牌。

(三)进一步突出产业链创新

目前风电光伏市场增量市场与存量市场并存，增量市场上依托风电产业联盟平台优势，精心绘制产业地图，紧盯目标客户，重点瞄准风电光伏核心装备、头部企业、新型储能项目及现代服务企业，借力资源优势靶向招商、精准招商，从招大向引强转变，推动产业链向高端发展。存量市场上进一步强化技术创新，在风电主机、钢结构、施工工艺上引进创新技术，促进全产业链降本增效。同时，改变传统单纯以资源换产业的思路，践行新发展理念，坚持规划引领，强化创新创优在资源配置中的地位，推动资本、要素与科技创新深度融合、协同发展。

(四)进一步强化安全生产管理

充分发挥海上安全联合执法小组的联合执法工作效力，开展常态化海上风电场现场检查和参建船舶安全检查，进一步加强对风电项目施工安全生产监督管理。抓紧完善江苏省南通海上应急救援基础设施建设项目实施方案，积极向省市争取资金、政策支持，全面提升如东县海上应急处置能力，为新能源产业健康发展保驾护航。

曹卫东

2024 年 4 月

启东市生物医药产业发展报告

启东市工商业联合会

近年来,启东市在医药研发服务、原料药制剂生产、模式动物研究等细分领域初具产业规模,市场竞争力显著增强,生物医药产业迅速发展。

一、2023年启东市生物医药产业发展情况

(一)经济指标预期回稳

2023年,面对复杂严峻的外部环境,启东市生物医药产业应税销售收入增幅呈现较大波动。通过对全市33家生物医药重点企业应税销售数据分析,一季度累计完成应税销售18.3亿元,同比增长7.9%;二季度累计完成应税销售34亿元,同比增长3.5%;三季度累计完成应税销售52亿元,同比下降3.5%;预计全年应税销售可达70亿元,达到2022年同期水平。

(二)园区特色化错位发展

启东市生物医药产业"一区三园"空间布局逐步优化。启东经济开发区(含汇龙镇)集聚了药明康德、拜耳医药、盖天力药业、艾力斯医药等一批医药研发及服务外包、制剂生产的重点企业,9家企业预计全年应税销售可达32亿元,占比46.2%。生命健康科技园聚焦打造医疗器械和生物制剂研发生产平台,金达威集团、优码基因科技、迈伦医疗等10家企业预计全年应税销售0.6亿元,占比0.9%。生命健康产业园重点打造原料药制剂研发生产平台,东岳药业、诚信药业、希迪药业等7家原料药及制剂生产企业预计全年应税销售可达15亿元,占比21.7%。高新技术产业园致力打造医药外包服务平台和动物实验平台,睿智医药、药源生物、玛斯生物等15家企业预计全年应税销售21.6亿元,占比31.2%。

(三)细分领域百花齐放

启东市生物医药产业品类丰富、门类齐全,基本形成了以白加黑、小白糖浆、达喜等为主的西药产品群;以金克槐耳为主的中药产品群;以磷酸肌酸钠、左舒必利等为主的原料药产品群;以隐形眼镜、医用敷料等为主的医疗器械产品群。41家重点企业中原料药生产企业9家,预计全年实现应税销售16亿元,占比23.4%;制剂生产企业6家,预计全年实现应税销售22.5亿元,占比32.8%;医疗器械生产企业15家,预计全年实现应税销售4.5亿元,占比6.6%;研发外包企业4家,预计全年实现应税销售8.7亿元,占比12.7%;生物科技生产企业2家,预计全年实现应税销售0.22亿元,占比0.3%;其他生产企业5家,预计全年实现应税销售16.6亿元,占比24.2%。

二、制约启东市生物医药产业发展的突出问题

(一)产业基础较弱

启东生物医药产业发展起步较晚,现有产业发展主要以原料药加工制造为主,存在产值规模小,企业小、散、弱等问题,产业基础较弱,产业层次较低。技术研发、人才培养、政策体系、科技服务等产业发展的各项要素配套体系也不健全;同时,各园区土地资源紧张,无法自行解决建设用地指标,后续产业项目的落地得不到有力保障。

(二)创新驱动困难

缺乏以基础创新研发为主导和源头的产、学、研紧密互动,与一流研究型医院、医疗机构和大学的合作仍需进一步深化,源头创新的技术科研力量相对薄弱,无法形成强大和独特的创新力。尽管具有较好的区位优势,但是相比上海和苏州的国际化视野和花园式园区的吸引力,启东高端人才的集聚和引进仍然匮乏。

(三)绿色通道短缺

生物医药产业高度依赖行政审批和监管,启东作为县级市,缺乏与生物医药产业发展相适应的行政资源配置,缺乏高效便捷的医药及医疗器械产品申报审批"绿色通道",以及经常性的业务指导,一些原料药企业新扩建因"涉化"面临审批难、落地难。产业园区的定位不够明确和完善,启东生命健康科技园、启东生命健康产业园的整体规划尚未法定化,规划环评、跟踪评价的编制和审批推进滞后。

（四）周边竞争激烈

上海、苏州、杭州、无锡、泰州等地均有很好的产业基础和产业氛围，近年来，特别是上海、苏州对生物医药产业政策力度不断加码，提供资金资助、土地供应、指标倾斜、代建支持等综合政策，对启东市招引创新药、创新医疗器械等高质量项目造成较大冲击。

三、助推启东市生物医药产业高质量发展对策研究

（一）创新产业协同模式

继续秉持"创新引领、协同张江"的发展思路，全方位加强同上海张江药谷在人才、技术、资本、公共服务平台方面的合作，加快空间融合、资源聚合和设施整合步伐，积极主动承接上海、苏南的"创新溢出"和"产业溢出"，形成"研发、孵化、前窗"在上海，"生产、转化、后台"在启东的产业发展模式。培育国有公司成为生物医药领域的"科技地产商、产业投资商、创新服务商"，逐步形成要素共享、信息互通、平台共建的联动协作创新发展模式，努力将启东打造成上海张江药谷、苏南地区生物医药产业协作首选地，加快把机遇势能转化为发展动能，构建同质化发展生态。

（二）营造创新发展氛围

充分发挥浦东·启东跨江融合生命健康产业联盟的作用，以生命健康产业研讨会、产业峰会、学术论坛为媒介，高频次、高质量举办产业专题论坛活动，聚焦生物医药领域前沿创新，营造浓厚的创新发展氛围。常态化组织生命健康项目路演活动，推动项目与资本深度对接，促进一批优质生命健康项目快速落户。积极打造"启东生命健康产业发展论坛"活动品牌，主动对接国内外知名生物医药论坛，全力提升启东在长三角生物医药领域的知名度和影响力。通过引入生物技术公司、研究机构、投资公司、服务机构等产业主体，积极引导资源要素、企业、项目合理有效配置，打造以生物医药研发制造为核心，生产、销售等服务机构辅助支撑，健康服务机构后端补充的发展格局，推动形成创新链衔接有序、资本链支撑有力、产业链上下区域联动、服务链配套完备的产业品牌。

(三)构筑科创服务平台

聚焦生物医药产业发展需求,积极争取生物医药领域国家级、省级重大科技基础设施和重大创新平台落地科技园,努力夯实科技创新基础能力。积极推动与北京大学、清华大学、复旦大学、上海交大、上海理工、中科院等大院大所的合作对接,推进产学研协同创新,加快医药及医疗器械成果转化。充分发挥已有医药及医疗器械创新加速平台的作用,为医药及医疗器械企业提供产品联合研发、产业化开发、临床应用、技术推广等服务。加快研究设立生命健康项目"绿色窗口""绿色通道",为药品及医疗器械企业研发申报、人才引进、项目建设营造更加便利的环境。

(四)加快项目招引落户

选聘一批在生物医药领域有研究、有实绩、有影响的专业人士,聚焦生物医药细分领域,深耕上海、北京、苏南等生物医药创新策源地,全力推进生命健康创新平台与产业项目的加快集聚。近年来,药品与医疗器械上市持有人制度(MAH)已全面推广,上市许可持有人可以自建厂房生产药品,也可以委托其他企业生产药品,能够避免企业低水平重复建设现象;对于暂时不具备生产条件的上市许可持有人也可以让药品快速产业化,迅速占领市场,有效提高现有资源的使用效能。遴选一批优秀青年干部到生物医药招商一线,打造一支懂专业、懂政策、会谈判、有黏劲的高质量招商队伍,发挥区位优势,承接上海具有产业化需求的研发型企业,或者招引一批药品、医疗器械CDMO企业,规避生物医药类企业研发的不确定性,获取成品药及医疗器械高额的税收;也可利用该类企业获得大量产业化需求的项目信息源。

(五)创设产业投资基金

根据生物医药"三高一长"的产业特点,建立完善种子基金、天使基金、引导基金等目标明确、导向精准、特色鲜明的基金体系,加快构建"产业园区基金+产业投资基金+政府引导基金"的基金生态,建立与发挥生物医药基金生态化集群化优势。加强与生物医药行业专业基金和社会资本的合作,吸引风创投等机构落户启东,并引导其关注早期高成长性生物医药企业,构建生物医药创新的资本生态圈。充分发挥政策性融资担保服务功能,为生物医药科技型企业提供信用增进服务。

(六)完善产业扶持政策

以企业为中心,坚持"人无我有、人有我优、人优我特",对生物医药不同细分行业、不同研发阶段、不同企业规模的创新主体,构建多层次、全方位的政策支撑体系。针对初创型创新主体,建设功能完备的空间载体,在启动资金、房租及装修、企业融资、产品注册认证等方面给予支持,确保能够拎包入驻;针对加速阶段的创新主体,在GMP标准厂房、设备投入、项目申报、人才奖励等方面给予扶持,培育企业快速壮大;针对世界500强、跨国药企、国内制药100强及生物医药独角兽企业,在代建回购、代建入股、定制租赁、设备补贴、税收奖励等方面提供有突破性的政策和优惠,不断提高产业政策的吸引力和竞争力。

龚庆庆

2024年4月

启东市建筑业发展报告

启东市工商业联合会

2023年,对于启东市建筑业而言,形势仍然严峻,但全市建筑系统持续发扬敢打硬仗、善打恶仗的顽强作风,解放思想谋跨越、攻坚克难求发展,成功交出了一份亮眼的成绩单。

一、发展情况及主要特点

(一)综合实力稳步提升

全年实现施工产值1 515亿元,同比增长7%,承建施工总面积超7 100万平方米,建筑业全口径税收收入15.33亿元,占全市税收总额的14.2%,同比增长23.61%。建筑业从业人员突破26万人,劳动生产率达68.8万元/人,人均年劳动报酬7.5万元。新增各类建筑企业105家,总数突破900家。全市建筑企业的数量和专业门类继续保持全省领先。

(二)品牌实力不断巩固

新增国家优质工程奖6个,发明专利8项,省级工法9篇,国家级QC(质量控制)成果10项。启东建筑集团、江苏启安集团多次荣获江苏省"守合同重信用"企业、中国建筑行业民营企业200强等称号,其中建筑集团还获评工程建设诚信典型企业、2023年推动中小城市高质量发展特别贡献企业、江苏省产教融合型试点企业等称号;启安集团连续十四年荣获江苏省建筑业百强企业安装类第一名、南通市建筑业竞争力三十强企业、全国工程建设AAA级信用企业等称号。

(三)市场拓展内外齐进

重点市场平稳发展,全年施工面积达10万平方米以上的市场13个;南通市场继续领跑,全年施工产值超265亿元;苏州市场紧紧跟随第一方阵,全年施工产值达189亿元。省外市场快速发展,"走出去"成效明显,上海、浙江等市场势头迅猛,业务量迅速增加,全年省外市场施工面积超3217万平方米,施工面积超30万平方米的市场达22个。海外市场再创佳绩,完成境外施工产值5.68亿元;在建施工面积78.17万平方米;新签合同额超2.97亿元。

(四)行业转型推进有力

2023年,启东市充分发挥"十四五"建筑业发展规划的引领作用,稳步推动建筑产业结构优化调整,加快绿色建筑和建筑产业现代化发展步伐。建筑集团全年新开工装配式建筑年产量达6.6万立方米,全年完成产值2.03亿元,新签合同总价2.06亿元,BIM技术中心成果在江苏省建设工程BIM应用大赛中获得二类成果1项、三类成果2项,被评为南通市建筑业"江海杯"BIM技术应用大赛成绩突出单位。启安集团新增非房建项目1221个,占比99.5%,增长4.26%,合同额超110亿元;新开工装配式建筑面积9.27万平方米、成品住房面积18.11万平方米;新增工程总承包项目387个,总建筑面积近345万平方米。

二、存在问题

启东建筑业发展面临的严峻形势正在常态化,建筑业市场竞争更趋激烈,资源瓶颈制约更加明显,原有粗放型生产方式与管理模式难以为继。与此同时,建筑业作为资源能源消耗大,资金、劳动力等要素密集的产业,怎么样更大力度地坚持创新发展,以实现发展动力的加快转换,怎么样更加坚定实施绿色发展,为建设资源节约型、环境友好型社会作出更多贡献,都对建筑业持续健康发展提出了新的课题。

三、发展目标

2024年是中华人民共和国成立75周年,也是全面完成"十四五"规划目标任务的关键一年。启东市建筑业要牢牢抓住这关键的攻坚一年,进一步把握发展大势,审视发展定位,以产业现代化为引领,加快转方式、调结构、抓创新、促转型,努力增创优势,保持持久竞争力。

2024年启东市建筑业工作的指导思想是:坚持以习近平新时代中国特色社会主义思想为指导,深入学习贯彻党的二十大及二十届二中全会精神,立足新发展阶段,完整、准确、全面贯彻新发展理念,加快构建新发展格局,着力在"增信心、防风险、稳增长、促改革、强作风"上下功夫,努力推动住房和城乡建设事业高质量发展。

2024年启东市建筑业预期发展目标是:完成建筑业总产值同比增长10%;加快推动建筑产业数字化、网络化、智能化、绿色化转型升级;积极争创"鲁班奖""国优工程奖""詹天佑奖"等国家级奖项;杜绝重大安全生产事故发生。

四、主要工作举措

(一)以发展谋新篇,着力扩大市场份额

要坚持把开拓大市场,承揽大项目作为做大做强的重要抓手,各建筑企业要将市场拓展作为首要任务,牢固把握主营业务,集中优势资源,积极拓展市场,以壮大建筑产业规模。要向基础设施领域拓展。当前,我国仍处于基础设施建设的高峰期,各建筑企业要充分发挥启东建筑业在工程、造价、成本、性价比等方面的综合比较优势,加大与央企、国企的合作力度,放大资源整合效应,稳定业务发展渠道,努力分享项目利润,不断推动企业做大做强。要向高附加值领域拓展。还是要在打破房建一业独大上多下功夫,努力拓宽经营领域、延长产业链条,加速向先进制造业、绿色建材行业、现代服务业等高附加值领域延伸,抢抓"新基建"投资战略期,抢抓国家生态建设和环保产业发展窗口期,努力承接一批超高层公共建筑等"高精尖"项目,切实形成新的增长极。要持续发展海外市场。从当前外部市场情况来看,基建投资仍然是世界各国提振经济的重要手段,启东的建筑企业要在危机中找机会,充分利用对外援助、股份合作、项目合作等方式,组织多种所有制形式的经济实体,共同参与国际承包,既"借船出海"承揽境外大中型工程,也要"造船出海",发挥"走出去"的带动效应,全力形成大企业合作、小企业组团、大小企业联手、总承包和专业企业联动的发展格局。

(二)以创新开新局,全力提升竞争优势

创新是培育新动能的重要源泉,技术开发与创新是建筑企业的核心竞争力。要健全选人用人机制,做到人才强企。要加大建筑技术岗位培训力度,注重科技人才的引进和培养,力争全年新增中高级工程师200人、一二级建造师240人；通过与各类院校联合办班、校企合作等形式，搭建人才开发平台，壮大建筑企业领军人才、高级管理人才和高技能人才队伍。要聚力成果创新，突破科研创效。要充分发挥各建筑企业技术中心在创新和运用方面的支撑作用，加大创新投入，强化与高等院校和科研院所合作，尽快建立技术开发利用、资源共享互通的研发平台。特别是八建集团、江洲集团等一、二级企业，要加快建立省级技术中心，力争在核心技术、应用技术的研发和技术转化等方面取得实质性突破。要加大品牌创建力度。要深入实施品牌发展战略，瞄准国内高端市场，承揽具有重大影响力的标志项目，争创优质工程、标准化示范工地和科技示范工程，力争获得更多的国家奖项，从而增加开拓市场的竞争资本，进一步打响"启东建造"品牌，持续提升"启东铁军"的社会认可度和美誉度。

（三）以实干启新程，全面优化产业结构

具体来讲，就是将建筑生产的全过程联结为一个完整的产业系统，形成建筑设计、生产、施工和管理一体化的生产组织形式，实现传统生产向现代工业化生产方式转变。要加强数字建造技术应用。关键在突破核心技术，推动智能建造与建筑工业化协同发展，要结合先进的建筑建造方法和理论，利用建筑人员、建筑系统、建筑流程等环节，实现建筑施工全过程的现代化，构建出具有生态新系统的建筑产业和建筑项目。目前，建筑工程项目中最大的难点还是管理，要充分发挥智慧工地监管服务云平台项目的作用，通过互联网和大数据等网络信息技术，将劳务人员的实名制信息、特种设备的运行状态、视频监控影像等纳入平台统一监管，全力提升建筑工地精细化管理水平。要全面推进装配式建筑，采用标准化设计、工厂化生产、信息化管理和智能化应用的方式，把大量现场作业工作转移到工厂进行。同时，在大力发展装配式混凝土建筑的场景中，积极探索和推广装配式钢结构建筑和装配式木结构建筑，鼓励和推广装配式示范基地和项目建设。在这方面，建筑集团已经开了好头，其他企业要紧紧跟上。另外，还要加快建立BIM技术推广应用长效机制，切实为项目方案优化和科学决策提供依据。要全面实施"绿色建筑+"工程，推动绿色建筑品质提升和高星级绿色建筑规模化发展，各建筑企业要积极倡导绿色施工，在

"四节一环保"(节能、节地、节水、节材和环境保护)要求的基础上,加速新型建造技术、工艺和环保新材料的普及和综合应用,特别是加强建筑工地扬尘、噪音等污染控制,强化绿色建筑运行管理,全力提升建筑能效。

(四)以改革应变局,着力提升管理水平

建筑业作为国民经济的支柱产业,在新常态下,建筑施工企业在建造质量、成本控制和运营能力等方面都面临更严峻的市场考验,只有进一步加大改革力度,才能有所突破。要提升资质等级。当前,启东市建筑业行业呈现出特级和一级资质的建筑企业偏少,但产值占绝对优势的不平衡状态。从2023年的数据来看,仅南通二建、建筑集团、启安集团三家龙头企业,就完成了建筑业总产值1348.7亿元,占全市总量的89%。之所以出现这种明显的"贫富差距",关键一点,就是启东大部分的建筑企业,资质等级不高,市场竞争力不强,承揽优质项目比较困难。要想摆脱这种困境,分到更多的市场蛋糕,关键还是在提升资质等级上,只有先做强,才更容易做大,只有先拿到承揽优质项目的敲门砖,才又可能赢得更大的市场份额。住建局作为行业主管部门,要提前介入、积极配合,在资质申报、组织协调、材料送审、人员培训等方面主动服务,根据建筑企业培育库白名单制度,对入库企业提出资质晋升申请或资质晋升未达标的业绩项目,在城建、交通等重大建设项目中明确一定数量的匹配项目或标段,对信用好、实力强的企业多给予定点政策扶持。要优化内部管理。各建筑企业要加快建立现代企业管理制度,完善现代企业法人治理机制,强化企业内部管理,提升市场竞争水平;启东的头部重点企业,要积极探索集团化发展路径,推动股权结构优化,吸收融合赋能资本,不断丰富和完善企业业务体系,从而提升企业综合服务和市场扩张能力。要注重风险管控。要强化项目策划管理和全过程监控,完善风险防范机制,以BIM技术创新项目过程管理和企业集约化管理模式。同时,加快建立内部标准化管理体系,尤其加强对重大担保、兼并重组、投资融资、重大项目等高风险业务的内控管理,探索强强合作、靠大联强等途径,切实提升企业风险管控、风险应对、风险化解能力。

龚庆庆
2024年4月

通州区建筑业发展报告

通州区住房和城乡建设局

2023年是通州建筑业发展极不平凡、极为不易的一年。在通州区委、区政府的坚强领导下,全区建筑企业爬坡过坎、勇毅笃行,不断发扬逢山开路、遇水搭桥的铁军精神,积极应对经济新常态下的各种困难和挑战,较好地完成了年初制定的各项目标任务。

一是综合实力再上台阶。2023年全区建筑业施工总产值2 569亿元,同比增长12%;签订合同额4 485.1亿元,同比增长16.4%;完成建筑工程产值2 421.8亿元,同比增长9.9%;建筑业规模总量继续保持全省第一。2023年争创鲁班奖2项,鲁班奖总数已达67项,其中独立承建鲁班奖45项,超全市总数三分之一,全年获国家优质工程奖等国家级工程创优奖总计16项。有资质企业数达到745家,其中特级资质企业6家,一级资质企业53家,高资质等级企业数量在全国县市区遥遥领先。南通四建、通州建总再次跻身2023年度"中国民营企业500强";8家建筑企业入围省建筑业百强企业榜,通州建筑强区的地位持续稳固。

二是转型升级蹄疾步稳。全区建筑业由房屋建筑领域加快向轨道交通、市政桥梁、机电安装等综合多元板块拓展,2023年完成非房建施工产值560亿元,占比达21.8%,首次突破20%。同时,涌现出大批专注BIM、5G、供应链协同等数字化技术的建筑企业,持续推进建筑新技术在勘察、设计、施工、运维等工程项目全生命周期中的集成应用,部分项目达到国内领先水平。拥有南通智慧建筑平台、"筑材网"、"轩尔网"等多个以建筑材料采购、产业工人培训等为主题的专业化平台,其中:"筑材网"已入驻商家超5.9万家,累计签订合同额1 403亿元。

三是市场开拓稳步推进。2023年通州建筑企业在全国各地共有8 609个施工项目,形成了南通、南京、苏州和上海4个百亿级市场以及浙江、无锡等10个超五十亿级市场。通州市场继续领跑,全年施工产值超395亿元。新签海外合同额1.1亿美元,实现外经营业额1.3亿美元,通州四建被评为省建筑业外经十强企业,成为全区建筑业外经发展的强劲增长极。

四是纾困解难护航发展。为应对当前建筑业低谷期,全区积极扶持本地大型建筑企业与央企、国企在基础设施领域抱团发展,承接中字头企业的分包及扩大劳务分包项目。认真研判各区域市场前景,逐步退出东北及部分中西部地区,将人、财、物集中到长三角、珠三角等经济发达地区。制定《关于促进建筑业可持续发展的实施办法》《进一步促进建筑企业发展壮大激励政策的措施》等政策文件,召开全区建筑企业家座谈会、银企对接会,组建通州建筑业党委等措施,积极帮助困难企业走出困境。

五是发展环境持续优化。积极落实落细各项奖励扶持政策,全年兑现建筑企业补助资金1.2亿元,建筑业高质量发展奖励469万元,评比表彰建筑行业先进集体和个人近百余人次。依托在通高校和建筑业领军企业,加强本地院校相关学科建设,不断输送建筑业青年人才,营造了良好的校企合作氛围。注重舆论宣传,通过国内多家主流媒体对通州建筑业进行多层次、多渠道、全方位的宣传报道,积极扩大"建筑铁军"品牌影响力,全面提升通州建筑业在全国乃至世界的知名度和美誉度。

我们清醒地认识到,建筑业的寒冬仍未消去,发展还面临诸多风险挑战。一是以央企为代表的超大型建筑企业抢占市场。近年来,面对国内经济增速放缓和房地产下行等形势,央企、国企凭借优秀的投融资和抗风险能力,以及较强的科技水平和技术装备优势频频下沉至县区争夺市场,导致本地部分建筑企业业务量出现下滑。二是建筑产业结构不够合理。通州区建筑企业业务领域集中在房屋建筑,同质化竞争严重。区内从事公路、铁路、水利等高附加值领域的企业偏少,专业化人才偏少,完成施工产值偏少。三是产业工人改革需继续推进。建筑工人老龄化程度加深,加之因近年来房地产市场趋冷,建筑业对新生代的吸引力正逐年下降,工人老龄化将对工程的安全生产、质量形成全面的挑战。

2024年是中华人民共和国成立75周年,是实现"十四五"规划目标任务的关键一年,全区建筑业要始终锚定"争当全市建筑业高质量发展排头兵"目标不动摇。2024年建筑业发展的主要目标是:建筑业总产值突破2 800亿元,规模总量保持全省第一;转型升级深入推进,企业持续发展能力不断增强,产业现代化水平稳步提高;工程质量持续提升,获得国家级工程奖励20项以上、国家级QC成果30项以上;安全生产保障有力,杜绝较大及以上安全生产事故。围绕上述目标任务,重点做好以下四个方面工作。

一是深化拓展,把构筑建筑产业新业态作为持续发展的战略指导。积极化解房地产下行等诸多风险,敏锐抓住国家战略实施、绿色低碳发展、加快基础设施建设等机遇,主动作为,趁势转型。一是加快全产业链协同发展。鼓励建筑企业不断做大做强主业,培育一批具有科研、设计、施工、咨询服务等综合能力的大型企业,实现"投资、设计、施工、运营"一体化发展。继续加快建筑工业化发展,推进装配式建筑与绿色施工、智能建造深度融合。二是加快延伸产业发展领域。按照"立足房建、多元经营、错位发展"的思路,引导企业向基础设施领域延伸,向产业上下游延伸,向专业领域延伸,加快形成专业覆盖宽、产业链条长、产品附加值高的产业发展新格局。三是加快优化企业现代化制度。鼓励企业深化产权制度改革,优化股权结构,创新股权进退和激励机制,着力打造与企业自身状况相匹配的法人治理结构,改变传统的粗放型管理模式。支持优势企业生产经营与资本运作两轮驱动,充分发挥企业既有的竞争优势和专业特长,由施工总承包向工程总承包转变。

二是顺势而为,把防范风险作为稳定发展的基本手段。面对复杂多变的宏观形势,全区建筑企业主动迎难而上,积极应对各种困难挑战。一要狠抓工程安全这个"基本功"。健全风险分级管控和隐患排查治理双重预防机制,运用"智慧工地"等信息化管理手段,加强危大工程安全管控,着力提升本质安全水平,坚决防范和遏制重特大事故发生。二要审慎开拓市场这条"生命线"。建立健全项目风险调查、评估和决策机制,抢抓有利时机,围绕重点区域、重点专业领域和重点工程项目拓展市场,稳妥开展与央企合作，以高水平的建造能力、高质量的工程品质，擦亮"通州建造"金字招牌。三要突出风险防范这块"压舱石"。强化风险防范意识，逐步降低互保、联保金额，坚决防范系统性风险。鼓励金融机构对生产经营正常、资金流动性暂时困难的优质企业不盲目抽贷、断贷，不额外增加担保要求，保持企业融资连续稳定。

三是坚定信心，把建筑业作为区域发展的重要考量。进一步加大对建筑业支持力度，助力行业转型升级，更好地服务经济社会发展大局。一是强化政策扶持。继续加大《促进建筑企业发展壮大激励》等政策奖励力度，最大限度发挥政策引导和激励作用，促进建筑业良性发展。支持区内建筑企业独立或以联合体形式中标区内重点工程，鼓励建筑企业向交通、水利等高附加值领域延伸，进一步巩固本地市场占有率。二是强化服务保障。2024年是建筑企业资质年审及延期工作的关键一年，区政府将全力确保企业顺利通过资质核查。针对部分建筑企业面临经营困难的，区委、区政府将成立工作专班，进驻企业，切实化解企业生存难题。三是强化监管职责。严厉打击在招投标、工程建设、农民工工资支付等过程中的各种违法违规行为，严格责任追究，维护市场环境健康稳定。

四是奋发有为，把转型升级作为行业发展的主攻方向。转型升级是实现建筑业高质量发展的必由之路，技术开发与创新是建筑企业的核心竞争力。一是全面强化创新驱动。支持和鼓励建筑企业加大技术研发和应用投入，加强与专业高校科研院所合作。全年力争新增建筑领域产学研重大合作成果6项以上、发明专利10项以上，推动形成一批拥有自主知识产权的核心技术、现代工法。鼓励建筑企业参与制定行业标准、地方规范，主编或参编国家、省级行业标准3项以上，新增国家级质量控制成果80项以上。二是积极推行绿色建造。在政府投资工程和大型公共建筑中全面推行绿色建造，推动工程项目全生命周期绿色化发展。加大绿色建材推广应用，鼓励门窗、墙材等建材类企业加快产品升级换代，开发生产光伏建筑一体化、新型节能玻璃幕墙、电致变色玻璃等新型产品。三是放大数智赋能效应。大力推进BIM、5G、物联网技术集成应用，加快提升科技应用占比，实现工程建设项目全生命周期数据共享和信息化管理。推进"智慧工地"建设,对全区规模以上建筑工地部署智慧工地管理系统。支持企业建立智能管理平台,在"筑材网""轩尔网"、NCC 云财务等已有平台的基础上,围绕企业的核心业务和内部管理,打造更多行业互联网平台,提升数据资源利用水平和信息服务能力。

五是锐意进取,把精细管理作为行业发展的强力手段。紧跟时代步伐,将精益管理作为有力抓手,自我革新激发活力。一是创新企业发展模式。鼓励企业深化产权制度改革,优化股权结构,创新股权进退和激励机制,完善法人治理结构。支持优势企业生产经营与资本运作两轮驱动,由施工总承包向工程总承包转变,由承包商向服务商、运营商转变。引导企业主动融合数字经济、绿色经济,推动企业管理模式朝平台化、集约化、标准化、智慧化方向深入推进。二是有效夯实人才支撑。加快构建符合建设领域转型升级需求的人才发展格局,新培育中高级职称人员 1 200 人、一二级建造师 800 人。快速建立装配式建筑、BIM 等新兴领域技能人才持证上岗制度,年产业工人培训不低于 5 000 人次;不断完善通州建筑企业家培训体系,培养一批拥有实业强国情怀、创新创业精神、勇担社会责任的领军型企业家团队。三是坚持品牌发展战略。引导支持建筑企业从技术创新、企业文化、质量创优等方面,持续加强品牌建设。积极对接国家和省级媒体,加大对通州建筑业的宣传力度,提升"通州建造"品牌影响力。倡导文化创品,依托全区建筑产业党委,指导建筑企业加强党组织建设,以政治建设、思想建设、制度落实、能力提升和工作推进为重点,着力打造服务型党组织,切实提升建筑企业党建规范化水平,激活企业发展内驱力,使党建成为引领行业发展的新引擎。

六是优化环境,把搭好建筑产业新平台作为加快发展的重要保障。不断强化责任担当,以敢作敢为的精神,大力弘扬"店小二"精神,以优质的服务、饱满的热情,为建筑企业搭好台、唱好戏,合力助推全区建筑业更好更快发展。一是营造宽松的政策环境。认真贯彻落实促进建筑业可持续发展的配套措施,强政策跟踪问效,及时评估政策实施效果,确保政策落地并发挥实效。二要营造高效的服务环境。始终坚持企业至上的理念,紧紧围绕建设全国一流建筑强区目标,在资质晋级、品牌建设等方面,充分发扬"店小二"精神,不断促进建筑企业间优势互补、生态共建、抱团发展,推动整个行业高质量发展。同时,通过中央电视台、《人民日报》、《中国建设报》等主流媒体,深入报道通州建筑业发展取得的系列成就,提升行业品牌影响力。三要营造有序的市场环境。不断完善事中事后监管制度,推动从"严进宽管"向"宽进严管"转变。积极向上争取,落实信用评价制度。健全完善工程质量和安全生产监管体系,切实落实企业安全生产主体责任,引导企业积极争创绿色工地、智慧工地、文明工地,不断促进工程产品品质提升。

蓝图催人奋进,目标鼓舞人心。全区广大建筑企业必将更加紧密地团结在以习近平同志为核心的党中央周围,牢记嘱托、感恩奋进,在区委、区政府的坚强领导下,区人大、政协的关心支持下,咬定目标敢闯实干,全力推动建筑业高质量发展,在新征程上奋力谱写好中国式现代化的通州篇章!

周　峰

2024年4月

通州区家纺产业发展报告

通州区政协经科委　通州区发展和改革委员会

家纺产业是通州区的"地标性产业",起步于20世纪70年代,发展于80年代,崛起于90年代,成熟于21世纪,是通州区实至名归的支柱产业、优势产业和富民产业。家纺产业对通州区经济发展、居民收入增长、区域影响力提升具有十分重要的作用。随着经济社会的发展,通州家纺产业转型升级也面临着诸多困难,亟待解决。

一、通州家纺产业优势

经过多年发展,依托产业集群和专业市场的带动效应,通州区家纺产业集聚发展优势明显,区域品牌影响力持续扩大,与海门共同占据我国家纺床品行业的半壁江山,发展成为世界级产业集群。

(一)集群规模国内领先

目前,通州区规模以上家纺企业实现工业总产值、应税销售都占全区规上工业产值、应税销售30%左右。川姜镇是通州区家纺产业集聚区,拥有各类家纺企业11 183家(工商注册登记),其中应税列统的家纺生产企业2 107家,规模以上工业企业104家,销售超亿元企业19家。南通家纺城还是全国版权保护示范单位、联合国知识产权组织"版权管理示范点"并授予"版权创意金奖单位",通州还是全省首家全国床上用品外贸转型升级基地,通州和海门家纺是全国第二家列入市场采购贸易方式试点城市,通州区川姜镇多年蝉联"中国家纺名镇"荣誉称号,入选"改革开放40周年纺织行业创新产业集群",通州区先锋镇还是"全国色织名镇"。

(二)产业链比较完整

通州区家纺产业主要集聚于川姜镇,辐射高新区、先锋街道、东社镇、二甲镇等地,形成了涵盖"研发设计、纺织印染、成品生产、专业市场、物流运输"等的完整家纺产业链,生产经营体系完善,产品品类丰富,行业话语权较强。

(三)品牌效应逐步显现

通过多年发展,通州家纺涌现出蓝丝羽、宝缦、老裁缝、凯瑞、圣夫岛、梦之语等一批家纺骨干企业,拥有中国驰名商标8个、省级著名商标21个、南通知名商标42个,5家企业被国家工信部认定为工业品牌培育试点示范企业。

(四)面料市场领跑全国

川姜镇志浩市场主体建筑面积100万平方米,拥有家纺商户近4 000家,以面辅料的配套批发和线上零售为主,2021年市场总交易额达1 150亿元。其中,面料市场商户超2 000家,主要销售化纤、全棉、棉涤混纺三大面料品类,年交易额400亿元;辅料市场商户超1 000家,其他服务业门市近500家;微供商户500多家,重点发展微商供货和线上小批量供货,交易额达110亿元。相邻的叠石桥市场则以家纺成品一级批发为主,是综合性旗舰型专业市场。

(五)创意设计引领发展

目前,通州区家纺设计研发集聚优势初步形成,志浩市场周边集聚研发设计单位200多家。通州区每年举办全国性设计大赛、画稿交易会、流行趋势发布等活动,为家纺设计能力的提升和设计力量的集聚提供了发展平台。

(六)产业配套初见成效

多年来,市、区、镇(街)三级政府注重科学规划引导、优惠政策吸引、高效服务平台搭建,持续推进家纺特色产业基地建设,家纺产业研发设计服务、国际贸易、质量检测、知识产权保护、旅游服务以及电商产业园、物流园等各类公共服务平台建设成效明显,专业化管理和服务能力不断提升。

二、通州家纺产业面临的困难

近年来,通州家纺虽然得到较快发展,但面对成本增加、直播分流、竞争加剧等各种困难,增长势头开始减缓,且家纺产业链仍处于中低端水平,对照高质量发展的要求,还有存在许多亟待解决的难题。

(一)企业梯队结构不优

通州区家纺产业目前既缺领军型头部企业,又无家纺上市公司,本地家纺骨干企业仅有1家年销售额超过5亿元;规上工业企业只有104家,仅占应税列统家纺生产企业4.9%,其余均为规下企业,家庭式小作坊类铺天盖地。品牌企业更少,尤其是尚无国际化品牌及跨国家纺企业。

(二)整体创新能力不强

大型骨干企业普遍缺乏高层次专业化的研发设计和现代营销人才,大部分中小企业缺乏自主创新能力,产品档次不高,模仿和同质化现象严重。在高端市场上产品研发设计竞争力不强,产品市场占有率较低,有时不得不为家纺上市公司、头部企业、海外公司贴牌生产。而且,通州区家纺行业工业互联网运用水平较低,数字化转型缓慢,制约了家纺整体研发制造能力的提升。

(三)商业模式更新不快

目前,大部分家纺企业销售重点仍然集中在线下,门店、直营店、加盟店较多。电商新业态发展不充分,新型消费场景不丰富,采购商和消费者体验感不强,"网红经济"才刚起步。

(四)区域竞争日趋激烈

川姜镇与海门三星镇产业结构虽有大致分工,但依然存在相当程度的"产业同构化、商品同质化、平台功能重叠化、渠道竞争白热化"等问题,商户资源、客户资源、渠道资源、平台资源、人才资源、配套资源等方面的争夺和竞争由来已久、日趋激烈。同时,苏州吴江、绍兴柯桥、杭州余杭等地也都高度重视家纺产业,纷纷采取有力措施推动跨越发展,对通州区家纺产业形成较大压力。

(五)产城融合支撑不足

核心区城市化水平低,建筑形态"多代并存",硬件设施建设滞后,在城镇改造、交通路网、市场建设、产业布局、公共服务等方面发展不协调、不充分,欠账较多。城市建设与产业发展融合度较低,会展、酒店、教育、医疗、文化等产业配套和生活配套设施十分缺乏。

三、加快通州家纺产业发展建议

通州家纺要在新一轮竞争中保持争先,必须加快转型升级步伐,以新质生产力为引领,做到既要着眼长远,更要狠抓当前,扎扎实实将规划蓝图转化为通州家纺的美好现实。

(一)研究出台各类发展规划

一是研究出台《通州家纺产业转型升级行动计划》。紧扣家纺产业转型升级目标,重点聚焦川姜家纺新城建设,围绕产业集群升级、推动科技创新、加快品牌建设、培育头部企业、鼓励上市融资、拓展国内国外市场、优化资源配置、推动产城融合等方面,明确工作任务和时间表、路线图,做到工作任务项目化、项目建设责任化、责任落实具体化,努力优化产业生态,推进产业转型升级,提升新城建设品质,全力打造世界级家纺产业先进集聚区。二是研究出台《通州家纺企业倍增三年行动计划》。强化企业在家纺产业发展中的主体地位,出台个性化、针对性的扶持政策,力争三年内全区家纺企业成梯队实现规模倍增。实施"招大引强""扶大扶强""培优育强"三大工程,推动家纺企业梯队壮大发展,厚植家纺产业发展新优势。三是研究出台《通州家纺新城封闭运行的实施意见》。学习借鉴南通市建设"中创区、市北新城、观音新城"等封闭运行的做法,出台专门文件,明确未来3~5年,对川姜镇家纺城核心区24平方千米范围进行封闭运行。封闭区域内,土地收益金、新增企业税收等区级留成部分全额返还,用于家纺新城核心区和家纺产业的投资、建设、运营、管理,为打造都市化现代家纺新城提供坚实保障。

(二)研究制定配套扶持政策

根据家纺产业发展现状,借鉴其他发达地区经验做法,结合通州发展实际,研究制定扶持政策。目前,需要出台三方面政策,一是促进国际家纺创意设计产业园建设的扶持政策,二是促进数码印花生态产业园建设的扶持政策,三是促进家纺直播产业园建设的扶持政策。

(三)研究建设国际家纺创意设计产业园

创意设计解决的是家纺产品的装饰性、时尚性问题,侧重于花型和款式。事实上,下一阶段更为重要的是关于织物新材料的研发。随着消费者对亲肤环保、科学睡眠等要求逐步变高,功能性面料的研发创新有待革命性突破。根据《中国南通国际家纺商贸城国土空间总体规划(2020—2035)》,结合现有家纺创意设计集聚发展的基础条件,确定国际家纺创意设计产业园建设区域。要组织专业团队,迅速启动规划设计工作,早日形成设计成果,争取尽快启动实施。

(四)研究建设数码印花生态产业园

印染是家纺产业链中承上启下的重要环节。作为印染行业转型升级的重要方向,数码印花是家纺产业链前端配套"智改数转"的重中之重。数码印花除了具备生产上低能耗、低排放的特点外,产品清晰度更高,色彩更丰富,还能够按需打印、快速响应,有效满足家纺产业向价值链高端攀升的需求,给纺织印染带来全新的发展机遇。对此,要抓紧启动数码印花生态产业园选址。协调争取环评尽快通过省生态环境厅审批,争取选址家纺新城核心区。该产业园可由国有公司投资运营,首期开发规模可控制在150亩(10公顷)左右。建成后,应严格控制入园项目业态,严格做好污染防治工作。

(五)研究建设启动家纺直播产业园

随着互联网的高速发展,销售渠道呈现多元化,新零售模式占比不断提升,为行业转型升级和开拓市场带来契机。电商直播应用大数据、人工智能等先进技术手段,能够将线上服务、线下体验以及现代物流进行深度融合,打破时空限制,将更多的市场主体与商业场景连接起来,极大提升家纺产品营销效能。根据《中国南通国际家纺商贸城国土空间总体规划(2020—2035)》,在相关规划区域内,坚持政府引导、市场化运作,鼓励企业盘活闲置资产和现有家纺直播资源,尽快启动首家示范性家纺直播产业园建设。

(六)研究出台加快产城融合思路

目前,川姜镇的中心镇建设水平和功能品质,与通州家纺产业在全国全球的发展地位极不相称,严重迟滞了新一轮发展。必须按照"以城促产、以产兴城、产城融合"的思路,坚持协同化、智慧化、现代化的方向,打造具有全球影响力的高端家纺生产基地、家纺研发设计中心、家纺会展中心，成为享誉国际的家纺时尚小镇和特色鲜明的产城融合样板。一是加大现代城市功能支撑。家纺产业高质量发展对于科技创新、研发设计、现代营销、国际贸易等专业技术人才需求越来越迫切，而高端人才对于城市人居环境有着更高要求。据上海浦东政协关于高端人才需求的专题调研，"高端人才"对于政务服务环境、人文环境、交通环境、生活环境等方面要求普遍较高。实施城市更新、提升城市品质，推动家纺城产城融合发展势在必行、迫在眉睫。二是加快家纺城城市建设。对标南通国际家纺城的规划定位，目前还停留在建设家纺小镇的思维上，处于以市场为中心的粗放型生长阶段，城市建设层次不高，"重生产、轻生活"问题比较突出，城市生产生活服务功能严重缺乏，对家纺城进一步吸引高端人才、发展国际经济贸易形成严重制约。要在加快城市交通建设，加大城市配套设施建设，加强城市环境优化等方面下足细节功夫。

江　华　凌　华

2024 年 4 月

通州区先进制造业发展报告

通州区政协经科委　通州区发展和改革委员会

制造业是经济高质量发展的关键所在,2023年7月,习近平总书记在江苏考察时指示江苏要要全面提升产业基础高级化和产业链现代化水平,加快构建以先进制造业为骨干的现代化产业体系。近年来,通州区坚持以实体经济为本,持续推动制造业优存量、扩增量、提质量,获得国家新型工业化产业示范基地、全国产业集群区域品牌建设试点地区等称号。

一、通州先进制造业集群发展存在的不足

通州区制造业发展取得显著成效,但与周边先进地区相比尚存在明显差距,集群质量、创新能力、产链韧性、资源供给等方面均有不足,对全区高质量发展的支撑作用有待进一步加强。

（一）产业能级不高

从经济总量看,规模以上工业总产值2007年通州区比吴江少近1200亿元,2022年少3421亿元,差距不断拉大。从产业能级看,新吴区物联网产业超2500亿元,集成电路产业1352亿元,而通州区至今尚无超400亿元的产业。从企业规模看,通州区暂无"中国民营企业500强"工业企业以及营收超千亿元企业,百亿元级营收企业仅有恒力1家(武进和吴江分别为10家和8家),上市企业数量仅为武进(47家)的14.9%。

（二）创新能力不强

通州区现有省级以上研发平台114家,而苏南等地均超过200家。高新技术企业数量偏少,还不到吴江、新吴等地的三分之一。高新技术产业产值占比仅46.5%,低于全市平均水平。全社会研发投入占比2.75%,低于新吴区(无锡高新区)1.89个百分点。专精特新、瞪羚企业、独角兽、小巨

人等企业都较少。

（三）产业链韧性不足

产业链优势不明显、链条短、韧性不强。家纺产业虽然产业链相对较全，但仍处于中低端，尚无国际化品牌及国际化企业，电商新业态发展不充分，新型消费场景不丰富。汽车及零部件产业主要集中在铝压铸行业，在汽车及零部件八个关键领域，尤其是新能源汽车"三电"系统还处于空白，更缺整车企业带动。汽车电子虽有行业优秀企业，但并未形成产业集群优势。电子信息产业主要集中在印制线路板、电子元器件领域，缺乏芯片制造和封装、专业软件、通信设备、人工智能等企业，印制线路板细分领域竞争激烈、产出效益不高。智能装备产业布局分散，以机械零部件为主，缺少链主企业和成套装备企业，在国家鼓励的工业母机、机器人、检测装备等领域基本处于空白。

（四）要素支撑力度不够

相关政策产业导向性不强，精准度不高，支持力度和兑现速度有差距，尤其是奖补类政策跟企业财税贡献额度挂钩，促进产业发展的效果受到影响。生产性服务业和生活性服务业发展相对滞后，缺少专业化产业公共服务平台，对制造业发展缺乏优质高效的服务。全区范围内成熟地块不多，用地指标紧张，"项目等地"现象普遍存在。

二、提升通州先进制造业集群发展对策

充分认识加快发展先进制造业的极端重要性，深入贯彻落实总书记的最新指示要求，对照争当南通市高质量发展排头兵的目标，坚持以先进制造业立区强区，以更强政策加快转型升级，推进制造业产业基础高级化、产业链现代化，发展战略性新兴产业，建设更具区域竞争力的现代化产业体系，推动通州在"七虎竞南通"格局中赢得领先地位。

（一）加快以家纺业为代表的传统产业转型升级

一要做好"加法"，促进企业技术升级。全面推行"智改数转"免费诊断工作，分产业遴选优秀智能制造诊断服务机构，用三年左右时间实现规上企业免费诊断全覆盖。加快企业数字化、智能化改造，支持中小企业"上云用数"，加快企业工业互联网建设。制定大力度的普惠性企业技术改造政策,聚焦技术升级关键环节,加大资金奖补、贷款贴息等政策力度,开展企业"智改数转"等专项行动,加快企业数字化、智能化改造步伐。

二要做好"减法",提高资源利用效率。深入落实工业企业资源利用绩效综合评价办法,开展工业项目全生命周期、全流程动态评价,严格落实对"A、B、C、D"类企业分类处置措施,建立土地供给、融资信贷、财政支持、水电气价格等差别化的资源要素配置政策,依法依规倒逼落后低效产能加速退出。实施老厂房升级改造工程和闲置厂房盘活租金补贴,鼓励企业拆旧建新、"腾笼换鸟"。及时协调解决历史遗留问题,支持企业提高建筑容积率。开展重点行业绿色发展评价,发布"绿色发展排行榜",推动企业绿色低碳转型。

三要做好"乘法",推动产业攀高走强。围绕新材料研发、创意设计、先进装备、高端纺织与生态染整技术、纺织智能制造等方面,进一步整合家纺产业创新资源,加快创意设计产业园和数码印花产业园建设。强化企业创新主体地位,力争用3年左右时间创建省级以上企业研发中心10家。推进产学研深度融合,鼓励开展产学研协同攻关。积极推进商业模式创新,加快家纺直播产业园建设,推动形成直播电商集群,以新业态带动家纺产业转型升级。

四要做好"除法",破除加快发展障碍。聚焦"企业准入退出",全面实施市场准入负面清单。深化企业"一址多照"改革,规范市场主体登记注册审查标准。紧扣"工程建设项目审批"环节,全面推行"关联事项一次办""串联事项并联办"等改革举措。深化政策性担保体系改革,建立完善中小微企业贷款担保、转贷风险补偿机制,提升对中小微企业的金融服务水平。继续清理和降低各种涉企费用,推进政府管理制度改革与创新,不断增强企业获得感,提振企业发展信心。

(二)提升以"一主一智两新"为主体的主导产业发展能级

一要做大主导产业集群规模。科学谋划、适时调整主导产业定位。将主导产业定位由"一主一新一智"调整为"一主一智两新"(汽车及零部件、智能装备制造、新一代信息技术、新能源)。要研究制定主导产业高质量发展评价指标体系,更加关注增长质量和规模效益,进一步明确推动主导产业集群发展的战略重点和关键举措。全要素布局构建优势产业链,推动主导产业强链补链固链,系统构建"链主企业+骨干企业+专精特新企业+上市企业"的产业体系。力争用3年左右时间,推动汽车及零部件产业产值突破300亿元、智能装备产业产值突破400亿元、新一代信息技术产业产值突破400亿元、新能源产业产值突破300亿元,形成具有通州鲜明标识的主导产业集群。

二要引进高精尖龙头项目。绘制产业发展热力图,开展精准招商、链式招商,集中力量引进一批符合产业体系的高精尖项目、重大产业项目。在项目用地保障、设备投资补贴、产业基金投资、应用场景支持等方面给予精准引导和扶持。围绕主导产业,力争用3年时间引进百亿元级项目或龙头企业3~5个、50亿元以上项目10个、5亿元和3000万美金以上项目150个。更好发挥各产业平台产业基金的投资引导作用,吸引社会资本参与培育壮大主导产业龙头项目,支持与"链主"企业、创投机构共建产业化市场化子基金,通过股权投资等方式撬动引进产业链关键项目和上下游配套项目落地。

三要培育产业头部领军企业。制定主导产业集群领军企业培育计划,对优质本土企业主导或参与国际国内标准制定、持续创新转型、引进高层次人才等给予大力度奖励,加快培育主导产业龙头领军企业。鼓励优质本土企业通过兼并重组、合资合作、改建扩能等方式,进行裂变式扩张,实现产值和效益双倍增。建立上市后备企业动态跟踪机制,推动优质企业完成股份制改造,力争用3年左右时间,促使"一主一智两新"每个主导产业都至少新增2家以上上市企业。

四要壮大创新型中小企业群体。梯度推动企业实施智能化技改、星级上云、两化融合贯标等项目,加快实施企业创新积分试点工作,提升企业协同创新水平。在汽车电子领域,发挥好优质骨干企业优势,引进一批技术含量高、创新能力强的高成长型中小企业,集成相关配套企业,形成特色产业集群。链条式打造主导产业集群,建立专精特新"小巨人"企业、科创型中小企业梯度培育体系,力争用3年左右时间新增科创项目500个以上、省级以上"专精特新"中小企业50家以上,净增高新技术企业200家以上,打造一批行业标杆企业。

(三)打造以"三大细分领域"为重点的新兴产业核心优势

一要抢抓机遇打造储能产业集群。当前,储能产业发展有前景。国家发展改革委、国家能源局《"十四五"新型储能发展实施方案》提出,新型储能正处于从商业化初期向规模化发展的爆发式增长阶段。政策有支撑。国家层面出台了《关于加快推动新型储能发展的指导意见》等文件,《江苏省"十四五"新型储能发展实施方案》提出到2025年全省新型储能装机规模达到2.6GW。产业有基础。现有储能企业15家,在家用和商用方面市场占有率较高,有的企业正处于爆发式增长阶段。要积极布局储能细分赛道,力争用3年左右时间形成总产值超200亿元的具有区域影响力的储能产业集群。

二要高点定位做大半导体产业集群。当前,通州半导体产业发展初具规模,现有半导体相关企业25家,产值78亿元。要加快发展半导体产业,力争用3年左右时间打造一个产值超百亿元,拥有1~2家上市企业、10家以上专精特新企业,科创型中小企业集聚的特色产业集群。

三要乘势而上做强国家级压铸产业集群。通州现有知名大型企业为龙头的压铸企业18家,年生产能力突破30万吨,南通高新区被中国铸造协会认定为"中国压铸产业示范基地"。前几年,受国家政策限制,一批优质压铸项目无法落地,现有企业产能也无法扩张。2023年工信部、国家发改委、生态环境部发布了《关于推动铸造和锻压行业高质量发展的指导意见》,压铸产业迎来了黄金机遇期。"窗口期"是阶段性的,必须抢抓压铸行业政策新机遇,大力推进压铸产业高质量发展。

三、建立健全促进先进制造业高质量发展的保障措施

通过建立健全政策激励、优化产业生态等强有力的各项保障措施,全面存进制造业高质量发展。

(一)创新产业推进举措

围绕家纺、汽车及零部件、智能装备制造、新一代信息技术、新能源产业建立产业链工作专班,建立"六个一"工作推进机制(一个分管领导、一个牵头部门、一个特色产业园、一套行动方案、一套扶持政策、一套评价考核办法），深入开展产业研究，科学制订发展目标和措施，全面推进项目招引、科技创新、人才引进、资源集聚等工作。

（二）加强产业政策激励

要提高政策精准性。根据产业发展导向和阶段，聚焦发展关键环节和企业实际需求，分产业制定相应政策，实现不同产业、不同阶段差异化发展。要体现政策导向性。以产业高质量发展为目标，制定和落实产业政策，现阶段不以企业财税贡献为限额，争取产业政策效应最大化。鼓励区内产业链之间融通合作，对经相关部门认定的先进装备、达到一定规模并起到关键带动作用的产品交易，给予政策补贴，推动产业集群之间形成良性协作、共同发展。要强化政策时效性。建立健全政策效应反馈机制，对产业政策进行实时动态调整，提升政策兑现及时性，更好发挥产业导向作用。

（三）完善产业生态体系

构建与实体经济相适应的"政产学研金服用"一体化的协同创新体系。搭建区内企业和科研院所沟通桥梁，支持领军企业组建创新联合体和产业创新中心，大力开展企业质量、标准、品牌建设。继续完善"异地孵化、本地转化"创新创业发展模式，强化"孵化器+加速器+引导基金+产业政策+公共服务+特色园区"的招商机制，打造市场化专业化招商队伍，不断提高招商效率和项目质量。完善柔性人才引进机制，推进区人才科创集团实体化运作，推动高层次人才创新创业与全区产业现代化融合发展。大力推进重点和优势产业链研发设计、检验检测等公共服务平台建设，推动先进制造业与现代服务业融合发展。围绕创业创新、智改数转、投资融资、引才育才、市场开拓等企业需求的重点领域，培育壮大一批优质服务主体，打造一批特色亮点服务品牌，建立一套科学规范的服务评估问效机制，构建产业链、创新链、资金链、人才链四链深度融合的产业服务体系。

（四）强化产业支撑载体

围绕"一体两翼"总体布局产业布局，以主导产业发展为引领，完善高新区"一区多园"体制机制，全要素统筹配置资源，整合利用全区招商信息，推动形成南通高新区引领发展，二级平台齐头并进，各镇（街）协同发展的新格局。高新区立足现有产业基础，突出招大引强，突出补链强链，提高优势产业含金量和集聚度,为推进产业现代化发挥支撑引领作用。二级平台以打造各具特色的先进制造业集群为目标,加快征迁扫尾和基础设施建设,明确产业定位和招商重点,规范招商引资政策和项目准入标准,提高项目质量。

(五)优化发展营商环境

优化整合政府公共服务和市场化专业服务资源,完善提升企业服务中心功能,打造"一站式""全周期"企业服务平台,更快更好地协调解决人才引进、融资担保、子女就学、员工招聘等具体问题,为企业提供优质高效的共性和个性化服务。聚焦中小工业企业融资难、融资贵等问题,常态化、高频次开展银企对接活动,为中小企业转型升级提供金融支持。大力推进跨部门综合监管和柔性执法,完善"无事不扰"机制和首次轻微违法免罚清单。迅速提升企业对"万事好通·惠企通"政策直达平台及其特色模块"同城货多多"的认知度和使用率。

江 华 凌 华

2024 年 4 月

海门区新能源产业发展报告

海门区发展和改革委员会

新能源汽车及动力电池产业在"双碳"目标背景下,成为一个重要的、具有战略意义的产业阵地。新能源产业作为海门重点打造的高成长性产业之一,已纳入"3+2"产业体系。为深耕新能源产业,推动新能源产业自主可控、高速发展,形成具有更强创新力、更高附加值、更加安全可靠的新能源产业,使之发展成海门区现代产业体系的重要支撑产业之一,我们对全区的新能源产业进行了走访调研,现将相关情况汇报如下。

一、产业发展基本情况

目前,全区新能源产业共有规上企业15家,2022年实现应税销售205亿元,培育形成了当升科技、容汇通用锂业、雄风科技、艾郎风电等龙头骨干企业,主要分布在锂电池产业链、风电产业链和光伏产业链。

(一)锂电池产业链重点企业

海门区目前从事锂电池材料生产或配套的规模企业有5家,江苏当升材料科技有限公司是央企控股北京当升材料科技股份有限公司的全资子公司,国家高新技术企业,锂电正极材料龙头企业,主要经营锂离子电池正极材料的研发、生产及销售活动,产品主要应用于动力汽车、储能、消费类电子等领域,是目前业内综合实力最强、国际影响力最高的车用高性能动力锂电正极材料供应商,客户包括韩国三星SDI、SKI、LG化学、日本AESC等全球十大锂电巨头。作为海门区重要工业骨干企业,累计拥有授权专利26篇,其中发明专利8项。公司核心产品NCM622是国内首家成功开发并批量出口的动力车用高镍三元材料,被江苏省经信委列入省重点推广应用的新技术新产品目录。核心产品300 Wh/kg级高比能量正极材料,成为当前最高能量密度的可工业化生产及应用的动力锂电正极材料。2022年应税销售126亿元,增幅168%,入库税金2亿元。江苏容汇通用锂业股份有限公司主要产品为碳酸锂,2022年应税销售31.5亿元,增幅266%,入库税金2.8亿元。主要从事深加工锂产品的研发、生产和销售,主要产品为电池级碳酸锂,是三元材料、磷酸铁锂、钴酸锂等锂离子电池正极材料所必须的关键材料,并最终应用于动力电池、储能电池、消费电池等锂离子电池产品。获江苏省高新技术产品五只,获国家授权发明专利21件(包括3件国际专利)、实用新型专利8件、在实审发明专利6件。江苏雄风科技有限公司以钴精矿及钴中间品为原料,主要生产草酸钴、氯化钴、硫酸钴等钴盐系列产品。是一家集科研、生产、销售于一体的现代化钴生产企业。氯化钴主要应用于PC领域,硫酸钴主要应用于三元电动汽车正极材料,主要客户有北京当升、厦门钨业、湖南中伟等。2022年应税销售为4.8亿元,入库税金1122万元。南通新玮镍钴科技发展有限公司主要产品是氯化钴、四氧化三钴、碳酸钴、硫酸镍等,产量在行业内处于中上游水平。2022年应税销售3.2亿元,入库税金625万元。南通硬派锂电池有限公司从事锂离子电池技术研发、生产、销售和锂离子电池相关服务,是一家从电池原料到电池成品全产业链生产的电池企业,具备年产18 650圆柱电池400万只和同等容量规模液态软包装锂离子电池的生产能力,生产的锂电池产品主要用于矿灯、电动工具、森林防火工具、农用喷雾器等。2022年应税销售5 945万元,入库税金90万元。

(二)风电产业链重点企业

目前,全区风电产业链龙头企业有1家,即南通艾郎风电科技发展有限公司,主要从事风电叶片研发、生产、销售和服务,目前已生产超过2 800套、8 400片的风电叶片。企业是全国最大的风电叶片生产民营企业,主要为国内外MW级陆地和海上风电整机提供配套。2022年9月,该公司生产的首支超长型海上风电叶片(该叶片长110.5米、底部直径达4米以上、重40吨以上)正式下线,以最长、最大、最重创下了新记录,这一风电叶片的成功下线标志着艾郎风电公司跻身国内风电叶片生产一流企业。艾郎风电海门公司员工人数目前已经超过2 800人,2022年,艾郎风电实现应税销售25.5亿元，未来艾郎项目一期与二期项目总销售能够达到100亿元人民币，将海门港新区项目打造成全球最大的风电叶片生产基地。

(三)光伏产业链重点企业

光伏产业链以南通英菲新能源有限公司为代表，主要从事太阳能组件生产、太阳能分布式电站建设，是国家高新技术企业，拥有20多项技术专利，2022年应税销售3 900万元。

2021年9月，海门获批国家屋顶分布式光伏开发试点县，屋顶分布式光伏规模化开发加快推进，截至2022年年底，全区光伏发电装机规模达185.66 MW，全年发电量1.4×10^8 kW·h，上网电量0.35×10^8 kW·h，预计到2023年底，全区将新增光伏装机容量120 MW左右。

全区在建较大光伏发电项目有6个，其中，中天钢铁集团72.5MW分布式光伏项目，占用建筑面积超$70\times10^4 m^2$，是省内目前单体面积最大的屋顶分布式发电项目，该项目于2024年三月份正式并网发电，预计年新增发电量近8×10^7 kW·h。另外5个项目是2024年重点实施的，分别为：南通回力橡胶有限公司12MW分布式光伏发电项目、招商局重工(江苏)有限公司二期7WM分布式光伏发电项目、燕达(海门)重型装备制造有限公司5.992MW分布式光伏电站项目、招商局重工(江苏)有限公司5MW分布式光伏发电项目、江苏宝钢精密钢丝有限公司4.8MW分布式光伏项目。

二、招商引资和项目建设情况

(一)招商引资情况

2024年以来，全区累计洽谈新能源项目8个，其中总投资5亿元的澳睿锂电池正极材料研发生产项目落户临江新区，总投资50亿元的海螺绿色装配式建筑、储能和光伏项目落户海门港新区。另有总投资50亿元的江西电建、京能国际储能电站项目意向落户临江新区；总投资50亿元的上海电气新能源电池项目和总投资5亿元的华强锐格氢能检测中心及氢能产业园项目意向落户海门经济技术开发区；总投资10亿元的深圳华驰赋能型电解液及配套材料生产项目、总投资2亿元的家用储能及工商业储能系统集成项目和总投资2亿元的新能源锂电生产设备制造项目意向落户海门港新区。

(二)项目建设情况

1.海门当升正极材料项目位于临江新区,总投资30亿元,占地面积75亩(5公顷),建筑面积7.5万平方米,年产2万吨储能及新能源汽车用锂电正极材料,同时建设锂电材料技术研发中心,建成后预计年应税销售50亿元。目前,技术中心土建已竣工,主体厂房已结构封顶。

2.上海电气太阳能电池组件项目位于开发区,一期投资20亿元,占地面积172亩(11.47公顷),计容建筑面积约13.8万平方米,主要致力于研发和生产异质结光伏电池及组件。全面建成后,预计可实现销售收入20亿元、税收8600万元。目前,土地已挂牌,预计5月开工建设。

3.容汇电池级碳酸锂制造项目位于三厂工业园区,总投资30亿元,盘活现有厂区周边资源110亩(7.33公顷),其中常海西厂区53亩(3.53公顷)、开美化学57亩(3.8公顷);延伸锂电产业链条,新投入一条国际领先的电池级碳酸锂生产线,目标是打造国内一流的新能源锂电产业基地。预计项目投产后年产3万吨电池级碳酸锂,年新增应税销售50亿元,入库税金超3亿元。目前该项目所涉空间规划及修详规等手续都已完结,待常海西厂区拆迁征收。因公司已启动创业板上市工作,目前正上市报会排队阶段,故该项目具体实施时间为上市完成后。

4.华特半导体制造设备生产及系统集成项目位于临江新区,总投资6.15亿元,盘活原化工企业用地107亩(7.13公顷),其中龙翔化工54亩(3.6公顷)、新港医药53亩(3.53公顷);计容建筑面积约12万平方米,全面建成后年产2000台/套半导体制造设备,预计可实现销售收入10亿元、税收5400余万元。目前正在推进化工用地土地收储工作,预计6月底开工建设。

三、产业发展存在的主要困难和问题

虽然海门区新能源产业发展有一定基础,个别企业也有较好的市场影响力,但通过调研走访,发现海门区新能源产业发展还存在一些困难和不足。

(一)产业布局分散,集群效应不明显

目前,新能源企业布局分散,全区15家新能源规上企业分布在8个区镇。同时,全区在新能源产业领域暂未建成专业园区,基础配套设施不完善,新能源产业集群的承载力不足。

(二)产品结构单一,产业链有待延伸

锂电池产业方面缺少链主企业,当升科技属于正极材料细分领域,在先进电池产业链中带动效应有限,不能有效地协助海门招引其余电池产业链条企业。风电产业链存在施工装备、施工运维等基础设施支撑不全,作业人员培训不足,大容量海上风机和轴承、控制系统等关键核心技术缺乏自主知识产权,风机叶片、发电机等关键部件性能与国际先进水平还有较大差距等短板;光伏产业发展总体起步较晚,产业基础相对薄弱,太阳能电池及组件的效率和质量水平仍普遍低于世界先进水平。

(三)市场波动较大,企业发展面临挑战

2024年以来,由于新能源车电池主要材料锂产能面临过剩,导致市场供需关系调整,产品价格遭遇腰斩,碳酸锂已从62万元/吨下降至当前的16万元/吨,新能源板块当升、容汇等重点企业受影响明显。

(四)发展要素受限,项目招引要求高

海门相对于内地中部地区而言,土地成本、能耗指标、能耗费用较高,先进电池产业中一部分企业的研发、生产需要化工用地支撑,这对于海门在招引新能源产业项目方面需进一步提高精准性和针对性,才能有效做强产业集群,提升产业发展能级。

四、下阶段发展思路

(一)发展目标

作为战略性新兴产业的重要组成部分,新能源产业的发展关系到国民经济、社会发展和国家安全。未来,新能源产业将迎来黄金发展期,海门将积极抢抓机遇,加快壮大以当升科技、容汇锂业、新玮镍钴等为重点的新能源材料和以艾郎风电、英菲新能源为重点的新能源装备产业,突出先进电池和能源装备两大重点,聚焦锂电池正负极材料等关键领域,引育一批电芯、隔膜、储能等上下游企业,提升产业发展能级,到2025年,新能源产业集群产值超600亿元。

（二）推进举措

一是突出规划引领，明确发展重点。加强对新能源的产业规划研究，针对海门区已取消化工园区定位，以发展新能源材料产业非化工部分为重点，围绕产业中下游开展强链、补链工作。加快引进上下游企业如隔膜、负极材料、储能等，瞄准电芯制造及 PACK 组装等领域进行精准招商，有效打通断点、疏通堵点，形成上下游集群发展的完整产业链。

二是聚焦龙头引育，做大产业能级。围绕当升、容汇等非化工中游企业，按照体量大、核心竞争力强、企业辨识度高的要求，加大扶持培育力度。实施"一企一策"，强化政策供给，精准对接企业发展需求，鼓励企业加大"卡脖子"核心技术攻关力度，加快上市步伐。建立企业培育时间表，形成几家国际知名、国内有影响的龙头企业和一批关键零部件生产骨干企业。

三是优化产业布局，提升配套水平。综合考虑临江新区和三厂工业园区发展基础，明确重点发展区域，高标准规划建设新能源产业特色园区，在土地、电力等产业发展基础要素供给方面给予优先调度和扶持。围绕生产性、生活性产业配套，如在新能源产业特色园区集中建设一批人才公寓，解决引进人才阶段性租住需求问题等，通过加快基础设施建设、完善公共服务平台等重点，有效提升新能源产业园区的承载能力，加速推进新能源产业集聚、集群发展。

四是完善工作机制，强化统筹推进。成立区级新能源产业发展领导小组，统筹推进全区新能源产业发展，整合调动资源，协调解决重大问题，推动重点园区加快发展新能源产业。

王建华　范帅军

2024 年 4 月

海安市民营经济发展报告

海安市发展和改革委员会　海安市工商业联合会

2023年,海安市坚持稳中求进工作总基调,稳步实施民营经济转型升级。民营经济成长势头迅猛,民营经济已成为海安经济发展的主力军、创新转型的主动力、就业增收的主渠道。

一、民营经济主要工作推进举措

(一)坚持稳中求进,民营经济发展迈出新步伐

科学研判发展形势,妥善消化历史基数,不断积聚发展动能,经济发展彰显韧性,全年实现地区生产总值1 436亿元、增长6%,完成工业开票销售2 382亿元、服务业开票销售1 230亿元,固定资产投资512.9亿元。产业链供应链韧性得到提升,企业运行质态得到较好的保障,"国字头"的品牌荣誉再创新高;入选全省首批民营经济高质量发展示范市培育对象;全省制造业高质量发展示范区工作推进会在海安召开;国防动员工作获评省先进单位;制造业创新转型工作、粮食安全责任制工作、推动"双创"政策落地三项工作受到省政府督查激励表彰。

(二)坚持产业强市不动摇,综合实力实现新突破

工业经济稳健运行,工业经济总量持续保持领跑南通。2023年,规上工业总产值增幅南通第二;"5123"大企业领航工程实现阶段性目标,亿元企业数359家,50亿元企业8家,100亿元企业3家。现代服务业提质增效,商贸物流园入选国家级示范物流园区。天楹入选省两业融合标杆引领典型企业,新增省级现代服务业集聚示范区1个,两业融合试点企业3家、试点区域1个。粮食物流产业园入选省级示范物流园区。中洋、上柴、华艺成功入选省级产教融合示范企业;铁路物流基地到发量超200万吨,

凤山港集装箱吞吐量近4.15万标箱,上港集团ICT(海安)项目首次实现货物进口,开通中老班列、中俄接续班列。

(三)项目建设稳中有进,民营投资强而有力

2023年,项目建设重返第一方阵,入选省重大项目4个、市重大项目26个,得力纺织、鹰球含油轴承等一批省市重大项目开工建设;认定新开工5亿元以上工业项目28个,亚太轻合金、铭利达科技、飞亚化工等一批"二期"项目密集开工,项目数、完成投资额南通前列;新竣工项目28个(南通第一)、达产10个,东材新材料、弘盛新材料等一批重大项目竣工投产,实现南通市项目建设综合考评季季夺杯。经济合作持续强化,主动对接服务上海现代化国际大都市和上海大都市圈建设,全力在上海北翼打造与其双向融合的卫星城,出台《海安建设上海卫星城实施方案》。

(四)冠军培育成绩斐然,龙头民企实力不断提升

明江阀业、普隆磁电、超力卷板机、瑞恩电气、晨朗电子、金锻工业、兰菱机电、铭利达科技、中力科技获评国家级专精特新"小巨人"企业,"国家队"总数达到28家(单项冠军8家、专精特新20家)。新增省级专精特新"小巨人"企业60家,总数达到131家,南通第一。获评创新型企业447家,南通第一。两家企业(大金激光、美申美克)入选国家工业母机政策激励名单,南通仅三家;获评省级小型微型企业创新创业基地2家、南通市星级中小企业公共服务平台6家、小微企业创业创新示范基地2家;聚酯离型膜材料产业获评江苏省首批中小企业特色产业集群。

(五)聚力降本增效,营造民营发展宽松土壤

始终坚持绿色发展,深入开展节能降碳增效行动,45家5 000吨标煤以上重点用能企业节能监察全覆盖,推动4家企业认定可转移能源消费量6 308吨标煤,创成省级绿色工厂6家。深入实施"产业焕新空间再造"三年行动,全年完成技改设备投入40亿元,围绕产业强链补链组织各类活动200多次,服务和推动新招及二期项目开工52个,推动兼并重组项目10个,盘活闲置及用而不足土地面积1 622亩(108.13公顷)、闲置厂房面积超10万平方米。开展包容审慎柔性执法"四张清单"专项监督,对各行政执法单位执行"四张清单"情况开展专项监督。2023年度,全市共适用不予

行政处罚、从轻行政处罚、减轻行政处罚和不予实施行政强制措施"四张清单"办理行政处罚案件472件,减免轻罚金额1 825.749 243万元。

(六)扎实推进科技创新,提升民营企业创新动力

布局发展一批新型研发机构,中国天楹在上海成立天楹(上海)光电科技有限公司,打造了国际领先的第三方光电实验室,江苏威尔曼科技股份有限公司成立了威尔曼上海研发中心,推动创新要素不断汇集。推进产学研平台建设。全年新增与大院大所共建省级企业工程技术研究中心4家,市级企业工程技术研究中心15家;3家研究院获省级新型研发机构奖补立项,占南通1/2;铁锚科技省重点实验室通过验收,获省补助300万元;先后组织200多家企业走进中国科学院系统、高校院所开展产学研对接,全年新增产学研合作项目286项;新增省科技副总12名,南通第一。全力抓好创新主体培育。2023年新申报南通市科技创新型企业12家(瞪羚企业7家,雏鹰企业5家),复审6家(瞪羚企业1家,雏鹰企业5家),昌荣机电入选省科技型上市企业培育入库,信实电气、万淇生物入选省高新区瞪羚企业。

(七)智能化改造数字化转型,扩大民营企业转型升级优势

企业上云抢先机,结合"智能化改造和数字化转型"宣贯活动,鼓励企业践行信息化生产管控,不断提高生产元素管理之间的协同性。截至目前,认定省星级上云企业334家,其中五星级上云企业11家,四星级上云企业54家,三星级上云企业269家。两化融合强引领。分行业组织重点企业与两化融合管理体系贯标服务机构开展对接活动,进一步明确企业信息化发展的战略目标和实施步骤。18家企业通过工信部两化融合管理体系贯标认证(其中联发纺织及威尔曼科技获3A认证,实现海安零的突破)。技术创新争一流。鼓励引导企业有效整合产品设计、生产工艺、设备运行、运营管理等数据资源,开展面向不同行业和场景的应用创新,促进企业发展壮大。加快推进"智改数转网联",全年完成智能化改造和数字化转型项目超1 000个,数量及完成率均居南通市第一。威尔曼科技获评国家智能制造试点示范优秀场景;开发区获评省"互联网+先进制造业"特色产业基地;联发纺织及威尔曼被认定为省两化融合贯标示范企业;推动制造业企业模式化

创新,鹏飞集团获评国家级服务型制造示范企业,南通唯一。

(八)坚持民生导向不动摇,惠民安民取得新成效

深入开展"营商环境提升年"活动,出台优化提升举措"88条",持续叫响"万事好通·海心安"服务品牌;纵深推进服务经营主体大走访,发挥重点经济工作专班作用,化解企业诉求600余件;粮食物资储备工作推进有序。全市储备粮原粮总规模4.3万吨、储备成品粮1600吨、储备食用油150吨全部落实到位;全年完成地方储备粮小麦12 850吨轮换,完成3 100吨储备粮小麦增储任务,完成290吨冻猪肉委托代储任务。5万吨海安粮食储备库项目实现主体结构封顶,该项目成功申报省粮食仓储设施财政补助资金1 808万元。深入推进优质粮食工程"六大提升行动",优质粮食工程建设示范县项目,获省财政补助资金1 500万元。完成800平方米海安市应急救灾物资储备库建设,30项生活类救灾物资、救援装备类物资共6 728件采购入库;省级应急物资前置点生活类救灾物资、应急装备共2 824件全部入库。

二、民营经济整体情况

海安市民营经济增加值达1 041亿元,民营经济增加值占GDP比重72.5%。民营企业税收额占税务部门直接征收总额比重达到85.89%,民营投资占全社会投资比重达89.6%。民营企业数量占市场主体比重达到98%。培育境内外上市公司3家。培育国家级制造业单项冠军示范企业(产品)8家,国家级专精特新小巨人企业20家。

经过多年发展,海安市民营企业经济综合实力不断攀升。民营工业已建成国家级新型工业化产业示范基地,入选省民营经济高质量发展示范市、省制造业高质量发展示范区,高端纺织、高端装备2个千亿级龙头呼之欲出,新材料、节能环保等百亿级骨干冉冉升起。打造了8个国家级单项冠军、20个国家级专精特新小巨人;亿元企业数359家,50亿元企业8家,100亿元企业3家。民营服务业,2023年实现服务业开票销售1 230亿元,增幅10%。社会消费品零售总额445亿元,增长5.5%。持续提振和扩大消费,2023年举办首届电商购物嘉年华、第一届啤酒节、"人间烟火、谭港夜市"等系列主题活动。2023年新签约盒马中国食品智能产业园冷冻面食智能

生产项目,新开工国际塑料城项目。

三、主要不足

虽然当前经济总体稳中有进,但市场对供给质量和水平提出了更高要求,不少民营企业过度依赖低成本要素投入的粗放发展模式,转型升级的积极性主动性不够;新兴产业项目占比还不够大,产业转型升级进度尚需加快;创新能力还不够强、人才支撑尚不足等深层次矛盾有待进一步改善。

四、下一阶段工作思路

下一步,我们将着力构建海安民营经济高质量发展创新支持、要素保障、成长激励、权益保护、营商服务的综合体系,进一步凸显海安市民营经济发展的首位度、贡献度、参与度、满意度,引导海安市民营经济在新阶段实现高质量发展。

(一)构建创新领航体系

一是引导民营企业成长为重要创新策源地。强化企业创新主体地位,支持天楹、鹏飞等骨干民营企业加大研发投入,以联合攻关、技术转移等方式,对接大院大所联合共建研发中心、实验室。二是加快推动创新资源向民营企业开放。试点重大科技基础设施等平台开放共享机制,建立以两家国家级中小企业公共服务平台主导,在海高校、省市级服务平台、产业研究院共同参与的共享体系,加快向民营企业开放重大科研基础设施和大型科研仪器。三是完善民企敢攻关敢创新示范应用机制。探索科技成果转移转化服务体系与政府采购政策相结合的工作机制,鼓励政府部门、国企事业单位、公共服务平台积极先试首用民营企业科技创新产品和服务,引导社会层面市场领域广泛应用。

(二)构建政策导航体系

一是打造务实有效的政策供给。全力打好助企纾困服务稳进提质组合拳,确保国家政策直达快享、应享尽享。全面优化市本级政策扶持,变大水漫灌为精准滴灌。二是创新惠企政策执行方式。按照"谁主管、谁落实"原则,形成公开发布的惠企政策清单,在"海安政策通"集中发布,确保政策"不截留""不打折",为民营企业提供找得到、看得懂、用得上的政策信息服务和网上全生命周期体验服务。三是鼓励民营企业专精特新发展。启动"小巨人"培育2.0版,支持民营企业做精做优做强细分领域、细分环节,深化技术研发、工艺升级,引导企业十年磨一剑,形成一批专业基础好、市场占有率高、竞争力强的专精特新小巨人、单项冠军企业。

(三)构建环境护航体系

一是落实非禁即入基本原则。对民营和国有经济一视同仁,对大中小企业平等对待。全面实施全国统一的市场准入负面清单,鼓励民间资本组建或参股相关产业投资基金进入交通、水利、市政等公用事业运营领域,支持民营企业整合医疗、养老、教育等资源,向城市生活配套服务企业转型。二是完善政企共担共享融资机制。将制造业贷款指标作为财政资金招标存放的评价因子,倒逼商业银行降低对民营和小微企业贷款的利率水平。扩容综合风险补偿资金池,引导中投融资担保等加大对企业融资的增信支持力度,提高民营工业企业应急转贷资金效率。三是构建亲密有间清廉有温政商关系。打响"海心安"营商环境品牌,建立面向企业家的党委、政府决策咨询制度,探索审慎保护,对民营企业经营中的一般违法行为且未造成严重后果的,慎用行政强制措施。鼓励环保、市场等部门开展针对民营企业的免费体检,实行精准化执法管理,提高科学执法水平。

刘华骥

2024年4月

如皋市民营经济发展报告

如皋市发展和改革委员会　如皋市工商业联合会

2023年是全面贯彻党的二十大精神的开局之年,是三年新冠疫情防控转段后经济恢复发展的一年。面对严峻复杂的外部环境、多重超预期的困难挑战,如皋市在南通市委、市政府的正确领导下,坚持以习近平新时代中国特色社会主义思想为指导,深入学习贯彻习近平总书记考察江苏重要讲话重要指示精神和党中央决策部署,紧紧围绕"走在前、做示范"的重大要求和"四个走在前""四个新"的重大任务,勇于挑重担、扛重责,承压前行尽责担当,埋头苦干奋勇争先,持续探索优化民营经济营商环境路径方法,充分激发民营企业发展的活力和创造力,圆满完成民营经济发展各项年度目标任务,全市民营经济交出了一份"稳中有进、难中有为、干中有成"的发展答卷。

一、2023年全市民营经济发展情况

(一)规模质量稳中有升

2023年1—12月,全市累计个体工商户达16.43万户,比年初增长8.94%,私营企业达4.31万家,比年初增长13.22%。新增50亿元企业1家、20亿元企业2家、10亿元企业2家,新开业规模工业企业37家。

(二)有效投资持续增长

1—12月,全年固定资产投资比上年增长1.3%,工业投资下降11.2%。新开工5亿元以上工业项目36个,新竣工20个,省市级重大项目按期开工,超期未竣工转化项目尽快清零销号。完成技改投入108.6亿元,占工业投入33.84%,实现纳税500万元以上企业技改实现全覆盖、规上企业技改面60%以上。

（三）主体地位持续凸显

1—12月，民营经济入库税金33.76亿元，民营经济税收占全部税收的比重为66.45%，纳税超5 000万元企业18家、超亿元企业6家。实现规模以上工业总产值1 550亿元、增长7%，规上工业应税销售1 480亿元、增长8%，六大优势产业链应税销售同比增长20.1%、占规模工业比重上升到84%。完成服务业应税销售1 700亿元，规模以上服务业重点行业营业收入同比增长14.4%，新增规上服务业企业92家。

二、推进民营经济发展主要举措

（一）全力以赴抓产业发展，着力优化民营经济结构

一是蓄势做强产业集群。大力实施"产业强链"行动计划，建立市领导挂钩联系机制，紧扣关键领域、关键环节、关键产品，研究制定产业链条图、市域分布图、重大项目图、重点企业图、产品品牌图，实施"挂图作战"，优化产业配套半径，建立龙头企业配套备选清单，支持优势企业通过并购、引进、参股等方式补链强链扩链，提高产业垂直整合度。全市战略性新兴产业产值增长27.7%，占规上工业比重分别达48.3%。企业转型成效明显。产业经济数据底座投入试运营，实施"智改数转网联"项目诊断172个、后续改造企业20家。开展传统产业焕新工程"五大行动"，中铁山桥获评国家级智能制造示范工厂，新增国家级绿色工厂和绿色供应链管理企业各1家、省级智能工厂3家。入选省绿色金融创新改革试验区。梦百合入选省工业互联网标杆工厂，新增国家级两化融合贯标企业17家，省级五星级上云企业5家。二是创新生态持续优化。出台"科技新9条"，发放科技金融贷款29.7亿元。完成雉水科学城概念规划及核心区设计、龙游河特色空间规划编制。新增国家和省级孵化器各1家。培育新型研发机构3家。坚持招投协同，科创投集团引入合作基金2个、股权投资项目11个。入选国家重大人才工程8个，新增省"双创计划"14人、"双创团队"2个。主导或参与制定国家、行业标准22项，获批立项国家级标准化试点1个、省级4个，新增江苏精品4个。获批筹建全省唯一的预制菜产品质量监督检验中心。省级技术标准创新基地实现零的突破。入围国家创新型县（市）、省科普示范县（市）建设名单。科技创新工作获省政府督查激励。三是聚力提升发展质态。出台《如皋市专精特新"小巨人"企业培育三年行动计划（2021—2023）》，建

立市级培育库,强化运行监测和动态管理,助力中小企业"专精特新"发展,年度新增国家专精特新企业7家,省级24家。大力实施两化融合贯标工程,鼓励存量企业"智改数转",新增国家级两化融合贯标企业23家,省级企业技术(工程)中心4家、省级五星级上云企业2家、智能车间5家。高质量打造资本市场"如皋板块",新增上市公司1家、报会1家、股改2家。营商环境持续向优。成立营商环境发展促进中心,出台优化营商环境提升举措81条。持续深化"免申即享",创新推出"简申快享",落实奖补资金2.3亿元。纵深推进"放管服"改革,推动市场主体开办与涉企经营许可"1+N"套餐办改革,发布高频事项"零材料办"清单81项,完成安全生产、生态环境领域企业行政合规指导清单编制,企业信用分级分类监管平台建设全国领先,公共资源"不见面交易"服务标准化项目入选全国试点,获评全国社会信用体系建设示范区。营商环境评价全省第一。

(二)全力以赴抓项目建设,着力增强民营经济发展后劲

一是项目招引全面起势。持续开展"招商引资突破年"活动,举办科技人才洽谈会、新型电力装备发展大会等重大活动,新签约并注册5亿元以上项目48个、3 000万美元以上项目11个,其中10亿元以上7个、1亿美元以上1个、入选南通"外资招引十大项目"2个。斯堪尼亚动力总成等重特大项目成功落户。二是项目建设加快推进。持续完善领导挂钩服务制度和重大项目推进"八项机制",完成工业投资328亿元,新开工5亿元以上工业项目20个、专精特新项目15个、服务业项目41个,竣工项目7个、转化项目4个,其中入选南通"新开工十大项目"2个、"竣工投产十大项目"和"专精特新十佳项目"各1个。省、南通市重大项目完成年度投资计划。三是专业化园区初具成效。精密光学、合成生物、氢能储能等未来产业园"六个一"功能配套持续完善,如皋港化工新材料产业园成功升格省级化工园区。坚持"一线孵化+如皋转化"创新发展模式,积极布局氢能专业加速器及合成生物概念验证中心、中试熟化基地等未来产业平台,4家飞地孵化器落户产业化项目23个。新增制造业贷款超70亿元,增量、增幅均居南通第一。盘活低效闲置土地1892亩(126.13公顷),获评省自然资源节约集约利用进步奖,混合复合立体用地配置模式入选省节地模式典型案例。

(三)全力以赴抓创新转型,着力提升民营经济活力

一是积极培育主体创新。高度重视企业家在创新发展中的"领头羊"作用,分类实施磐石、雏鹰企业家培养工程,分产业分层次开展企业家培训活动,企业中高管培训近1000人次,覆盖全部规上工业企业,企业创新意识显著增强。深入实施"高企倍增"计划,净增高企142家,高新技术产业产值占比达51.6%。力星钢球创成国家企业技术中心,实现历史性突破。新增省级企业技术(工程)中心9家。招引、培育科创项目105家和38家。新增潜在独角兽企业1家、瞪羚企业5家。获批省科学技术进步奖4个、重点研发项目4个、成果转化项目2个。二是加速集聚创新资源。深入实施"高企倍增"计划,净增高企142家,高新技术产业产值占比达51.6%。力星钢球创成国家企业技术中心,实现历史性突破。新增省级企业技术(工程)中心9家。招引、培育科创项目105家和38家。新增潜在独角兽企业1家、瞪羚企业5家。获批省科学技术进步奖4个、重点研发项目4个、成果转化项目2个。三是做优创新发展环境。出台科技创新30条、人才22条,发放科技金融贷款18.3亿元、居南通首位。组建科创投集团,引入科技合作基金5支、股权投资项目11个。新增省外国专家工作室1家,入选国家重点人才计划4名,省"双创计划"10人、"双创团队"3个。编制出台全国首个县域标准化发展规划,在全省县域率先建成知识产权保护中心,主导或参与制定国家、行业标准16项,新增江苏精品2件,力威机械荣获省标准创新贡献奖。新增全国科普教育基地1个。获批"科创江苏"试点县市。

三、2024年目标举措

2024年,如皋市将全面贯彻党的二十大和二十届一中、二中全会精神,坚持稳中求进工作总基调,完整、准确、全面贯彻新发展理念,主动服务和融入新发展格局,持续优化营商环境,保障民营经济发展迈上新台阶。

(一)久久为功上项目、扩投入,持续狠抓落地转化,着力推动经济发展行稳致远

树立"大抓项目、抓好项目"的鲜明导向,不断扩增量、优存量,全力以赴推进项目建设持续发力。一是抓实精准招商。创新在资源约束条件下项目建设的体制机制,坚持重大制造业项目与科创项目并重,更加关注投资

强度、亩均税收、单位能耗、科技含量等指标,在源头上提升项目质量。精心办好科技人才洽谈会、如皋(长三角)投资环境说明会等品牌节会和各类专题招商活动,加强招商队伍专业化建设,整合优化各类招商平台,全力推进与苏南、上海、深圳等地的精准对接,确保新签约并注册总投资超5亿元项目42个以上,力争在50亿级、百亿级重特大项目招引上再结硕果。二是聚力项目攻坚。严格落实领导挂钩制度和重大项目推进"八项机制",集中力量突破重特大项目,力争全年新开工5亿元以上工业项目30个,其中10亿元以上12个,省市重大项目三季度全部开工。咬定关键节点,紧盯实物工作量,重点推动斯堪尼亚商用车及动力总成、金鹰产业园二期、正海磁材二期、康瑞新材等重大项目快开工,力促赛得利白卡纸和莱赛尔纤维、霖鼎光学、势加透博等项目快建设,确保正海磁材一期、如天光电等项目快达产,全力提升项目竣工率和转化率。建立"一项目一策一专班"推进机制,力争超期未竣工转化项目尽快清零销号。三是强化要素支撑。加强项目联合预审,更加突出投资强度、亩均税收、科技含量、能耗水平等关键指标,严格把控项目质量。健全项目推进机制,建立重大项目服务管理平台,强化从签约、开工、竣工到达产的全生命周期服务。探索实施产业用地新政策,盘活低效工业用地1800亩(120公顷),推动专业园区集中集聚发展。成立园区产业发展基金,充分发挥"政银担"风险分担机制,新增制造业贷款50亿元以上。完善上市企业培育梯队,新培育上市(挂牌)企业2家、报会2家。

(二)坚定不移调结构、促转型,培育壮大民营经济,着力推动产业升级步伐加快

深入实施产业倍增三年行动,促进产业链与服务链、价值链精准衔接、深度融合。一是做大做强先进制造业。大力培育生态主导型企业,构建"龙头带动、配套跟进、全产业链发展"的集群式发展格局,重点推动汽车及零部件、高端成套设备及关键零部件、新型电力装备等产业加紧突破关键领域,支持新材料、电子信息产业向高附加值方向提升规模和能级,鼓励生命健康产业围绕健康食品加工开辟新动能,确保六大优势产业链应税销售占规模工业比重85%以上,战略性新兴产业产值占工业总产值比重达50%。加大"2523"大企业、制造业单项冠军、专精特新"小巨人"企业

培育力度，新增应税销售超50亿元企业2家、20亿元企业2家、10亿元企业5家、新开业规模工业企业40家，培育省级以上专精特新"小巨人"企业10家。二是推动产业数字化转型。坚持把数字经济作为产业转型发展的关键增量，大力开展数字赋能行动。开展智能制造诊断服务，鼓励企业"触网"融合，促进数字技术与制造业融合发展，新增国家级两化融合贯标企业20家、省级工业互联网标杆工厂1家、五星级上云企业3家、智能车间5个。深入实施现代服务业繁荣发展三年行动，大力培育科技服务、现代物流、软件信息和服务外包等业态，新增规上服务业企业60家，创成省级现代服务业高质量发展集聚示范区2家。实施建筑业振兴计划，引导企业向数字、绿色建造转型，力争建筑业总产值1750亿元。三是更大力度优化营商环境。深入打造"如皋如意"营商环境品牌，纵深推进"放管服"改革，确保营商环境评价保持全省前列。深化"无证明城市"建设，全面加强电子证照应用，扩大"不见面审批""一网通办"覆盖面，推动更多事项集成办理，实现高频政务服务事项"异地通办"，不断提升群众办事便利度。完善信用风险分级分类评价指标体系，持续拓展应用场景，深化"信用+双随机"融合监管模式，常态化运行公平竞争审查智慧化监测平台，争创全国社会信用体系建设示范区。

(三)千方百计聚资源、谋创新，聚力构建科创生态，着力推动发展动能全面增强

坚持创新在全局中的核心地位，以省创新型示范县市建设为引领，加速集聚创新资源，深度推动产创融合。一是壮大高水平创新主体。壮大高水平创新主体。深入实施"高企倍增"计划，高企总数突破600家，认定科技型中小企业900家。支持龙头企业参与省市"揭榜挂帅"、开展产业链关键技术协同攻关，引导更多中小企业主动对接大院大所开展联合创新，新增省级企业技术(工程)中心10家，实施产学研合作项目300个、技术合同成交额超120亿元。深入推进标准化和质量提升行动，主导或参与制定各级标准18项，组建全国标准化专业技术机构1家，每10亿元GDP发明专利拥有量达26.56件。二是打造高能级创新载体。加快推进龙游河科创走廊规划落地，启动雉水科学城、龙游湾科创智谷、磨头"科创小镇"建设，加紧青年人才公寓国际社区建设，推动皋加速科创园、氢能产业园等建

设专业化"众创空间、孵化器",培育省级以上孵化器、加速器、众创空间超10家,其中专业孵化器3家。支持正海磁材、高压电器建设国家企业技术(分)中心,新瑞药业建设省级企业联合创新中心,鼓励宝众宝达、星球石墨、森松重工等龙头企业建设新型研发机构。发挥"飞地孵化器"优势,深度对接清华大学、上海交大、"大零号湾"等科创资源,加强与东方富海、君桐资本等创投机构合作,落户优质高校成果转化项目30个。三是激发高效能创新生态。推进省级创新型示范县市建设,完善科技创新双月例会制度,确保科技重点指标进入南通第一方阵。实质性运行科创投四大业务板块,引进优质股权投资项目12个。持续推进"苏科贷""高企融资服务直通车"和科技担保服务,确保新增贷款20亿元。加快青年友好型城市建设,深入实施"雉水英才"引进计划,力争引进顶尖专家和高端团队6个、高层次创新创业人才50名、高校毕业生4 700人以上,培养技能型人才7 000人。弘扬沙元炳企业家精神,实施中生代企业家"磐石"工程、新生代企业家"雏凤"工程,全面加强民营企业家队伍建设。

王婵婵

2024年4月

如东县民营经济发展报告

如东县发展和改革委员会　如东县工商业联合会

2023年,如东县在市委、市政府坚强领导下,认真贯彻落实《关于促进民营经济发展壮大的意见》要求,进一步推进民营经济高质量发展,民营经济在全县经济社会发展中的支撑作用进一步彰显。

一、2023年民营经济情况

(一)民营经济支撑作用提升

2023年民营经济对如东县经济发展的推动作用持续放大,是如东县经济发展的重要载体。2023年如东县民营企业总数已达15 409户,较上年同期增加4 723户;实现应税销售2 917亿元,较上年同期下降4.6%。923家规模企业中民营企业总数达799家,占规模企业总数的86.8%;规模工业企业应税销售100强中民营企业有58家,实现应税销售663亿元,较上年同期增长4.0%。

(二)民营企业驱动科技进步

如东县民营经济贡献了全县70%以上的技术创新成果。全县2023年认定国家级专精特新小巨人民营企业3家、国家制造业单项冠军民营企业1家,新通过的29家省级专精特新中小企业中共有24家民营企业,111家高新技术企业中共有70家民营企业。

(三)重点企业带动能力明显

全国工商联9月12日发布了"2023中国民营企业500强"榜单,如东县中天科技集团有限公司、南通五建控股集团有限公司分别在第102、427位上榜。同时,排名第40位的协鑫集团、55位的桐昆集团、68位的三一集团等500强企业,均在如东县有重大项目投入。

1. 中天科技集团有限公司,1992 年起步于光纤通信,2002 年迈入智能电网,2011 年布局新能源,2020 年产品出口 160 个国家和地区,业务实现"一带一路"全覆盖。已形成新能源、海洋、电网、通信、工业互联网等专精特新一企一品深耕模式,拥有 80 多家子公司,16 000 多名员工,设有 54 个海外办事处,13 个海外营销中心,运营印度、巴西、印尼、摩洛哥、土耳其和德国 6 家海外基地。企业拥有 9 个行业单项冠军、隐形冠军产品,承担 60 余项国家项目,获得 2 500 多项自主知识产权的专利授权,主持或参与制订近 500 项国家及行业标准,是光缆 IEEE 标准提案、直流海缆 IEC、CIGRE 标准提案等的参与者,以及 IEEE OPPC 国际标准牵头人。2023 年,中天科技集团有限公司在如东县的 14 家企业累计实现应税销售 338 亿元。

2. 江苏嘉通能源有限公司,是桐昆集团股份有限公司全资子公司,投资建设了(洋口港)石化聚酯一体化基地。项目总规划共分三期,计划总投资 480 亿元,占地约 5 000 亩(333.33 公顷),建成达产后预计年产值约 800 亿元,年利税 80 亿元。通过桐昆(洋口港)石化聚酯一体化项目的建设,将打造从"一滴油"到"一根丝"再到"一匹布"的全产业链,实现 PTA、聚酯、纺丝、织造、印染的全产业链生产模式。通过延链、补链、强链,加快江苏高端纺织先进制造业产业集群建设,为南通家纺市场填补上游原料的空白,打通"最后一公里"。2023 年嘉通能源已累计实现应税销售 315 亿元。

二、促进民营经济发展壮大是我们工作的重中之重

(一)开展走访服务

2023 年以来,为加快推动全县经济整体好转,县委、县政府建立了"26℃温馨服务直通车"机制,以市场主体诉求为导向,强化主动服务意识,围绕全县所有正常经营的工业、服务业、建筑业企业,建立了"1+2+3 直通车"服务机制,即"如东兴企通"1 个一站式网上服务平台,"12345 市场主体诉求服务专线"和"县民营企业服务中心 0513-84536526"2 条服务热线,"亿元以上企业县领导服务专员""规模企业和小微企业服务专员""全行业服务企业稳增长专班服务专员"3 类服务专员,让企业在第一时间享受政策、第一时间提出诉求、第一时间解决问题。县领导已组织召开

政企畅聊沙龙、政银企保等活动累计21次,341家企业参加;县委县政府动员全县800多名副科职以上干部对规模以上企业联系服务全覆盖,累计协调解决企业诉求306条。《如东县举办26℃温馨服务"政银企沙龙"活动》《一场政企连心的"双向奔赴",如东"政企畅聊沙龙"正式开锣》《如来如愿,共话发展 一场政企连心的"双向奔赴"》等文章先后被"中国日报中文网""中国江苏网""南通市人民政府网""如东日报""如东发布"等省市县媒体转载刊发。

(二)营造浓厚氛围

如东县自2018年起在全县层面组织开展了六届"金牛奖"系列评选活动,累计颁发奖杯178座,发放奖金超3 000万元。在2023年5月举办的第六届如东企业"金牛奖"颁奖典礼上,如东县设置了纳税超亿元卓越奖、持续突出贡献奖、突出贡献新锐奖和创新奖4大奖项,同时评选出第二届"张謇式"杰出企业家、如东企业优秀高层管理工作者、如东企业优秀县外员工3个奖项,表彰2022年度优秀企业29家、先进个人51名,并发行讲述全县重点企业奋斗史的报告文学作品——《金牛奋蹄南黄海》,不断丰富"金牛奖"品牌内涵和导向作用,进一步营造全县上下关心企业、尊重企业家的浓厚氛围。

(三)加强政策扶持

2023年来,如东县综合考虑部分政策已不适应现今企业高质量发展的需求,且对民营经济发展的扶持政策涉及部门多、门类多,由县发改委、财政局、科技局、市场监管局等部门牵头修改完善了支持民营企业稳增长、调结构、强能力和推动经济运行整体好转的相关政策措施,进一步提高政策的针对性和时效性,修改完善后以《中共如东县委 如东县人民政府印发工业经济高质量发展等三个政策意见的通知》东委〔2023〕19号)《关于推动经济运行持续整体好转促进重点产业繁荣发展的若干政策措施》的通知》(东委〔2023〕20号)下发,并在如东"兴企通"平台上开设惠企政策系列解读专栏,由各部门分头分期开展政策解读,同时借助于深化"26℃温馨服务直通车"机制做好服务市场主体大走访活动由各挂钩领导在对相关企业走帮扶时同时下发平台介绍三折页和《如东县助企惠企政策文件汇编》，进一步提高了政策的知晓率、扩大了收益面。2024年共安排1亿元专项资金用于民营企业高质量发展奖补。

(四)发布产融"白名单"

为解决"银企"双方信息不对称问题，实现金融机构与全县制造业企业精准对接、高效服务，自2020年起连续四年发布《如东县产融合作制造业重点企业、科技型企业"白名单"》，整合应税销售、纳税、"专精特新""科技小巨人""单项冠军"、制造业重点项目、技术改造项目、科技创新项目、产品创新项目，以及县级以上认定、资质、示范、表彰等企业信息。2023年，如东县向县各银行业金融机构、融资担保机构、"转贷"机构、小贷机构发布第四版制造业产融合作"白名单"企业897家，"白名单"各项信息丰富，不少银业信贷人员人手一册，成为金融机构开展融资工作的"指南针""方向标"，为全市首创。

张　波

2024年4月

启东市民营经济发展报告

启东市发展和改革委员会 启东市工商业联合会

近年来,在市委市政府的坚强领导下,启东市坚持以服务民营企业、弘扬企业家精神为抓手,不断助推提升启东市民营经济在全社会经济中的份额。启东市民营企业为全社会贡献了60%以上的国内生产总值,70%以上的技术创新成果,80%以上的税收,90%以上的企业数量。

一、2023年启东民营经济发展情况

(一)运行指标稳中有进

在全市经济条线共同努力下,启东市民营经济景气度呈现积极回升态势,1—12月份,新增民营企业6375户,较年初净增4912户;新增个体工商户7076户,较年初净增3797户。民营规模工业企业实现工业应税销售104.4亿元,同比增长6.6%;完成工业产值115.4亿元,同比增长7.0%。规上服务业重点行业实现营业收入57.7亿元,新增规上服务业企业41家;广汇国际天然气贸易有限责任公司2023年累计实现应税销售103.6亿元,同比增长14.6%,成为启东市首家单体应税百亿级民营企业。

(二)龙头企业平稳增长

启东市民营龙头企业充分发挥行业翘楚、链主的引领作用,撑起稳增长的"四梁八柱"。1—12月列入"1521"大企业名单的43家民营企业累计实现应税销售594.7亿元,增幅13.2%。1—12月份,应税销售超过100亿元的企业1家(东成电动工具),超过50亿元的企业2家(林洋能源、海四达集团),超过20亿元的企业4家(华峰超纤、韩华新能源、亿纬林洋、乾朔电子)。应税销售增幅超过50%的企业(项目)7家(海四达集团、泰胜蓝岛、亿纬林洋、沃太新能源、昭晟机电、紫琅汽车、金丝楠膜)。

(三)重点产业加快恢复

1—12月份,启东市三大产业累计实现应税销售1 235.1亿元,增幅7.7%,其中临港产业实现应税销售768.5亿元,增长9.6%,特色产业实现应税销售309.0亿元,增长8.3%,战新产业实现应税销售157.6亿元,下降1.7%。在细分产业中,新能源及装备产业实现应税销售302.3亿元,增幅19.2%。其中海四达电源应税销售39.6亿元、增幅55.0%;林洋光伏应税销售22.9亿元、增幅51.6%。海工船舶重装产业迎来新一轮复苏周期,以LNG运输船、FLNG为主的跨界船型,以海上风电安装船、FPSO为代表的多用途海工平台成为新的增长极,实现应税销售268.2亿元,增幅23.0%。高端机械装备产业实现应税销售162.0亿元,增长5.6%,其中昭晟机电应税销售8.7亿元、增幅157.4%;久正人体工学应税销售5.4亿元、增幅41.3%。电动工具产业实现应税销售146.9亿元,增长11.5%,其中东成机电科技应税销售26.8亿元、增幅15.4%;隆力电子应税销售6.5亿元、增幅282.8%。

(四)重大项目有序推进

深入贯彻落实市委、市政府"重大项目提升年"各项工作部署,全力在重大项目建设成效和服务效能等方面实现突破。全年列入省、市级重大产业项目18个,包括1个省级储备项目和17个南通市级项目。组织排摸更新省市示范智能车间培育库,共汇总省市示范智能车间40个。全市服务业项目综合评定结果在南通各县市区中继续保持前列,江苏省服务业重点项目药明康德研发中心二期项目,目前主体建筑已经封顶,建筑幕墙已完成90%,外部绿化正在施工,预计2024年8月份正式交付,2024年底正式试运行。

(五)创新驱动持续发力

持续聚力科技创新引领,强化产业技术攻关,组织林洋能源、吉莱微电子、神通阀门等行业头部企业共计13个项目申报南通市重点技术创新项目导向计划。科技型中小企业登记入库608家,认定高企181家,通过率69.6%,净增79家,高企总数达375家,高企申报数、认定数、净增数和认定通过率均创历史新高。"智改数转"项目305个,完成率达到123.98%。深入推进企业两化融合,9家企业通过国家两化融合管理体系贯标评定。推进智能工厂建设，积极打造标杆示范，江苏海四达动力科技有限公司获评2023年省级智能制造示范工厂，成为启东市首家获评的企业。成功获评国家级专精特新"小巨人"8家；成功获评省级专精特新中小企业42家、省智能车间6家。

二、推进民营经济发展的主要举措

(一)政策制定助力民营企业发展

2023年年初，为帮助小微民营企业积极应对需求收缩、供给冲击、预期转弱三重压力，启东市编制了《促进小微企业加快发展的若干政策措施》，主要针对小微民营企业面临的生产经营困难和结构升级难题，从规模培育、减税降费、金融促进、人才支持、数字化赋能、品质提升、扩大需求、权益保障、服务宣传等方面，通过优政策、增信贷、降成本、扩需求、强服务、保权益等多措并举，全面激发小微企业的活力和信心。研究出台《启东市关于促进民营经济发展壮大的若干政策举措》，从优化政务服务、促进民间投资、加大金融支持、强化人才支撑、提升市场竞争力、健全法治环境、浓厚良好氛围、加强组织保障等方面形成32条政策措施，弘扬张謇企业家精神，进一步提振激发民营经济活力，促进民营经济发展壮大。

(二)精准对接专精特新企业申报

坚定不移引导广大民营企业走专精特新发展道路。举办2023年国家级专精特新"小巨人"申报辅导会，详细解读申报注意事项，帮助企业提升申报成功率。积极组织企业参与多种形式的培训，帮助企业掌握最新国家政策动态，为企业的发展提供了理论指导，提高了企业运营能力和水平。对企业申报材料采取"现场预审""逐一过堂"等方式，帮助企业完善申报材料，提高评价分值。2023年启东市成功获评国家级专精特新"小巨人"成功评定8家，获评家数历年之最；成功获评省级专精特新中小企业42家，获评家数列南通各县市区第2。

(三)双线联动优化服务企业质效

全面开展机关领导干部"千人千企"挂钩服务、"进千企、解难题、促发展"专题调研等活动，牵头做好部门挂钩产业发展工作，2023年全年累计汇总企业诉求、问题、建议共321个，已协调解释解决304个，问题解决解答率达95%。持续加大惠企政策兑现力度，累计兑现企业奖补资金3 400万元，为捷捷微电子争取到中央预算内资金2 760万元，为久正人体工学争取到省级转型升级项目资金200万元。积极落实"万事好通·惠企通"平台发布政策、宣传解读、精准推送等方面工作，取得良好成效，多次受到南通条线部门的点名表扬，截至2023年年底，启东市各部门共计上传各类涉企政策68条，已有1 400多家企业在平台上进行了注册，648家实体企业在"通城货多多"平台上传产品信息，产品上传数达1 064个。

三、存在问题

（一）经营压力依然较大

在前期调研中，启东市民营中小企业中有35%的企业反映订单减少，部分企业订单仅维持1个月的生产；25%的企业反映生产产品价格下降明显，55%的企业反映经营成本提高。此外，民营中小企业在扩大生产、技改投资等方面信心普遍不足，1—12月份，启东市民间投资完成396.8亿元，同比下降9.2%。

（二）创新能力仍显不足

启东市民营中小企业的研发机构建设尚有短板，截至2023年年底，仍未有国家级企业工程中心、工业设计中心、院士专家工作站等，超四成的民营规模工业企业研发费用占营业收入比重低于3%。启东市省级以上的中小企业服务平台和中小企业双创示范基地尚有欠缺。

（三）产业结构有待优化

受市场准入、企业自身素质等条件限制，启东市民营经济主要集中在劳动密集型、技术含量低的行业，装备工艺落后，资源利用率低，一些产业能耗高、产业链短、附加值低，技术含量低，很容易受市场波动影响。另外，多数民营企业还未建立现代管理体系，管理水平较低；标准化工作滞后，产品质量堪忧、竞争力不强；技术创新、教育培训等资金投入较少，研发能力不足；民营企业中有影响力的品牌较少，品牌经济发展还需加大力度。

四、促进民营经济发展的对策及建议

2024年，启东市将继续认真贯彻落实国家、省、南通市的各项决策部署，全力推动民营经济健康发展、高质量发展，聚焦企业"所盼"落实政策支持，聚焦企业"所需"强化挂钩服务，聚焦企业"所能"促进赋能增效，全力以赴支持、促进民营企业健康发展。

一条主线:全力以赴促进民营经济向好发展。

两个突破:省级以上专精特新企业数量突破100家;单项冠军企业持续突破。

五项举措:一是完善企业政策支持;二是落实企业挂钩服务;三是推进企业赋能增效;四是加强平台建设;五是弘扬企业家精神。

(一)完善政策支持,为企业培育保驾护航

大力宣传并贯彻落实好国家对中小企业、民营企业发展的扶持政策。充分利用"万事好通·惠企通"政策直达平台,宣传"1521"大企业培育、百强企业评选、小微企业加快发展等政策,确保企业应知尽知、应享尽享。严格落实《启东市关于促进民营经济发展壮大的若干举措》,从政务服务、民间投资、金融支持、企业人才、市场竞争力、法治环境、良好氛围、组织保障8个方面严格落实32条条款内容,弘扬张謇企业家精神,进一步提振激发民营经济活力,促进民营经济发展壮大。

(二)强化挂钩服务,为企业发展排忧解难

进一步落实企业挂钩服务工作,常态化开展企业走访调研。持续深入开展"千人千企"挂钩服务、专精特新服务专员等企业挂钩服务制度,健全服务企业体系,切实发挥好机制作用,做好企业全生命周期服务,"沉浸式"做好挂钩服务企业工作,扎实办好资源配置、要素保障等企业"围墙外的事",力所能及帮助企业解决好管理、创新等"围墙内的问题"。

(三)加大创新赋能,为企业发展出谋划策

进一步加大专精特新企业培育扶持力度,推动启东市产业领军企业梯队发展。着力培育专注于细分市场、创新能力强、质量效益优、市场占有率高、掌握关键核心技术的专精特新企业和单项冠军企业。引导中小企业深入研究,对照标准梯度发展,及时做好专精特新企业和单项冠军企业申报工作,有的放矢动员组织企业进行申报,同时做好企业申报全流程指导服务,确保启东市更多符合条件的企业获评成功,至2024年底,启东市现有省级以上专精特新企业突破100家,单项冠军企业持续突破。

(四)加强平台建设,为企业发展添砖加瓦

加快培育公共研发中心、产品检测中心、融资服务中心、人才培训中心和专业市场等中小企业公共服务平台;推动建设中小企业创业基地建设,完善的基础设施和配套服务,为广大民营企业提供人才、法律、市场、融资、政策、技术、管理、信息、政务代理等。搭建产学研合作孵化平台,以设计、材料、工艺及应用突破为目标,解决关键技术瓶颈问题,从在检验检测、知识产权服务、产业发展、企业培育、招才引智等方面,为产业链企业提供全方位的配套服务公共平台。加快推进吴中第一工园·启东星药谷、锦汇BioBank加速器、电动工具公共服务中心等载体平台建设,拓展项目承载空间。

(五)弘扬企业家精神,为企业发展培贤育智

高度重视民营企业家队伍建设,引导企业深耕主业,发扬"工匠精神",打造"单项冠军",培育"百年老店"。继续组织开展"垦牧杯"启东杰出企业家评选工作,突出"张謇精神"主题,营造企业家有作为、有地位、受尊重的社会风尚,激励和引导广大民营企业家坚定信心、创新发展。通过组织专家讲课、外出学习等方式,培养民营企业家的战略眼光,培养敢闯敢试、敢为人先、敢于担当的创业精神。

张　耀　龚庆庆
2024年4月

崇川区民营经济发展报告

崇川区工业和信息化局　崇川区工商业联合会

2023年,在南通市委、市政府的正确领导下,崇川区抢抓发展机遇,主动应对宏观经济形势变化,聚焦民企关切,优化营商环境,保障经济平稳运行。

一、基本情况

到2023年末,崇川区民营经济新增个体工商户1.28万户,累计达14.5万户;新增私营企业数1.18万家,累计达9.24万家。民营经济主要呈现以下特点。

（一）产业质态明显提升

崇川区大力实施先进制造业与现代服务业"双轮驱动"战略,不断扩大主导产业规模,抢占新兴产业发展高地。一方面,深入推进工业提速增效三年行动,2023年诊断服务惠及民营企业超100家、实施项目150余个。通富微电子获评省级"工业互联网标杆工厂"。启动专精特新企业培育三年行动,新增国家级专精特新"小巨人"企业10家。中远川崎等2家企业获评省级优秀企业。易实精密、中集环科成功上市。另一方面,加快实施现代服务业繁荣发展三年行动,主攻软件信息、数字文化等领域,生产性服务业占服务业增加值比重达58%。中威科技获评省软件企业技术中心,海隆软件获评省技术先进型企业,九一科技等3家企业获评省级电子商务示范企业。都市农业公园片区创成市级现代农业产业高质量发展示范园。

（二）内生动能不断激发

科技创新三年行动顺利收官,高新技术产业产值占比达61.6%,高企认定通过率超70%,净增高企近100家。新认定市科创项目超150个、科技型中小企业入库近900家,钰泰半导体连续两年入选省独角兽企业,狼王科技等4家企业入选瞪羚企业,科凯生命荣登胡润全球猎豹企业榜、跻身中国医疗器械企业新锐百强。中集能源等企业6个项目获省科学技术奖。成立全市首家产业人才培养联盟,发布"人才新政3.0",入选国家人才计划19人、市"江海英才"16人。通富微电牵头成功打造国家级面向关键元器件的创新成果产业化服务平台,南纤公司质量变革入选中国质量大会创新案例。

(三)发展环境持续改善

产业结构、投资结构、税收结构优化,欧莱雅和泰科电子等世界500强项目、全市首支QFLP基金花落崇川,非房地产投资占比提升5.5个百分点。企业效益稳步提升,规上工业企业营收、利润总额分别增长2%、5.8%。低效用地再利用成效明显,规上工业亩均税收提升至26万元。全区楼宇入驻率提高7.9个百分点、达70%,新增税收超亿元楼宇4个、累计14个。市北集成电路封装创新型产业集群获评省创新型产业集群、省级中小企业特色产业集群,南通人力资源服务产业园、市北文旅集聚区获评省级服务业高质量发展集聚示范区。

(四)营商环境全面优化

水深则鱼悦,城强则贾兴。近年来,崇川区先后出台《促进工业和信息化产业高质量发展扶持办法》、《促进现代服务业繁荣发展若干政策意见》等政策文件,持续引导民营企业走专精特新之路。积极推动"兴企通"平台覆盖辖区民营企业,实现全区涉企扶持政策"一站式、无障碍"直通企业。进一步简化审批办事流程,推出73项"免申即享"和58项"简申快享"服务,新开办企业全流程半天办结率95%以上。不断深化CSO首席服务员制度,超400名首席服务员实地走访辖区企业千余家次,解决问题超500个。

二、下一步工作打算

虽然崇川区民营经济发展取得可喜成绩,但与发达地区相比,仍然存在差距和不足。下一步,我们将进一步提高对服务民营经济重要性的认识,全面助力民营经济提质增效与健康发展。

(一)不断提高民营企业支撑作用,培育壮大存量企业

坚持把培育壮大本土民营企业作为推进跨越式发展的重要举措,深

入推进工业提速增效、服务业繁荣发展两个三年行动,通过梯度培育、数字赋能等,着力培育一批具有持续创新力和竞争力的民营企业。同时,进一步完善从招引入驻、孵化培育、成长扶持到发展壮大全周期服务体系。加快引培增量企业。持续聚力"双招双引突破年"行动,充分发挥主城区优势,综合运用科技招商、资本招商、以商引商等方式,有针对性地招引一批补链强链的市外优质企业和项目,不断提升产业集聚度和竞争力。同时,加快推进服务业繁荣发展三年行动,主攻软件和信息技术服务产业、数字文化产业、服务外包产业等新兴服务业,增加优质消费供给,引进一批优质服务业民营企业。推动企业协同发展。加快实施产业提质扩量工程,培育一批引领性强的链主民营企业,形成"高成长企业—行业骨干企业—总部型企业—行业龙头企业"的动态成长梯队。积极打造链式创新共同体,引导链主企业以联合技术开发、资本投资、创业孵化等方式,支持上下游企业进行订单式研发,形成以链主企业为核心的科技创新集群。

(二)持续增强内生发展动力,深化创新生态体系

全面推进以企业为主体、市场为导向、产学研相结合的技术创新体系建设,不断挖掘整合科技创新资源,激发民营企业创新活力。充分发挥南邮南通研究院等高校科研院所集聚优势,务实推动高校科技成果市场化,引导创新要素向优质企业集聚。强化企业自主创新。突出企业技术创新主体地位,鼓励民营企业加大研发和技改力度,引导企业瞄准行业关键领域和环节,开展核心技术研发、工艺升级、产品迭代,锻造更多的"独门绝技"。壮大创新人才队伍。紧扣生命健康等战新产业,积极建设青年和人才友好型园区,加快招引科技领军人才。着力打造"崇才无忧"服务品牌,进一步优化人才服务,保障人才公寓供给,高标准建设青年人才社区,加快完善子女入学、人才医疗等惠才政策。

(三)加快企业转型升级步伐。大力推进数字发展

积极推进数智制造赋能工程,以企业需求为牵引,产业链为纽带,精准开展把脉诊断,一企一策制订个性化解决方案。强化"诊""改"联动,持续跟踪已诊断企业"智改数转"实施进程,切实提高诊断方案转化实施率。大力推进集约发展。鼓励企业进一步优化资源要素配置,提高土地利用效率,切实提升亩均销售、亩均税收水平,提档企业发展质态。大力推进绿色

发展。坚持生态优先，积极推进集成电路、智能装备、新材料等重点产业绿色发展，严控能耗总量，减少污染排放，鼓励企业建设绿色工厂，抢占低碳经济、循环经济发展先机。

(四)提振企业发展信心，打造良好发展生态

依法保护民营企业家合法权益，持续营造公平竞争环境，着力解决中小企业融资难、用工难等问题。加快改革创新步伐。进一步深化"放管服"改革，聚焦项目建设、市场监管、政策供给等重点领域，进一步优化用地支持和提升集成化服务水平。进一步引导民营企业家弘扬张謇企业家精神，充分发挥企业主观能动性，增强机遇意识和风险意识，不断提升企业核心竞争力。优化企业精准服务。深化书记区长服务专线，不断完善"兴企通"服务平台，细化升级 CSO 首席服务员制度，强化各类惠企政策的可及性和便利性。

许陈萍

2024 年 4 月

通州区民营经济发展报告

通州区发展和改革委员会　通州区工商业联合会

2023年是全面贯彻落实党的二十大精神的关键之年，是推动"十四五"规划目标任务全面落地的攻坚之年。通州区在区委、区政府的正确领导下，始终坚持壮大实体经济不动摇，把服务企业作为强区之本，各项稳经济政策措施效应进一步显现，叠加疫情影响消退等有利因素，企业复工复产、复商复市加快，生产需求明显改善，全区民营经济发展稳中有进、稳中向好。

一、全区民营经济运行情况及主要工作

（一）聚力回升向好，奋进步伐扎实稳健

一是强化运行调度。依托重点经济工作专班和"1+10+7"重点工作月度推进专班，强化问题分析，研究补短举措，切实提高经济运行的针对性和协同性。认真落实省"42条"、市"50条"，研究出台《关于进一步推动全区经济回升向好的若干补充措施》等政策意见，持续改善市场预期，新增市场主体1.7万家。常态化开展"服务企业大走访"活动，强化"一企一策"精准服务。采取线上线下多种形式开展政策宣讲，实现镇街及规上企业全覆盖。推行政策"免申即享""简申快享"，发放惠企资金超2亿元。二是扩大有效投资。固定资产投资承压前行，500万元以上技改项目完成设备投资额46.9亿元。总投资21亿元的10万吨级粮油泊位工程开工建设。2个项目成功获批中央预算内投资1 688万元。

（二）紧扣产业提升，发展质态不断优化

一是项目引推全面提速。深入开展"招商引资突破年"活动，实行"赛马制"招商，研究形成产业招商图谱，聚焦新能源、半导体、汽车电子等重点产业链，全年新签约注册重大产业项目52个，计划总投资391亿元。琏

升科技、华美兴泰等一批新兴产业项目落地。常态化推行"拿地即开工",9个亿元以上项目实现多证齐发。列入省市级重大项目26个,康辉新材料、康源电路等57个亿元以上项目开工建设,完成年度投资81.6亿元。轩达、中科仪等一批重大项目实现竣工转化。二是产业优势加速放大。完成规上工业总产值1 410亿元、增长10.5%,规上工业增加值增长12%、全市领先。新增应税销售20亿元级企业3家、50亿元级2家。新增报会企业1家、入轨企业4家、股改企业3家。传统产业加快焕新,稳步推进数码印花产业园开工建设,高端纺织产业获评"长三角质量提升示范"称号。以光伏、储能为主的新能源产业集聚发展,规上新能源企业实现产值250亿元、增长36%。加快质量强区建设,获评江苏省质量信用AA级及以上企业4家,通过"江苏精品"认证1家。企业(单位)主导或参与制定国家(行业)标准14项。三是智改数转网联持续深入。推动制造业高端化、智能化、绿色化发展,新认定智能化改造数字化转型网络化联接项目334个。新增国家两化融合贯标企业20家,省智能制造示范工厂(车间)6家,省星级上云企业81家,创历年新高。恒科新材料获评国家智能制造优秀场景,金太阳纺织创成全国首个家纺行业可信数据空间试点,百威啤酒获评国家级绿色工厂。新(改)建5G基站514个,旭东汽车"5G全连接工厂"入选全市首批10大行业智改数转典型案例。

(三)激发科创动力,创新能力持续增强

一是创新主体持续壮大。实施高企培育三年行动方案,新认定高新技术企业179家,高新技术产业产值占比55.1%。全社会研发投入占比2.8%。组织120多家企业与高校科研院所精准对接,实施产学研合作项目162个。江海股份获评国家企业技术中心,全市唯一。承办全国单项冠军交流研讨会暨2023年申报培训活动,新增国家级专精特新"小巨人"企业6家、省级专精特新中小企业37家。圆周率半导体入选中国潜在独角兽企业,深蓝航天等4家企业入选省潜在独角兽企业。沃太能源揭榜省关键核心技术(装备)攻关产业化项目。获评中国外观设计银奖1件,新授权发明专利784件,万人发明专利拥有量63件。新增国家知识产权示范、优势企业各2家,知识产权工作连续两年获省政府督查激励。二是创新平台加速建设。聚力打造"1+3+N"产业协同发展格局,南通高新区跻身全省高新区综合评价前十强,高规格推进平潮科技创新区规划建设,金沙、石港项目载体平台建设步伐加快。建立"众创空间—孵化器—加速器—产业园区"科技创业孵化链条。新增省级工程技术研究中心8家。推动龙头企业搭建技术创新研究院,成立鸿劲新材料研究(南通)有限公司,沃太能源与西安交大共建的锂电池全生命周期技术研究院揭牌。南通半导体光电产业园竣工投用。

(四)推动改革加速,市场主体更加活跃

一是系统改革不断深化。拓展政府采购助企发展新路径,通州版"互联网+政府采购"模式获全省推广。全省率先制定"多测合一"技术规程标准,打造地方信息管理平台。全省首创"商事好通工作室",全市首推企业跨区迁移"一地办",全面深化证照"套餐办",实现企业"准入即准营"。打造全省税费服务运营中心县级样板,在全市率先建成社会保险费联办大厅,进一步推进政务服务便利化。实施企业商业秘密"保险箱计划",入选首批全省商业秘密保护创新试点城市。二是营商环境持续优化。研究出台营商环境优化提升举措60条,扎实开展"营商环境提升年"行动。全年新增减税降费及退税缓税超15亿元。新增制造业贷款近40亿元,蝉联省"金融生态优秀县"。全国首创"信用+涉诉双免保"机制,为"白名单"企业免于保全8051万元,免于担保3.6亿元。按照"分级分类精准查,内部整合一起查,部门联动一次查"要求,推行跨部门联合监管,办理免罚轻罚1300余件,涉及金额6800余万元,惠及市场主体2400余家。深化"惠企通"平台应用,累计注册企业1400余家,发布"同城货多多"产品信息1300余条。

二、存在的问题

(一)政策支撑有待加强

一些政策措施制定时征求意见不够广泛、充分,针对性、操作性不强。扶持政策较为碎片化,整合度不高,支持重点不突出,资金使用相对分散,效益不够明显。企业获取政策渠道不畅,部分新落户企业特别是中小微企业的政策知晓度、敏感度偏低。

(二)服务质量有待提高

"放管服"改革与国务院推进"一网、一门、一次"改革的要求仍有距离。区级机关部门信息资源整合才刚起步,各自为政、互不相认的现象仍然存在；在"最多跑一次"方面，线上线下服务的融合度有待增强。六大主力平台的综合服务功能没有充分发挥。

(三)要素瓶颈有待破解

用人难、用地难、融资难、创新难"四难"问题依然是通州区民营经济发展中最突出的要素瓶颈。用人方面。高端人才紧缺,本土专业技术人才不足,熟练工人队伍不稳定。企业人才引进后的配套服务不够完善,如住房、医疗、子女入学等政策及生活服务、文化娱乐等设施不健全,导致外地人才和职工难以留住。用地方面。土地资源利用率不高和建设用地供给不足同时并存,一方面土地利用不够集约,另一方面一些中小企业扩大再生产用地难以落实。融资方面。民营企业普遍存在固定资产挤占流动资金现象,企业资金的回旋空间相当狭窄。受现行抵押和担保制度制约,民营企业特别是中小型民营企业贷款相当困难。创新方面。民营企业普遍存在研发投入不足,自主创新产品少等问题,转型发展路径不明、动能不足,民营企业的核心竞争力有待提高。

三、2024年民营经济推进举措

(一)以企业至上的姿态践行惠企情怀

一是畅通沟通渠道。以座谈会的形式邀请民营企业家共谋发展大计,共同分析和破解发展的桎梏,让企业家献言献策,为区委、区政府的重大经济政策出台提供多角度的建议和意见。二是提升企业家话语权。尤其是在涉企相关政策制定前,广泛征求企业家代表的真知灼见,推动各类涉企政策制定更加贴近企业需求、精准助力企业发展。三是加强民营企业家队伍建设。注重新时代民营企业家特别是新一代企业家队伍建设,通过理想信念教育、组织专班培训、政治安排等,打造高素质民营企业家代表队伍。

(二)以时不我待的状态续增动能

一是多措并举解决企业的用地问题。这是让项目真正落地生根的必然要素,在符合各项政策法规的前提下,把用地保障向企业倾斜,千方百计做好项目供地保障,在"腾笼换鸟"、农村集体建设用地成片开发中挖潜力、拓空间。二是全力破解企业的资金难题。政府的金融部门借鉴其他地区的经验做法,打出降低担保费用金融服务实体经济的"组合拳",更好发挥金融服务民营经济的作用。三是更加注重技术创新。把科技创新、产业转型升级视为实现高质量发展的"华山一条路",更大力度扶持企业技术改造,更大力度推动高层次人才引进,为企业转型升级提供资金扶持、智力支撑。四是持续解决用工难题。民营企业普遍存在用工难、技术工种短缺等问题,可利用本地院校新开设专业、集中招工、大规模技工培训等渠道缓解企业用工难题。

(三)以永不停歇的常态解决难题

一是探索公共服务平台模式构建。整合政府现有资源,搭建综合服务平台,为中小企业提供融资对接、人才引进、技能培训、技术创新以及管理咨询等公共服务。二是整合重构现有产业政策。针对现有政策门类众多、复杂难懂等问题,借鉴苏南等先进地区的经验,依据产业分类,对各部门现有产业扶持政策进行重构,破除部门多头出政策的弊端。针对政策兑现难、兑现慢等问题,简化政策兑现程序,在实现及时兑现(改跨年为当年)、网上申报的基础上,运用大数据分析技术,探索和完善"免申即享"模式。三是以"常态化理旧账"的理念服务企业。落实"新官理旧账"要求,每年对因政府原因造成的企业历史遗留问题进行摸排和分类化解,切实帮企解难题。

(四)以柔性执法的温度关爱企业

一是引入容错机制。在法律允许的框架之下,对于个别企业的初犯、影响轻微以及由于政府原因造成的企业违规行为,可以探索首次不罚或轻罚等路径,努力降低由于行政处罚给企业造成经营困境或面临倒闭的局面。二是努力打造良好经营环境。区政府各部门要各司其职、各负其责,有针对性地推行改善民营经济法治环境政策措施,围绕民营企业权益保护调解、企业经营发展刑事合规法律监督等先行先试。三是创新依法适度避免企业危机。通过政府依法适时适度介入、审慎采取强制措施等方面,防止企业家因个人危机处置不当而引发严重的企业危机乃至社会事件。四是一以贯之加强民企维权。借鉴外地经验,通过建立民营企业维权服务工作机制、设立企业家维权日等形式,切实维护民营企业合法权益。

崔巍

2024 年 4 月

海门区民营经济发展报告

海门区发展和改革委员会　海门区工商业联合会

2023年，海门区委、区政府按照江苏省委、省政府关于促进实体经济高质量发展的工作要求，积极推进民营经济高质量发展示范区培育创建工作，推出一系列具体工作举措，全力营造综合更优的政策环境、公平有序的市场环境和公正透明的法治环境，扎实推进生命健康产业发展，在项目建设、研发成果、科技创新等方面取得明显进展。

一、总体成效与典型做法

2023年，海门区民营经济增加值1191亿元，占GDP比重70.5%，民营企业上缴税金83.98亿元，占税务部门直接征收总额比重79.7%，民间投资占全社会投资比重73.7%，万高药业、容汇锂业2家企业已经过会，2024年有望上市。

（一）营造综合更优的政策环境

一是政策体系更完备。研究出台《海门区优化营商环境三年行动方案（2024—2026年）》，发布"万事好通·马上办"海门营商环境优化提升举措"70条"，编制《南通市海门区重点惠企政策汇编》，出台《关于支持制造业倍增和服务业繁荣若干政策的补充意见（试行）》，为推动全区民营经济回升向好提供强大政策支持。二是平台运行更高效。优化"万事好通·马上办"平台功能，实现网站、微信小程序、南通百通APP"三位一体"，平台收录各类惠企涉企政策915条，2023年平台新增访问量超50万次（累计访问量85万次）。三是要素保障更有力。指导金融机构加大对中小企业融资担保力度，2023年以来累计为537家企业提供739笔转贷业务，转贷金额超45亿元，平均转贷日利率为万分之2.6。涉企收费更规范，扩展便民利企移动应用,多渠道推广海智行、燃气缴费、用电缴费等数字化服务,并提供"转供电费码"等查询方式,有力保障终端用户随时查询优惠政策是否执行到位。

(二)营造公平有序的市场环境

全面推进公平竞争审查,激发市场主体活力,提高资源配置效率,建设更加统一开放、竞争有序的市场体系。一是质量提升更稳健。开展"质量强企行动",服务生产许可证目录内企业新申领证书4家、续证3家,完成质量体检7家,126家企业参训首席质量官培训。二是标准化建设更完备。高质量推进企业标准化建设,指导企业主导制定1项国际标准、2项国家标准,参与制定21项国家标准、19项行业标准、10项国家级团体标准,发布17项海门团体标准。三是知识产权保护更高效。落实知识产权"指南针计划",2023年支持民营企业通过知识产权保护中心预审483件,授权67件,完成知识产权质押融资13笔,金额20 540万元。四是市场秩序更公平。全面落实公平竞争审查制度,委托第三方评估机构完成存量文件监测8 462件,监测到风险12条。保证金机制更完善。投标保证金、履约保证金即时退还,建成履约保证金智能管理系统,实现"全程网办、到期提醒、状态查询",项目完成即实现履约保证金退还。信用监督更完备。强化"信用+双随机"结果运用,开展双随机抽查对象总数1 700家,其中跨部门联合检查246家(不含省级下发任务);涵盖省下发任务的抽查对象总数为2 440家,任务回填率超99%。开展"屡禁不止、屡罚不改"严重违法失信行为专项治理,4家失信被执行人退出治理名单,2家行政处罚企业的50条行政处罚信息完成修复。

(三)营造公正透明的法治环境

紧扣市场主体发展的焦点、难点、堵点,坚持依法惩处与平等保护相结合,全面护航法治化营商环境。一是行政执法更有尺度。公布2023版行政执法机关涉企轻微违法不予行政处罚、从轻减轻行政处罚、不予实施行政强制措施清单,新版清单涉及18个行政执法部门461项行政权力事项。通过执法前召开执法告知会、执法中召开现场启动会、执法后召开警示教育会,提升安全生产执法质效。二是司法服务更有温度。全区12家律师事务所与12家商会建立联系合作机制，2023年开展"法治体检"340余家，提供义务法律咨询服务1 450余次，起草法律文书150份，审查合同175份，律师参与排查涉企矛盾纠纷数59件，为企业发展营造良好的法治环境。三是公证执行更有力度。创新"公证+金融"服务模式，充分发挥公证书的强制执行效力，和张家港农村商业银行建立的赋强公证协议，逐步开展赋强公证服务。目前，办理有关知识产权保全证据公证52件，涉及知识产权的证书类公证12件。

（四）加快生命健康产业培育推进

一是项目建设实质推进。东久生命科技产业园项目全面施工，部分建筑已建至三至四层；慧聚药物制剂一期项目部分设备进场，二期项目编制可研报告；扎实推进珂玛麒灵长类实验动物资源基地和动物实验设施扩展项目；另外恒驰医疗安全自毁式注射器项目等多个科创项目正在装修。二是研发成果取得突破。和风连旺医药开发的LV232胶囊，通过国家药品监督管理审核，可以开展抑郁症的临床试验；布瑞迅药业治疗失眠一类创新药BrP-01096获国家药监局临床试验（IND）批准；冬泽特医、一影医疗等多个企业获批产品注册证书。三是科创属性得到增强。礼达生物获年度"创响江苏"青年人才创新创业大赛南通市决赛一等奖，成功晋级省赛；沈化测试荣获第四届江苏企业（研发机构）创新大赛三等奖。四是科创项目获得资本市场认可。益诺思（上海）科创板IPO顺利过会，百奥赛图（北京）已提交科创板审核，百极弘烨完成A+轮6 000万元融资，锐拓生物获得1 300万元融资，海泰生物获得3 600万元融资，水熊生物获得江海英才基金500万元投资。此外，一影医疗等科创公司即将获得新一轮市场化融资。

二、存在问题与不足

（一）宏观发展环境方面

民营经济发展的要素保障仍需加强。民营企业生产经营成本还偏高，比如银行融资对民营企业规模、资产总额以及企业盈利水平等均有要求，导致面广量大的中小微企业"融资难、融资贵"现象仍客观存在。同时海门区医疗、教育、人才公寓等资源较为丰富，但对人才吸引力相较于苏南上海等地仍然不足,高层次人才和高技能人才招引难、流失多,制造业用工问题依然存在。

(二)生命健康产业方面

由于产业大环境遇冷,生命健康产业链发展面临挑战。一是产业资本支持脱节。虽然前期招引了一批如澳斯康、一影医疗、海泰生物等优质科创项目,但由于前几年基金基本已到退出期,新洽谈合作基金由于财力有限及控债等因素,基金设立相对困难。二是整合创新资源的能力相对较弱。与先进发达地区相比,海门区在科技研发机构、产业人才和创新技术引进及资本推动等方面差距较大。生物医药产业技术创新服务平台以及产业生态要素需进一步完善。三是专业化服务体系有待健全。企业服务还停留在落户手续代办等基础工作上,针对创新企业成长过程中的政策规划、知识产权运营、融资、法律、财务、市场开拓等的服务体系还需进一步建设健全。

三、下一个阶段的工作重点

下一个阶段,我们将以推进全省民营经济高质量发展示范区建设为抓手,全面实施"政务服务提优、权益保护提标、市场环境提质、创新创业提速"四大提升行动和"生命健康产业培育项目",其实提升民营经济发展质量和效益。

(一)聚焦办事方便,实施政务服务提速行动

大力推动便民利企"一件事一次办"和电子证照应用范围再扩大"两项改革",推动关联事项"集成办"、再造流程"极简办",高效运作"一站式"民营企业服务中心,推动业务咨询、问题答疑形成工作闭环,不断提升民营企业获得感和满意度。优化"万事好通·马上办"平台功能,全面推行惠企政策"免申即享""简申快享",推动"线下受理"加快向"线上办理"转变,让"数据多跑路,企业少跑腿"。优化"12345"平台"一企来"专席服务,畅通涉企诉求快速有效处置机制,确保热线常态接通率保持在99%以上。全面提升政务服务、开办企业、项目审批、不动产登记、办税服务、跨境贸易便利度,实现更多政务服务网上办、掌上办、一次办。

(二)聚焦法治公平,实施权益保护提标行动

紧扣创成国家知识产权强县建设试点县目标,高标准建设南通知识产权保护中心海门工作站;推进"一站式"多元纠纷化解,开通保护中小投资者的绿色通道,切实提升中小投资者诉讼便利度。完善公共法律服务,纵深打造"涉企服务直通工作室"品牌,引导企业合法合规经营、市场健康有序发展。不断规范完善市场监管,全面推行部门联合"双随机、一公开"监管,加快实现"进一次门、查多项事",联系企业信用等级、风险程度,推动市场主体差异化监管加快落地。推行包容审慎监管,严格落实"五张清单",创新开展行政裁量基准和免罚轻罚清单专项监督和联合监督,让行政执法既有力度、又有温度。深化基层综合执法体制改革,积极推动基层"区域一支队伍管执法",避免多头重复检查,真正实现"共管共治、联动联治"。

(三)聚焦降本增效,实施市场环境提质行动

全面落实市场准入负面清单管理制度,及时向社会公布国家、省、市各级收费目录清单,推动政府定价收费清单之外零收费。建立政府采购营商环境"负面清单",严格公平竞争审查和合规性审查,确保民营企业平等参与政府采购和招标投标。强化要素资源保障,引导鼓励金融机构加大对"3+2+1"产业链以及普惠型中小企业信贷支持力度,推进无缝续贷增量扩面。健全"招、育、留"全链条用工保障体系,持续创新招聘服务形式,充分满足企业用工需求。全面落实"投资监管发展协议+土地出让合同"的双合同管理模式,加快实现"成交即发证""拿地即开工"。持续完善缴费办税服务,持续优化"1+3+6"税费服务体系,打造"15分钟税费服务圈"。

(四)聚焦宜居宜业,实施公共服务提优行动

优化"跨域通办"线下窗口和线上服务专区,衔接"省内通办"事项清单,全面构建"异地同城"的政务服务环境。突出民营企业家主体作用,持续创新政企互动机制,着力解决企业发展的堵点、难点。积极探索企业家直接参与涉企政策制定机制,推动涉企政策制定从"政府端菜"向"企业点菜"转变。聚焦城市发展全生命周期,逐步完善涵盖生态、教育、医疗、文体等全链条公共服务体系,全域构建"全龄友好"的城市生活环境,以良好的城市人文环境推动海门区民营经济发展再上新台阶。

(五)聚焦生物医药,加大项目招引和企业培育

充分利用园区现有及合作投资机构资源,筛选出一批合作意愿强、发展潜力大的科创企业作为招商引资的主要对象,力争落地多个有特色的生命健康科创项目,目前重点跟进金石医疗器械 CRO 服务项目、绿色康成合成生物学项目、德默高科贴剂平台项目、声佗医疗骨传导设备项目、锐伽医疗分子影像设备开发项目等。将东泽特医、海泰生物、普适医药、一影医疗等一批有暴发力的企业列入重点培育工程项目,并通过加速孵化不断将符合条件的企业纳入。对列入重点培育企业,落实相关职能部门予以重点服务,给予土地优先保障,支持其高端原料药研发生产,并给予有条件专项支持政策。大力支持百极弘烨、布瑞迅、水熊科技、锐拓生物等一批发展前景良好的高成长性生命健康项目,促使其尽快实现产业化,早日为海门区生物医药产业作出实实在在的贡献。

陆巍巍　季相华

2024 年 4 月

南通经济技术开发区民营经济发展报告

南通经济技术开发区经济发展局
南通经济技术开发区商会（工商联）

2023年，南通经济技术开发区坚持以习近平新时代中国特色社会主义思想为指导，紧紧围绕南通市委、市政府和区党工委、管委会的工作部署，切实推动经济实现高质量发展，全区经济运行整体相对平稳，全年主要经济指标实现稳定增长。

一、2023年南通开发区经济概况

2023年，开发区在南通市委、市政府的正确领导下，坚持以"经济发展主战场、招商引资主力军、科技创新主引擎、改革开放主阵地、营商环境最高地、通城活力新中心"（四主一最一新）为新定位，以奋力建设"贡献更大、活力更强、能级更高的长三角一流开发区"为新目标，全力推动新一轮高质量发展。在2023年国家级经开区综合发展水平考核评价中排名第21位，创历史新高，较上年跃升18位。

全年地区生产总值增长5.4%；一般公共预算收入66亿元，增长11.6%，其中税收占比88.9%，列全市第一；规模工业增加值增长9.2%，增幅高于全市平均0.4个百分点；全部开票销售收入3626.8亿元，增长8.5%，增幅高于全市平均4.2个百分点，列全市第二；其中工业开票销售收入2005.2亿元，增长4.3%，服务业开票销售收入1516.5亿元，增长14.6%；全社会研发投入占比3.86%，列全市第一；固定资产投资230.6亿元，增长4.8%，其中工业投资142.6亿元，增长51.6%，高于全市平均50.7

个百分点;社消零 299.7 亿元,增长 5.2%;外贸进出口额 686.7 亿元,总量全市第二。

当前,民营经济已经成为全区经济发展的重要支撑,形成了电子信息、新能源、装备制造等一批特色板块,涌现了中天科技、罗莱生活科技、安惠生物等一批知名企业。全区私营企业 1.9 万余家,比年初增长 5.5%;个体工商户 3.3 万余户,比年初增长 3.1%;规上民营企业 710 家,占规上企业总数 69%;营收超亿元的民营企业 150 家,其中超 10 亿元 10 家。

二、2023 年民营经济重点亮点工作

(一)优化民营企业发展环境

牢固树立一切围绕企业转的服务理念,精准施策、靶向施策,化解难题、消除障碍,让民营企业一心一意谋发展。

1.优化市场环境,确保公平竞争

强化行政执法监督力度,制定《2023 年度行政执法监督检查工作计划》,围绕资源环境、安全生产、食药安全、城市管理等重点领域,对法律法规规章执行情况和行政执法规范化情况进行监督检查。制订行政执法案卷评查标准,进一步规范行政执法行为。全面执行行政执法公示规定、执法全过程记录规定、重大执法决定法制审核规定,聚焦行政执法源头、过程、结果等关键环节。"双随机、一公开"监管全面实施,实现抽查事项"全覆盖"。坚持"以公开为常态、不公并为例外"原则,信息公示不断加强。

2.完善政策环境,确保精准有效

(1)聚焦审批提速

以公正透明高效为目标,大力推进不见面审批、企业信用承诺不再审批试点、"证照分离"改革试点等改革试点工作,加快推动审批事项线上"一网通办"、线下"只进一扇门"、现场办理"最多跑一次",形成推动民营经济发展"加速度"。目前全程电子化登记率 70%,"照章联办集成服务"大力推行,区政务服务平台不断完善,营商环境整体水平不断夯实。

(2)拓展融资渠道

大力推进银政企深度对接,发挥政府基金扶持作用,支持银行普惠金融发展,推进企业接入金融综合服务平台,帮助企业与银行、小贷、担保、

融资租赁等金融机构对接,帮助企业特别是民营中小微企业,拓宽融资渠道,解决融资问题。

(3)强化要素保障

加快大数据产业园东区基础建设,推进金属制品园区建设,完善能达商务区楼宇经济载体功能,积极推进工业综合体规划建设,为民营企业打造专业化平台。继续深入开展低效闲置用地专项清理,加快盘活存量用地,为民营经济发展腾出发展空间。大力推进民营企业用工跟踪服务机制,依托区内4所高职院校实行产业工人"订单式"培养,加强与陕西城固人社部门对接,加快富余劳动力引入,保障企业用工需求。

(4)优化培育政策

全面贯彻落实国家、省、市关于降低实体经济成本,促进民营经济高质量发展的政策意见及对应实施细则,最大限度为企业松绑减负。全面梳理区内促进科技创新创业等一系列扶持政策,在减费降税、要素配置、破除障碍等方面形成有支撑力、有竞争力的政策体系。

(5)建立清欠机制

开发区提高政治站位,强化组织领导,健全工作机制,把清欠工作摆在全局工作突出位置。成立党工委、管委会主要领导为组长,各责任部门主要负责人为成员的区促进中小企业发展工作领导小组,清欠工作分工负责,整体联动。区属相关公司严格按照合同约定时间和付款条件,及时拨付相关款项。区财政局做好资金统筹和调度工作,国资办督促区属相关公司切实履行合同主体责任,确保不发生新增拖欠。

3.健全法治环境,确保平等保护

加强权益保护,依法妥善处理涉及民营企业的诉讼、破产、执行和历史遗留问题等,依法打击侵害民营企业及经营者自主经营权、人身权、财产权、知识产权的违法犯罪行为。成立非公有制经济产权保护协调工作小组,建立产权保护联席会议制度,对政府机构与企业、企业家之间产权纠纷问题、相关纠纷问题没有通过司法程序处理或是法院虽已判决但因各种因素长期未能执行的案件进行排查整改。公安分局建成全省领先、全市唯一的一站式执法办案管理中心;检察院强化涉及民营经济领域诉讼活动监督,依法保护企业合法权益和正常经济活动;法院开展涉民营企业长期未结诉讼案件和久押不决刑事案件专项清理工作,深入推进执行联动机制建设,高质高效办理民营企业执行案件。

(二)引导民营企业创新转型

大力支持民营企业加快转型,提升自主创新能力,不断释放民营经济发展活力。

1.支持民营企业加强技术创新

充分发挥经济发展局、人才科技局、科技镇长团组织、专业优势,在政府财政资金支持、国家高新企业申报、企业研发机构建设、产学研深度对接等方面给予扶持倾斜,引导民营企业开展技术创新、加大技改投入、加快产业补链,进一步加快新产品研发、新技术运用和新设备更新,不断提升核心竞争力。

2.支持民营企业加快品牌创新

紧盯现代纺织、生物医药、电子信息、船舶海工、智能装备等民营经济特色板块,引导民营企业牢固树立品牌意识,加快实施商标战略和标准战略,以名牌企业、名牌产品为依托,培育、扶持、打造一批区域品牌,提升产业、产品在国内外市场知名度和占有率

3.支持民营企业加快优化重组

引导民营企业解放思想、更新观念,通过兼并重组、强强联手、股份合作等多种形式,加快上市步伐。推动一批虽业绩不达标但是具有进口替代、核心技术等概念的科技型、技术性企业,促成其登陆资本市场,实现跨越发展。继续深入实施企业"培大扶强"工程,全力推动中天科技、罗莱生活科技等龙头企业向百亿级迈进。遴选50家竞争能力强、发展增速快、创新潜力大的民营企业,加强分类指导,开展精准帮扶,鼓励抱团发展,推动其加快晋升大企业、大集团行列。

(三)营造民营企业发展氛围

大力宣传民营企业家在区投资创业、规模发展、服务社会鲜活事例、先进事迹和典型样本,认真总结梳理宣传一批典型案例,发挥示范带动作用。召开企业发展大会,围绕纳税贡献、科技创新、产业拉动、转型升级、吸

纳就业等方面,集中表彰一批优秀民营企业、民营企业家,营造尊重和激励民营企业家干事创业的浓厚氛围。重视民营企业家素质提升及代际传承,实施民营企业家培训工程,引导民营企业家健康成长。

三、民营企业生产经营过程中面临诉主要困难和问题

(一)生产成本持续攀高

原材料价格波动较大,企业融资成本高,市场销售疲软,产成品库存数量上升较快;同时,用工成本上涨,职工工资待遇持续提高,社保、医保等费用相应增加,利润空间受"多重挤压",导致企业生存空间缩小。

(二)市场前景不容乐观

因对市场和投资预期不稳定,部分企业已出现订单减少、开工不足等状况。

(三)企业"融资难、融资贵"仍未得到缓解

企业普遍规模小,缺乏抵押资产,且有效担保不足;同时经营管理水平不高,市场行为不规范,财务管理不健全,依法经营、诚信观念不强,导致银行贷款意愿不高,企业"融资难、融资贵"问题仍未得到有效缓解。

(四)企业自主创新能力较弱

企业普遍存在资金、人才和高端技术匮乏的问题,导致企业技术创新整体实力弱,拥有自主知识产权的核心技术少,产业关键技术受制于人;企业尤其是规模以下小微型企业大多尚未建立起完善的产品质量与技术标准体系,自主创新能力较弱。

四、南通开发区推动民营经济高质量发展举措及发展思路

(一)更大力度抓培育

优化政策抓培育,全面贯彻落实省政府实体经济降低成本"28条"、市委办公室、市政府办公室印发《"万事好通"南通营商环境优化提升举措66条》对应实施细则,最大限度为企业松绑减负,提升民营企业营商环境;全面梳理区内促进科技创新创业等一系列扶持政策,在减费降税、要素配置、破除障碍等方面形成有支撑力、有竞争力的政策体系。做大规模抓培育,继续深入实施企业"培大扶强"工程,全力推动中天科技、罗莱生活科技等龙头企业向百亿级迈进;遴选50家竞争能力强、发展增速快、创新潜力大的

民营企业,加强分类指导,开展精准帮扶,鼓励抱团发展,推动其加快晋升大企业、大集团行列,力争2024年应税销售超10亿元、50亿元、100亿元民营企业分别达20家、15家、3家。彰显特色抓培育,紧盯现代纺织、生物医药、电子信息、船舶海工、智能装备等民营经济特色板块,持续加大民资招商力度,引导民营企业加大技改投入、加快产业补链,实现专精特新发展,力争2024年形成百亿级民营特色产业板块4个。

(二)更大力度促转型

大力支持民营企业加快转型,提升自主创新能力,不断释放民营经济发展活力。狠抓技术创新促转型,充分发挥经济发展局、人才科技局、科技镇长团组织、专业优势,在政府财政资金支持、国家高新企业申报、企业研发机构建设、产学研深度对接等方面给予扶持倾斜,引导民营企业开展技术创新,进一步加快新产品研发、新技术运用和新设备更新,不断提升核心竞争力,力争2024年民营企业市级以上研发机构突破215家。狠抓模式创新促转型,引导民营企业解放思想、更新观念,通过兼并重组、强强联手、股份合作等多种形式,加快上市步伐,进军资本市场,实现跨越发展,力争2024年民营上市企业达12家。狠抓品牌创新促转型,引导民营企业牢固树立品牌意识,加快实施商标战略和标准战略,以名牌企业、名牌产品为依托,培育、扶持、打造一批区域品牌,提升产业、产品在国内外市场知名度和占有率,力争2024年新增中国驰名商标3个、省长质量奖1个、省市级名牌产品30个。

(三)更大力度优环境

牢固树立一切围绕企业转的服务理念,精准施策、靶向施策,化解难题、消除障碍,让民营企业一心一意谋发展。加强权益保护,依法妥善处理涉及民营企业的诉讼、破产、执行和历史遗留问题等,依法打击侵害民营企业及经营者自主经营权、人身权、财产权、知识产权的违法犯罪行为;成立非公有制经济产权保护协调工作小组,建立产权保护联席会议制度,对政府机构与企业、企业家之间产权纠纷问题、相关纠纷问题没有通过司法程序处理或是法院虽已判决但因各种因素长期未能执行的案件进行排查整改。优化执法环境,强化行政执法监督力度,制定《2024年度行政执法监督检查工作计划》，围绕资源环境、安全生产、食品药品安全、医疗卫生、城市管理等重点领域，对法律法规规章执行情况和行政执法规范化情况进行监督检查；制订行政执法案卷评查标准，进一步规范行政执法行为；全面执行行政执法公示规定、执法全过程记录规定、重大执法决定法制审核规定，聚焦行政执法源头、过程、结果等关键环节；"双随机、一公开"监管全面实施，实现抽查事项"全覆盖"；坚持"以公开为常态、不公并为例外"原则，信息公示不断加强。聚焦审批提速，以公正透明高效为目标，大力推进不见面审批、企业信用承诺不再审批试点、"证照分离"改革试点等改革试点工作，加快推动审批事项线上"一网通办"、线下"只进一扇门"、现场办理"最多跑一次"，形成推动民营经济发展的"加速度"。目前全程电子化登记率达70%，"照章联办集成服务"得到大力推行，区政务服务平台系统得到不断完善，营商环境整体水平不断夯实。强化要素保障，大力推进银政企深度对接，发挥政府基金扶持作用，支持银行普惠金融发展，拓展企业融资渠道；加快大数据产业园东区基础建设，推进金属制品园区建设，完善能达商务区楼宇经济载体功能，积极推进工业综合体规划建设，为民营企业打造专业化平台；继续深入开展低效闲置用地专项清理，加快盘活存量用地，为民营经济发展腾出发展空间；大力推进民营企业用工跟踪服务机制，依托区内4所高职院校实行产业工人"订单式"培养，保障企业用工需求。注重氛围营造，围绕民营企业关注的法律法规和法律热点问题开展法治宣传；大力宣传民营企业家在区投资创业、规模发展、服务社会鲜活事例、先进事迹和典型样本；召开企业发展大会，围绕纳税贡献、科技创新、产业拉动、转型升级、吸纳就业等方面，集中表彰一批优秀民营企业、民营企业家，营造尊重和激励民营企业家干事创业的浓厚氛围。

王　慧

2024年4月

专题篇

长三角一体化背景下产业科创人才协同发展研究

南通市工业和信息化局

党的二十大报告指出，要坚持以推动高质量发展为主题，深入实施区域协调发展战略、区域重大战略，推进长三角一体化发展。这充分体现了中央推进长三角一体化发展的坚定决心。近年来，江浙沪围绕推进长三角一体化高质量发展战略合作，在探索形成协作长效机制、落实区域合作项目、联合搭建一体化发展平台、打造区域特色品牌等方面取得了系列创新成果。市委吴新明书记在今年的政府工作报告中指出，要宽领域融入苏南、深层次接轨上海，更好发挥长三角一体化发展重要支点作用。今年以来，市工信局围绕推进长三角产业科创人才协同发展，赴太仓、嘉定、宝山、崇明等地调研，与长三角办、上海市经信委、科学研究所和各地工信部门座谈，学经验做法，拓视野思路，高质量谋划长三角产业科创人才协同发展路径。

一、上海、苏州产业科创人才发展情况

（一）产业方面

上海重点发展"3+6"新型产业体系，包括集成电路、生物医药、人工智能三大先导产业和电子信息、生命健康、汽车、高端装备、先进材料、时尚消费品六大重点产业。2023年，规上工业总产值超4万亿元，三大先导产业实现倍增，达到1.4万亿元，工业战略性新兴产业总产值占规模以上工业总产值的比重达到45%。嘉定2023年实现产值5520亿元，重点发展汽车、智能传感器、物联网、高性能医疗设备、精准医疗产业。宝山2023年实现产值2633亿元，重点发展新材料、机器人、生物医药产业。崇明2023

年实现产值460亿元，重点发展船舶和海洋工程装备产业。

苏州重点发展电子信息、装备制造、生物医药、先进材料四大主导产业。2023年，规上工业总产值超4.6万亿元，高新技术产业产值占比达到52.4%。太仓聚焦高端装备、先进材料、现代物贸三大主导产业和航空航天、生物医药、文化旅游三大特色产业，2023年规上工业总产值达到3100亿元，其中，高端装备、先进材料、航空航天、生物医药四大产业规上产值达2 370亿元，增长6.5%，工业战略性新兴产业产值占比达48.1%。昆山重点布局"2+6+X"现代产业格局，做大做强新一代电子信息、高端装备制造两大主导产业，重点布局新显示、新智造、新医疗、新能源、新材料、新数字6个千亿级战略性新兴产业。2023年，昆山规上工业总产值达到1.08万亿元，同比增长4.1%，高新技术产业产值突破4 800亿元，占比44.9%。

(二)科创方面

上海拥有国家实验室3家，国家级新型研发机构17家，国家级研发与转化功能型平台15家。2023年，上海高新技术企业达到2.2万家，全社会研发经费支出占地区生产总值比重约4.2%，每万人口高价值发明专利拥有量达到40件。嘉定拥有各类创新创业载体57家，市级科技企业孵化器19家，众创空间8家，2022年科技创新创业活跃度全市第一。宝山全力打造上海科创中心主阵地，大学科技园、孵化器、众创空间等各类科创载体蓬勃发展，市级以上创新创业载体已达32家。崇明围绕船舶海工产业，布局建设上海交大长兴海洋实验室、临港长兴科技园，着力引进海洋装备配套产业、智能制造与高端现代服务业总部型企业、研究机构、国家重点实验室等入驻。

苏州围绕"一区两中心"建设，加快布局科技创新平台，目前拥有国家技术创新中心2家、国家工程实验室1家、国家制造业创新中心1家，省级以上企业研发机构2 626家。2023年，苏州高新技术企业达到1.34万家，全年发明专利授权量同比增长40.1%，年末有效发明专利拥有量达10.45万件。太仓建有智汇谷、数智科技产业园等一批载体，2023年新认定高新技术企业439家，增长59%，高新技术产业产值突破1 650亿元，占规上总产值比重达到53.1%，年末每万人口高价值发明专利拥有量18.1件。昆山加快完善"众创空间—孵化器—加速器—科创产业园"孵育链条，科创承载空间超500万平方米，累计认定各级各类科创载体187家，省级及以上科创载体比例高达41.9%，数量和质量长期保持县级市首位。

（三）人才方面

上海拥有985高校4所，211高校10所，双一流高校15所。依托城市能级高、教育资源丰富、经济活力强等优势，已吸引了大批"高精尖"人才集聚，形成人才高地生态，集成电路、生物医药、人工智能领域人才在全国占比分别高达40%、20%和34%。嘉定现有高层次人才180多名，科研人员超过2万名，全区各类人才超过38万名，为科技创新提供了充足的智力支撑。宝山持续加大对高层次人才的引进、培养和激励力度，针对引才难、留才难、居住难等问题，先后出台企业骨干人才专项激励办法、优秀人才安居资助办法。崇明围绕世界级生态岛建设，强化引才育才，大力实施"燕归巢""凤来栖"青年人才计划，提出到2025年实现本区人才总量8.4万人的目标。

苏州全力推动名城名校融合发展，C9高校全部在苏州实现重大布局。全市人才总量达到363万人，其中高层次人才34万人。2023年，新增一流领军人才2 600名以上，新增院士3人、国家级人才8人，连续11年获评"外国专家眼中最具吸引力的中国城市"。太仓大力开展大院名校引才，通过引进西北工业大学、西交利物浦大学，持续完善高校与企业联合引才育才机制，高层次人才数超2.6万人。2023年，太仓启用企业服务中心、人才服务中心，上线"太易居"人才公寓服务平台，新增人才公寓超3 000套。昆山以"引进一个领军人才、集聚一个创新团队、创办一个高科技企业、形成一个特色产业基地、发展壮大一个新兴产业"为主要路径的引才聚才模式，已经基本成型。全市累计引进和培养国家"千人计划"人才65人、省双创人才43人，全市人才保有量达29万人，人才贡献率达到46.9%，达到中等发达国家水平。

二、上海、苏州协同发展的经验做法

长三角高质量一体化发展需要各地结合资源禀赋和比较优势，明确各地区的差异化产业分工,依据产业链、供应链和创新链进行协作分工,推动产业梯度转移和合理布局,实现功能互补。

(一)坚持错位发展,形成各有侧重、配套协同的产业布局

上海作为长三角一体化的龙头,产业基础雄厚,产业门类齐全,各板块的重点产业也存在一定的交叉。为进一步优化产业区域布局,上海在2018年发布第一版产业地图,并在2023年进行了大幅修订。围绕"3+6"新型产业体系,明确16个区重点产业定位,提高集中度、显示度,实现优势更优、特色更特、强项更强。梳理集成电路、生物医药、人工智能等35个重点行业现状,规划空间布局,减少同质化竞争,逐渐形成嘉定汽车、崇明船舶、浦东生物医药和集成电路、宝山新材料等区域特色。

苏州充分发挥临沪优势,围绕上海产业发展方向,积极承接上海产业溢出效应。如太仓承接了上海复星、沪工智能等一大批产业项目转移,服务完善了上海的产业链配套。特别是在汽车产业领域,太仓围绕上海整车企业,瞄准配套领域,持续引进德资零部件企业,目前已集聚德企超400家。如今造一辆汽车,在太仓便可以找到70%的零部件。昆山作为临沪第一站,坚持"有所为、有所不为",与上海形成一体化战略体系。如半导体产业,昆山对接上海集成电路技术与产业促进中心,签订《推进沪昆两地半导体产业战略合作框架协议》,推动昆山成为台积电晶圆制造服务联盟产业化基地。小核酸产业方面,昆山积极承载上海张江高科技园区优质资源溢出,协同其人才科创团队推动昆山国际生物材料创新研究院等项目合作。

(二)强化科创赋能,发挥大院大所促进项目转化的"聚宝盆"效应

上海充分发挥高校综合优势,加快产学研合作,以领军企业为龙头,携手学科优势明显的高校、科研院所,带动链上企业,针对行业共性难题开展协同攻关,实现核心技术突破。如临港集团与上海交通大学合作成立上海智能制造研究院,孵化了航空发动机检测、汽车动力总成、燃料电池极板等"五朵金花"。上海君实生物和上海药物所联合研发,孵化了抗新冠病毒药 VV116 创新药。交大智邦通过与上海交通大学、上汽通用产学研合作,研发出相关国产制造装备,加速轿车动力总成零件的国产化替代。

为进一步搭好平台,上海市科协、上海科技成果转化促进会、上海市教育发展基金会等联合设立"上海产学研奖",自2009年以来每年评选一次,目前已累计评选出200余个获奖项目,通过奖项的影响力和带动性,总结和推广产学研经验,推动科技成果转化和产业化。

苏州深化大院大所合作,集聚优质创新资源,加快成果转化步伐,实现研发、人才、产业、资本的有机融合。如太仓充分发挥西工大在"三航"领域、江苏先进无机材料研究院在材料领域、先进技术成果长三角转化中心航空航天相关成果转化的研发优势,全力支持航空航天领军企业联合行业上下游和产学研科研力量,共建高能级科创载体和研究中心,先后建成民航航空器冲击防护与安全评估重点实验室达索系统太仓航空智造创新中心、民机航电设备联合工程中心,打造形成政产学研交融的创新高地。目前规上航空航天企业超20家,链上配套企业超100家,产值突破百亿元。昆山积极搭建以企业为主题、市场为导向、产学研深度融合的技术创新体系,合作共建了南京大学昆山创新研究院、浙江大学昆山创新中心等新型研发机构,引进省产研院超精密加工技术研究所、江苏集萃智能光电系统研究所等市场化新型研发机构,与清华大学等国内外高校院所共建"清华—华辰装备智能磨削技术联合研究中心"等协同创新平台20余个。

(三)打造特色园区,形成"一区一特色"的区域品牌

自2020年3月起,上海围绕"3+6"新型产业体系共设立了53家市级特色产业园区,总面积约200平方千米。前两批40个特色产业园区以全市2.6%的面积占比创造了约23%的工业产值。每个特色产业园区有明确的主导产业,逐渐形成产业链相关企业集聚、配套企业跟进的自发性的产业集群,打造出集聚生产、研发、技术、金融、服务等各方要素的产业生态。以上海临港生命蓝湾特色产业园为例,君实生物与白帆生物两家龙头药企仅一街之隔,企业之间原材料的相互协调和供应商原材料的集中供给更为方便。医用耗材供应商亮黑科技落户园区后,几乎没有物流成本,实现了"窗外就是上下游"。集聚效应带动药明康德、美敦力、康希诺等链上企业入驻,生物医药产业链进一步完善。

苏州围绕电子信息、装备制造、生物医药、先进材料四大主导产业，大力推进数字经济时代产业创新集群建设，聚焦25个细分行业，各板块重点建设一批特色化产业园区。如太仓充分利用港区高端装备产业园、高新区航空产业园、中德(太仓)智能制造合作创新园、沙溪生物医药产业园等园区发展优势，加快航空航天、生物医药等产业布局，推进产业集聚化规模化发展。特别是在航空航天领域，重点聚焦航空精密零部件、航空新材料、航电系统等，规划建设总面积2740亩(182.67公顷)的大飞机苏州(太仓)航空产业园、娄江新城航空制造园、临港航空航天产业园，形成"一体两翼"发展格局，打造出"做航空到太仓"的品牌效应。昆山瞄准前沿领域，高水平建设运营元宇宙产业园、科产金产业园、先进计算产业园、中韩医美生物科技产业园等50个以上特色园区，提出到2025年产值超5000亿元，形成差异化发展、错位竞争的特色园区新格局。

三、南通产业科创人才跨江协同发展的机遇与挑战

与上海、苏州相比，南通推进跨江融合发展在产业基础、发展方向方面具有较强的互补性，在跨江融合、协同发展方面具有较大空间，但也面临缺乏科研院所和国家重大项目布点等短板和不足。

(一)发展机遇

一是上海、苏州进入产业加快外溢的发展阶段。随着产业能级不断提升，上海、苏州逐步进入后工业化时代，面临人口、土地、环境、安全等底线约束，经济发展综合成本持续上升。上海土地开发强度已近极限，2021—2035年，上海建设用地增量仅有15平方千米，建设用地供应面临"天花板"，产业承载空间大幅压缩。苏州是长三角地区率先开展工业上楼的城市，2023年苏州生物医药产业园拆除原有单层厂房，更新后项目容积率由0.6提升至2.0以上，建筑高度从30米提升至100米以上。面对无地发展的难题，既要为不符合主导产业方向的企业找退路、腾空间，又要为成长型企业的新项目找出路、避免企业整体迁出，一江之隔的南通必然是上海、苏州产业转移的首选之地。

二是南通具备承接上海、苏州项目转移的产业基础。南通重点发展的船舶海工、新一代信息技术、高端装备、新材料、新能源、生物医药等产业，与上海"3+6"重点产业、苏州的四大主导产业体系相匹配,两地交往多、黏性足,产业链供应链配套协作前景广阔。全市已建成17个跨江合作园区,与上海、苏州产业链创新链协作持续深化,苏锡通园区、市北高新区、海门海宝工业园、临江生物医药产业园等一批沪通合作、跨江合作的产业协同载体初具规模。从相关板块看,2020年以来苏锡通园区已签约落户了105个跨江合作产业项目,占总项目数的70%。海门七成以上企业来自上海、苏南地区,或者与上海、苏南有合作关系。

三是交通基础设施建设为产业科创人才要素流动提供便利。南通拥有优越的港口条件、空间腹地和江海资源,通州湾长江集装箱运输新出海口、北沿江高铁、南通新机场等7个重大交通项目列入长三角一体化发展规划,8条过江通道列入长江干线过江通道布局规划,交通同城化的快速发展将进一步夯实沪通、苏通协同发展的根基,加快双方在人才、资本、科技、产业等方面的对接与协同。以交通驱动发展,枢纽推进融通,将更大程度发挥人流、物流、资金流、信息流汇集的优势,加快推动南通融入长三角一体化发展格局。

(二)当前面临挑战

一是制造业整体能级不高。与上海、苏州相比,南通市高新技术产业产值占规上工业比重仅为48.1%,战新产业产值占比39.5%,均低于全省平均水平,产业结构待优化,对长三角高端制造的吸引力有待提升。同时,因美元加息、俄乌冲突等不利因素,产业链供应链受到不同程度影响,企业投资意愿下滑,高基数下高增长难度较大,2022年工业投资下滑4.3个百分点,工业投资发展不及预期。

二是创新要素资源匮乏。南通缺少双一流高校和国家重点科研院所,源头创新能力不强。全省已建成2家国家制造业创新中心,13家省级制造业创新中心,南通市尚未取得突破。全市高新技术企业已超2800家,但拥有自主核心技术的制造企业不足10%,如船舶海工产业核心部件和关键设备还大都依靠进口。

三是人才结构亟待优化。目前南通市青年人才就业岗位仍以土木工程、专业技术服务、教育等传统行业为主,新就业形态尚在培育阶段,有效岗位供给和薪酬竞争力不足,高端人才吸纳人数和上海、苏州相比差距较大。随着周边城市"抢人大战"加码,上海和苏州等地对南通市人才资源虹吸效应较为明显,虽然通籍毕业生回通就业人数逐年增加,但长三角高校通籍毕业生回通比例出现回落,本科以及以上比重也呈下滑态势,人才竞争力与先进地区相比还有不小差距。

四、南通融入长三角一体化的协同发展路径

(一)以产业协同为基础,加快形成集聚效应

一是聚焦优势领域。围绕船舶海工、高端纺织、新一代信息技术、新材料、高端装备、新能源六大重点产业,深化与上海"3+6"产业体系、苏州四大主导产业对接,集聚长三角供应链和创新链资源,构建"龙头带动、配套跟进、全产业链发展"的集群式发展格局。船舶海工领域,加强与上海高校、科研院所和崇明中船系企业的对接,以研发创新协同产业合作,打造船舶海工长三角一体化集群发展新样板。高端纺织领域,以苏锡通高端纺织集群建设为契机,聚焦品牌家纺、高端织造等优势领域,在面料、研发设计、生产制造、销售配送等环节加强上下游需求对接,构建高层次产业协作体系。新一代信息技术领域,加强与上海、苏州龙头企业的配套协作,在高端集成电路封测、电子元器件等细分领域做专做强,成为长三角资源要素溢出的承载地和高端制造的协同区。新材料领域,发挥沿海土地资源和临港优势,系统谋划沿江化工产业向沿海转移发展路径,积极推动长三角新材料重特大项目落户。高端装备领域,以现有配套企业和具有转产潜力的机械零部件企业为培育重点,以招引航空材料、航电设备等链主企业为突破口,积极融入大飞机创新链,加速形成一批上游优质配套企业。新能源领域,充分发挥海上风电资源优势,鼓励建设海上风电制氢示范项目。以加入上海燃料电池汽车示范应用城市群为契机,加强与长三角头部企业交流对接,联合开展燃料电池汽车示范应用。

二是共建合作园区。以长江口产业创新协同示范区建设为重点,深化南通与上海、苏州的跨区域合作,探索建立启东—崇明、海门—宝山、太仓—嘉定等产业协同区。以示范区内的省级开发园区为重点,充分发挥现有产业基础优势,建设具有国际竞争力的先进制造业基地。如海门临江生

物医药科园强化与宝山北上海生物医药产业园协同，发挥长三角药物高等研究院、临江生物医药安全性评价实验室、百奥赛图模式动物中心等平台优势，有序推进靶向药、生物疫苗、创新药等生物医药制品创新成果高效转化。启东海工船舶工业园加强与崇明长兴海洋高新科技园区的协同，加快关键零部件、核心技术、卡脖子领域的攻坚突破，培育具有较大规模、部分类别产品领先的海工船舶产业，建成中国一流、世界知名的海洋工程装备产业基地。南通经济技术开发区、通州湾新材料产业基地积极承接上海化工园区的溢出和在沪大院大所科技成果转化落地，集聚一批新材料高端企业，重点发展新能源、高端装备、高性能纤维等新型功能材料，打造高端化、绿色化、集聚化的新材料产业链。

三是建立长效机制。依托长三角办，大力推动部省合作、省际合作，积极发挥制造强市领导小组职能，统筹建立产业协同推进机制，形成要素自由流动、创新协同合作、产业链上下游协同的区域协同一体化发展模式。探索建立跨区域产业转移的成本分担和利益共享机制，推行跨区域财政协同投入、税收联合征管和经济统计分成制度，形成"上海苏南科创研发—南通生产制造—两地协同商业应用"的良好格局。制定重大产业转移项目的土地、能耗、财税等支持政策，对产业梯度转移项目，统筹排污权、用能权、碳排放权，促进要素跨区域流动。

（二）以创新协同为依托，加速积蓄发展动能

一是构建创新体系。高标准建设沿江科创带，协同推进"一核四区多园"发展，持续加强与张江国家科学中心、苏州工业园区、宁波高新区等创新要素集聚地区的对接合作，紧扣上海建设长三角北翼G40创新走廊的机遇，深化跨区域产业联盟，建设一批产业创新潜力飞地，打造"孵化在外、转化在通"的创新创业新模式。设立跨区域产业投资、股权投资、科技创新基金，以"政府引导+市场接力"等模式加强对重大科技项目的资助。

二是提升转化能力。主动对接长三角G60科创走廊建设，推动沿江科创带战略性新兴产业、科技成果转化项目落地，吸引更多长三角地区科研院所、人才团队进驻南通为企业发展服务。以现有的产权交易、生产力促进中心等为基础，设立沪苏两地市场化技术转移中心，以中小企业为主

要服务对象，开展共性技术研发和标准制定，推动产品市场化，提升创新转化与合作能力。实施制造业创新中心培育行动，以细分行业龙头企业为主体，整合产业链创新资源，联合长三角知名高校和科研院所、上下游中小企业，建设产业创新联合体，打造制造业创新中心，提高科技成果转移转化成效。

三是推动协同攻关。鼓励长三角企业跨区域联合开展攻关，以"科创+产业"为引领，聚焦国家重大创新需求，联合突破一批关键核心技术，推动重点产业链关键核心技术自主可控，支持构建跨学科、跨领域、跨区域的长三角科技创新共同体。发挥国家技术创新示范企业和国家级企业技术中心龙头作用，以省级企业技术中心为骨干，围绕制约产业发展的"卡脖子"技术瓶颈，储备一批在研重大技术攻关项目。开展沪苏两地高新企业统一认证，减少企业多次多地申请，争取各类协同攻关项目的沪苏两地通行权限，推动协同攻关成果转化。

(三) 以人才协同为支撑，持续打造资源高地

一是建设人才平台。紧紧围绕"构建产业生态链、形成科创集聚体、打造服务新平台"的目标，突出高精尖缺导向，抓好创新创业发展平台、新兴产业聚才平台、高端智力合作平台、科研成果转化服务平台建设，进一步提高对青年人才、高端人才的承载力。参与共建长三角人才专家库、人才支撑平台和人才招募机制，共享公共服务资源，加速人才流动与交流，推动实现长三角人才资质的互认互通。打破全职引进的惯性思维，推行周末工程师、候鸟教授等做法，促进人才资源、创新要素、产业资本有效配置。

二是发挥政策优势。完善引才配套政策，强化要素保障，优化发展环境，通过"筑巢"实现"引凤"。大力实施江海英才计划，鼓励总部设在南通的企业在长三角设立非独立法人研发机构，依托长三角优质人才资源提升本土产业链质态。进一步发挥政府引导基金"四两拨千斤"的撬动作用，建立民间资本常态化对接机制，共建民间资本投资意向清单、人才项目资源库等，实现双向匹配。鼓励天使基金、创新发展基金投资高成长性长三角初创人才项目。

三是构建人才生态。建立价值导向、市场导向的人才评价机制，加快

形成符合新时代人才发展需求、有利于人才潜心研究和创新的灵活评价体系,探索以赛代评、以投代评、以荐代评等多元化的评价方式,充分吸纳来自市场、社会、同行等多维度的评价声音,真正做到"不拘一格降人才"。厚植"尊重劳动、尊重知识、尊重人才、尊重创造"的文化基因,坚持弘扬科学家精神、企业家精神、工匠精神,塑造区域尊才爱才的良好氛围,增强人才归属感。

葛 蕾 周楚杰 李 磊

2024年4月

聚焦"急难愁盼"问题
聚力民企"敢闯敢干"

南通市工商业联合会

党的二十大报告再次重申坚持"两个毫不动摇""三个没有变",为新时代民营经济发展提供了根本遵循;2023年7月,习近平总书记考察江苏并发表重要讲话,表达了对江苏民营经济发展的殷切厚望;同月,中共中央、国务院发布《关于促进民营经济发展壮大的意见》(以下简称《意见》),从七个方面提出31条支持举措,对促进民营经济发展壮大作出了重大部署。这都充分表明了党和政府在支持民营经济发展上的鲜明态度,为民营企业发展增添了动力和信心。为进一步聚焦民企"急难愁盼"问题,聚力民企"敢闯敢干",推动南通民营经济健康发展、高质量发展,围绕这一主题,南通市工商联赴部分县(市、区)、商会、企业开展"万家民企大走访"活动,形成了一些思考,现将有关情况汇报如下。

一、聚焦"急难愁盼"问题,地方部门积极作为

2023年,全市上下持续推进"营商环境提升年"活动,推出"万事好通"新66条,各地各部门出实招、谋新招、亮硬招,竭力打造办事更方便、政策更惠企、服务更贴心、群众更满意的一流营商环境,受到企业一致好评。

(一)职能部门担当作为

南通市发展改革委推进优化营商环境立法,研究制定《南通市优化营商环境条例》,将南通市优化营商环境方面行之有效的政策、经验、做法上升为地方性法规;市生态环境局进一步扩大规划环评与建设项目环评联动试点范围,有效提高项目环评审批效率,目前已运用到100多个项目,平均每个项目监测时间缩短半个月;南通市自然资源局及时跟踪并顶格配套出台加强资源要素保障政策措施,坚持"项目跟着规划走""要素跟着项目走",上半年,22个省级重大产业类项目要素保障率82%;南通市应急管理局深入开展企业安全生产标准规范"落实年"专项行动,不断完善"线上预警监测+线下精准执法"的监管模式,持续浓厚"无事不扰、违法必查"的法治氛围;南通市工信局推进"惠企通"平台建设,推动"免申即享",上半年受理申报850件,兑现资金1.3亿元,惠及企业986家,认定类资金项目免申即享率100%;南通市税务局启动优化营商环境"双百工程",百名营商环境体验师和百名营商环境专员内外联动,累计体验办税服务810多项次,收集有效需求建议201条,解决问题520余个。

(二)地方层面先行先试

海安以组织链串起产业链,契合全市十大产业集群20条产业链,先后成立环保装备、汽车及零部件等20个产业链党委,制定出台《党建助推产业集群强链培育十条举措》,挂钩联系市领导每月研究会商产业链工作,靠前协调解决链上企业发展难题;海门区定期举行政企"早餐会",利用早餐时间,区主要领导与企业家面对面交流,在轻松氛围中直面发展痛点难点,目前已举办7期,累计受理企业诉求112个,答复满意率100%;如皋进一步深化包容审慎监管机制,2022年12月至2023年5月,实现首违不罚、免予处罚、从轻处罚、减轻处罚案件357件,涉及金额1 651.52万元,真金白银减轻企业罚款负担;崇川区进一步优化升级首席服务员(CSO)制度,在2022年遴选的504家重点工业、服务业和建筑业企业基础上再度"扩容",把更多科技型中小企业纳入名单,总计约1 000家,推动产学研合作和引才育才,坚定走科技引领增长的发展之路。

(三)"工商联+"精准服务

南通市工商联充分发挥"联"字优势,广搭服务平台。深入走访问需,全市统战、工商联系统赴商会、企业开展"万家民企大走访"活动,上半年共走访企业3 538家,协调解决企业诉求1 521条;搭建对话平台,创新政企沟通联系形式,组织开展南通市民营经济"两个健康"沙龙系列活动,企业家与部门机构等围绕学习贯彻《意见》、助力科技创新等主题开展"面对面""零距离"交流;做实法律服务,与公检法司仲等部门深化法律服务"五大平台"建设,目前全市建成商会警务服务站109家,为企业挽回损失逾10亿元,商会商事调解组织调解案例1 300余起,总标的达5.96亿元,办理企业合规案件46件,设立24家商会仲裁联络站,商会仲裁庭受理案件22件,标的达1.2亿元。

二、当前民企主要反映的"急难愁盼"问题

根据走访企业及调查问卷情况,2023年各地各部门政策和服务力度不断加大、成效不断显现,但与市场急剧变化的形势、与企业家的心理预期、与先进地区相比仍有一些差距,具体反映在以下几方面。

(一)政策制定落实方面

覆盖不够广,针对大型企业惠企政策较多,对中小微企业关注度不够;针对招商引资进来的外地企业政策多,对本地企业相对扶持不够;针对高新技术企业、特色产业政策多,对本地传统行业关注较少。

落地落实难,有企业反映申请享受政策提交材料依然较多、手续烦琐,缺乏可操作性;政策文件太多太杂,不能及时准确享受;部分奖励政策无法落实或打折扣,免于申请的政策仍需要自行申请;还有个别企业反映应收欠款问题依然存在,因财政吃紧、平台代发等原因拖欠企业账款,但企业不敢讨要。

宣传不到位,部分企业表示政策宣传的还不够多,了解政策的渠道少;政策缺乏连续性,临时规定较多;政策解读形式不够通俗易懂,解读质量有待提高。

(二)市场需求环境方面

市场需求动力不足,超半数企业反映市场订单明显减少,民间投资动力不足,1—6月,固定资产民间投资同比减少7.1%,比全市固定资产投资增幅低11.5个百分点。

产业链配套有待加强,企业反映南通上下游产业链配套不齐全,创新平台、创业联盟不够市场化、专业化,缺乏产学研对接平台,创新创业环境有待进一步改善。

人力资源结构性矛盾突出,近四成企业反映中高端人才稀缺、工资成

本高、社保负担重,"人才流失""招不到足够工人"的声音依然存在。

(三)法治营商环境方面

监管执法有待规范,部分企业反映基层执法从严监管、层层加码、反复检查、高频检查问题依然突出,安全、环保、应急等领域虽已提出轻罚免罚但仍存在"一刀切"现象,个别执法人员服务意识薄弱,素质有待提高。部分第三方机构(安全、环保、科技申报)市场价格缺乏指导,价格过高,增加企业负担。有企业反映部门为方便监管要求企业自费加装监控装置,数量从几个到上百个不等,普遍单价2 000元以上。

法律服务供给不足,目前针对民营企业的法治宣传过于简单流于表面,不够贴近企业需求,提供的法律服务形式单一。

诉讼效率有待提升,商事诉讼周期较长容易影响企业征信,导致企业形象受损、延误市场机会等,企业期望能够建立更高效便捷的纠纷化解渠道。

三、关于聚焦"急难愁盼"问题、聚力民企"敢闯敢干"的建议

针对当前南通市民营企业反映的问题困难,建议可以从政策措施、资源要素、法治环境、市场信心等方面入手,为南通民营经济发展创造更优环境。

(一)完善惠企政策服务,让民企敢挑"重担子"

一是提高政策制定精度。制定落实企业家参与涉企政策制定机制,强化前期理论研究,通过座谈调研等形式,充分听取企业家、商协会意见建议,对于不同规模、行业、类别的企业意见都要予以重视。综合考虑外部环境和生产成本上涨等客观因素,切实加大对市场主体的支持力度,尤其对发展前景好的成长型中小企业予以帮扶。稳定企业预期,提前明确政策期限范围,对未予采纳的意见进行反馈说明,引导企业家形成正确认识。

二是拓宽政策宣传广度。及时精准推送,在企业经常使用的网络平台及办事场所进行宣传推广,设置醒目板块提供政策干货,内容全面且更新及时,保证企业容易获得。邀请专家学者等对最新出台的惠企政策进行解读说明,同时进行直播录播,设置问答环节,当场解疑答惑,加深企业政策理解,用足用好各项政策。对于有变化的政策、新招引入驻的企业等,提供

个性化服务,全面提高政策知晓率。

三是加大政策落实力度。降低申请成本,进一步优化政策享受申请流程,有序扩大"免申即享"范畴,尽可能做到即申即兑,提高企业积极性。纳入考核评比,视情况将政策推广实施情况纳入工作考核,调动基层服务人员主观能动性,积极推动政策落地落实。加大对拖欠民营企业账款的清理力度,重点清理机关、事业单位、国有企业拖欠中小微企业账款。做好跟踪服务,定期开展政策落实情况"回头看",从"政策发布是否及时、政策宣传是否全面、政策服务是否便利、政策落实是否到位"等方面进行查漏补缺,及时兑现政策承诺,助力市场主体充分享受政策红利。

(二)强化要素资源保障,让民企敢啃"硬骨头"

一是聚焦需求重点。针对融资难、用地难、用电难等问题,进一步加强要素资源保障。引导民营企业科学融资,加大融资担保支持,鼓励推动金融机构实施差异化信用评价模式和信贷政策,为企业拓宽融资渠道;建立健全工业用地长期租赁、先租后让、弹性年期出让等供应体系,降低企业拿地成本,保障企业工业用地需求;推进"转供电"改革,严格清理规范转供电环节不合理加价行为,进一步降低企业用电成本,优化电力营商环境。

二是克服用工难点。鼓励本地毕业生留通就业,推动职业教育改革,加强就业预期引导,企业进院校进行招聘的同时进行授课,针对性培养企业所需的定向产业工人及人才。研究完善外来劳动力及人才落户配套服务政策,组织对口企业赴西部等地区开展招聘活动,吸引外来劳动力及人才流入。拓宽招聘渠道,丰富招聘形式,利用好新媒体、高校合作等线上线下相结合模式宣传南通就业环境,提升知名度和吸引力。

三是建强创新支点。突出企业科技创新主体地位,瞄准产业创新需求构建产学研协作新模式,引导帮助企业与对口高校院所建立通道,开展前瞻性技术的预见与研究,促进科技成果转化、推动产业技术升级。推动产业链优化升级,培育链主企业吸引上下游相关企业补链强链,梳理查找关键产业链堵点断点痛点,着力加强关键核心技术攻关和对外技术交流合作,补齐产业链短板,形成完整产业链闭环,同时大力发展新兴产业增强创新链。

(三)打造法治化营商环境,让民企敢探"深水区"

一是加强监管执法规范化。推行柔性执法,以指导帮扶为主、检查处罚为辅,落实容错机制,对轻微违法行为或未造成负面影响的落实首违不罚、轻罚免罚,为企业留足容错试错空间;统筹合理安排,全面摸清涉企现场检查事项,安排多部门联动执法,"进一次门、查多项事",对重复和不必要的检查事项进行整合或取消,避免对企业生产过度干扰;加强行为监管,加大对基层执法人员的监督管理和教育培训力度,提升执法人员的依法行政素养和服务意识。

二是推动司法服务高效化。对照中央司法改革要求,推进案件繁简分流和速裁机制建设,科学合理配置司法资源,提升商事纠纷案件审判质效;提高司法服务效率,探索建立一站式多元解纷运行模式,大力推进在线诉讼,通过非诉方式有效节约诉讼时间,为企业降本减负;完善多元纠纷化解体系,加强与商协会组织、仲裁委员会等机构合作,探索建立市场化商事调解中心,多向发力提升矛盾纠纷多元化解能力和水平。

三是促进法律服务常态化。开展普法宣传,大力推进法治民企建设五年行动,积极与律师协会等专业机构合作,定期组织深入企业"法企同行""法律三进"等系列活动,选树守法诚信企业典型,强化企业守法经营意识;推进合规建设,指导企业完善内部治理制度,树牢合规意识,增强风险防范化解能力,实现健康可持续发展;维护市场秩序,探索行业商会组织参与社会治理模式,重点清理解决恶意竞争、应收账款拖欠、欺压式合作等问题,整顿第三方机构乱收费现象。

(四)大力提振市场信心,让民企敢打"主动仗"

一是政商交往更加"诚心"。搭建常态化沟通渠道,通过召开小型政企"早餐会"、沙龙等形式,实现政企"面对面""零距离"沟通,让建议都提到点子上,问题能问到心坎去;深入开展走访调研,落实领导干部挂钩联系制度,深入一线现场办公,多点主动上门服务,把身子"蹲"下去获得真问题,把耳朵"贴"上去多听一些企业的"肺腑之言""弦外之音";构建亲清政商关系,在"清而有为"同时,把握好"亲而有度",统筹安排必须企业家本人出席的会议活动,减少对企业家正常生产经营的干扰。

一是跑腿办事更为"舒心"。提升政务服务效率,针对企业反映较多的行政许可事项进行流程再造,整合各类办事流程,集中统一公开,加速推动政务服务事项全流程上网、多渠道集成和一体化运行;加强政务诚信建设,坚持以政务诚信引领社会诚信,推动各级部门在招商引资、政府采购、招投标等方面做到守信践诺,"新官"也要理好"旧账";加大政务公开力度,以数据开放共享助力政府治理能力提升,及时在官方网站、公众号等平台更新信息,积极回应企业关切,充分保障公众知情权。

三是勇于担当更得"民心"。强化思想引领,大力弘扬张謇企业家精神,发扬"强毅力行,通达天下"的通商精神,注重对年轻一代的理想信念教育,推动文化强企,做好代际传承;加强舆论宣传,引导民企积极履行社会责任,选树一批热心参与公益慈善、创新创业的优秀企业家典型,在主流媒体进行广泛宣传;加大表彰力度,提升企业家社会地位,重要会议安排前排就坐,对于有突出贡献的企业家予以高规格表彰,让企业家有地位、有荣誉、受尊重,营造全社会理解、尊重、支持企业家的良好氛围。

胡天梦
2023 年 12 月

拓展传统产业转型空间
激发经济持续增长动能

南通市工商业联合会

近年来南通市坚持把发展经济的着力点放在实体经济上，大力推动传统产业转型升级，传统产业发展稳步提速提质，面貌一新。但是，受新冠疫情反复延宕、俄乌冲突升级和国际地缘政治竞争加剧等形势带来的不稳定性和不确定性因素的影响，全球经济复苏脆弱，传统产业转型升级压力陡升。同时随着南通市区位格局变化和城市能级提升，对传统产业发展提出了更高要求，进一步挤压了传统产业的生存空间，使得拓展传统产业转型空间显得更为紧迫。围绕这一课题，市工商联赴县(市)区、商会和企业开展专题调研，形成一些思考。

一、传统产业转型升级取得积极成效

(一)再造传统支柱产业

2022年，南通市船舶海工、高端纺织、新材料、新一代信息技术、高端装备、新能源六大重点产业集群实现产值近9 200亿元，同比增长10.2%，其中高端纺织和船舶海工等传统支柱产业初步形成规模效应，产值规模均超千亿元。从"3+3+N"产业体系到"5+3+3"产业发展布局，南通市传统优势产业始终具有举足轻重的地位，是独具特色的城市名片。纺织产业是南通市首位支柱产业，2022年全市规模以上纺织企业1 431家，营业收入1 672.7亿元，同比增长6.98%。各部门深入贯彻落实《南通市纺织产业高质量发展三年行动计划(2022—2024年)》，力争打造纺织产业高地，纺织行业转型发展取得明显质效，运行质态良好，已形成涵盖"织布、设计、印染、缝制、销售、物流"的

完整产业链,构建了"两大市场+两大集群"的核心架构,参与的"苏锡通高端纺织集群"向着具有世界竞争力的高端纺织集群道路上前进。船舶海工是南通市新型工业化产业示范,依托江海岸线资源,南通市着力推动修船造船向海工装备和高技术船舶转型,先后交付30多个国际国内首制产品和"大国重器"。产业链涵盖船舶海工制造企业、各类配套设备及零部件生产企业,船舶配套产品涉及船舶动力、甲板机械、舱室辅助机械、电力电气设备等多领域。2022年,南通市船舶海工产业链入选全国首批"产业链供应链生态建设试点",牵头的"通泰扬海工装备和高技术船舶集群"入围制造业集群"国家队";江苏省船舶与海洋工程装备技术创新中心项目也正式落地海门,带动南通市船舶海工产业提档升级,不断向高精尖领域攀升。

(二)培育重点产业强链

南通市高度重视产业链供应链培育工程,以《南通市"十四五"制造业高质量发展规划》为引领,加快构建特色优势产业和战略性新兴产业相结合的现代制造业产业体系,深入实施产业壮群强链工程,扎实推进"制造业倍增""产业倍增"等三年行动计划,为民营经济夯实高质量发展基础,提供有力产业空间支撑。深化市领导挂钩联系优势产业链制度、全市产业倍增工作联席会议制度,每位领导挂钩一条产业链。发挥部门合力,强化培育工作机制。建立产业强链专班制度和领导小组、行业协会、产业联盟三位一体产业推进体系,有效推行"八个一"产业链工作机制。成立8条产业链党建联盟,形成产业链企业+属地部门+智囊机构的协同推进模式。累计协调跨市跨省产业链供应链受阻事项185件、大市范围内226件,百余家企业列入省重点产业链供应链企业"白名单"。围绕生物医药、新能源等6个重点产业开展沪通产业链供应链调研,发布实施长三角产业链供应链配套协同发展行动计划。梳理薄弱、短板环节和上海配套制造业企业清单,指导各板块针对性招商,加快促进沿海产业强链补链扩链。由业内龙头企业担任链长,团结产业链优势企业、配套企业,推行"一链一联盟"模式,形成优势互补、各具特色的长三角协同发展新格局。

(三)推进产业转型升级

以通州湾新出海口为引领,充分发挥集聚效应,推动传统产业布局调整。污染严重的钢丝绳、印染、化工行业实施"263"专项行动,目前68家钢丝绳企业涉重工段全部拆除并完成危废处置;94家"散乱污"企业全面实现"两断三清"。南通市正通过环保、能耗、税收等标准,推动不符合区域发展定位、环境承载要求和安全保障标准的存量过剩产能转移搬迁、兼并重组和转型升级,形成产业项目从沿江"带上散装"向沿海转移升级、集约集聚发展新局面。另外,以高端化、智能化、绿色化、服务化为导向,推动传统产业升级,支持化工、纺织、造船、机械装备等传统产业开展转型升级试点,推动传统产业高质量发展。目前,中天精品钢、恒科新材料、金光纸业、桐昆集团、招商局重工等一批百亿级项目相继落地开工,已建成船舶海工、现代家纺、海安装备制造、开发区大数据等四个国家级新型工业化示范基地。2022年招引科创项目704个,目前全市拥有单项冠军企业(产品)27家、国家级专精特新"小巨人"企业61家、省级专精特新中小企业累计达461家。2022年南通市高新技术企业总数达到2889家;14家民营企业列入省新一轮创新型领军企业,数量创新高;2家民营企业成为省独角兽企业,实现零的突破;新建国家级、省级科技企业孵化器4家、5家,新建国家级、省级众创空间8家、29家,新增省、市新型研发机构28家、10家,民营企业研发投入达245亿元,占全社会研发投入的80%以上。数字赋能提升工程稳步开展,推进"智转数改",在全省率先印发智能化改造数字化转型三年行动计划,累计实施技改项目2420个,成功开展一轮"智改数转"专题培训。

二、传统产业转型升级存在的主要问题

(一)产业层次总体偏低

南通市传统产业仍然占主体,大部分传统产业位于产业链中低端,存在"三多三少"的问题,大部分属于劳动密集型、资源密集型产业。与高新技术产业及战略性新兴产业相比,传统产业发展能级偏低,亩均税收贡献较少,2022年全市工业企业度电应税销售仅为35.1元/度,规上工业企业亩均产值、亩均税收等绩效指标与苏南等先进地区相比仍有较大差距。传统产业技术含量和产品附加值较低,流动性不足,基础元器件和关键零部件、原材料、核心装备、高档工业软件等对外依存度较高,产业链风险较大,产业结构层次整体不高。另外,大多传统产业能效水平偏低,能耗指标过高,能源要素紧缺,战略思维僵化和管理模式笨重等问题突出,导致企业的研发投入和对高技术人才的吸引力明显低于高新技术产业及战略性新兴产业,这从整体上限制了传统产业以创新带动高质量发展的能力。

(二)转型动能仍显不足

对标上海和苏南等发达地区,南通市传统产业门类比较单一,缺少高附加值的制造业。2022年,全市高新技术产业产值占规上工业比重48.1%,苏州已达52.4%;拥有自主核心技术的制造企业不足10%,2.2万多家符合高新技术领域方向的企业中拥有知识产权的只有1万家左右。苏南已基本完成传统产业向高端轻工业和先进制造业的转换并拥有恒力集团、波司登集团、海澜集团、红豆集团等大型领军企业,相比之下南通市具有品牌影响力和综合竞争力的领航型龙头企业数量较少,产业链未能实现垂直整合,产业生态有待融通,自主品牌建设较为欠缺。另外,由于上海苏南等强经济体的人才虹吸效应显著,南通市人才培养模式和职业教育发展与先进地区相比仍有一定差距,使得南通市对人才尤其是高端人才的吸引力不足,产才融合较为欠缺,人才要素缺失无形阻滞了传统产业转型升级道路。

(三)政策引导不够鲜明

治理模式仍未摆脱粗放式、机械化管理的阴影,交叉行政效率较低、制度规章不够全面。例如,石材产业是典型的传统产业,具有税收产出低、能效水平低、污染排放高等特点,政府有一定意向鼓励石材企业转型升级,但仍存在对石材产业的定位模糊、对石材产业是否需要低效清退态度暧昧、对石材产业如何清退转移、谁来承接的规定不明确等问题,导致石材产业发展停滞,企业对政策认可度、理解度、配合度不高,对未来产业前景缺少信心。再如,家纺产业是南通市传统支柱产业,根据南通市交通格局战略部署和配套的城市改造工程计划,国际家纺产业园规划调整成为必然。但关于家纺产业空间布局如何调整的政策目前不够鲜明,具体方案还处于空白状态,使得产业未来发展的不确定性进一步增加。另外,在传统产业转型过程中商会协会的作用没有得到充分发挥,政府—商会—企业三方合力尚未被完全开发,关于商会的规章制度处于基本空白状态,管理较为混乱。

（四）企业意识较为淡薄

推进转型升级、拓展发展空间始终应以企业为主体，市场为导向，政府在其中起引导作用，为企业打造健康的外部环境。然而有部分企业仍不适应"小政府大社会"的发展环境，有的企业秉持"得过且过"的惰性心理、缺少主动求变的决心和勇气，有的企业过于依赖外部政策帮扶、深陷"等政策、等机遇、等帮扶"的泥潭，它们在外部依赖性和自身惰性的双重制约下面对转型要求显得无所适从。例如，南通市正在布局跨江融合、江海联动发展格局，北沿江高铁、通沪过江通道、南通新机场等一批具有格局性的重大战略项目正在紧张筹备，配套的城市改造工程也随之进行。企业要对所在地的区位有一定认识，增强对外部环境的敏感性，随时关注政策发展和变化。要未雨绸缪，激活内生动力，调动主动性、积极性和创造性，求变思变，提前规划未来发展方向，避免事到临头方知急的无措和忙乱。

三、助推传统产业转型升级的对策建议

面临三大国家战略在南通叠加并向纵深实施的历史机遇，推进传统产业结构调整和发展动能转换，从而以制造业和工业大发展推动经济持续增长大有可为。针对调研过程中传统产业转型升级所面临的困难与挑战，应采取"三个结合"，即转型升级和梯度转移相结合、市场主导和政府引领相结合、正向激励和反向倒逼相结合，为南通打造全省发展新增长极、奋力建设长三角一体化沪苏通核心三角强支点城市添砖加瓦。

（一）破解创新瓶颈，激发市场主体活力

一是加快链群建设。完备产业链和企业链双重链条，利用市领导挂钩联系优势产业链制度、以专班保障产业链补链扩链强链。落实《南通市"1521"工业大企业培育实施方案》和《南通市小微工业企业列规增收三年行动方案（2022—2024年）》，着力培育一批龙头领军企业和专精特新隐形冠军企业，依托龙头企业增强对产业链供应链的把控力和对产业链垂直整合的控制力，依托隐形冠军企业提高市场占有率，从而打造地标性先进产业集群。完善"众创空间—孵化器—加速器—产业园区"科技企业孵化链条和高成长型企业五级梯次培育体系，加快构建"一核、四区、多园"可拓展的沿江科创带发展布局，要求各个开发园区形成一条以上科技企业孵化链条。

二是实施项目攻坚。实施"揭榜挂帅"攻坚计划,大力开展民营资本招商工作,把好项目准入关,科学设定项目落户门槛。综合考虑用地、用能、排放、产出、税收等因素,招引创新能力强、产业层次高、税收贡献大、安全环保过硬的大项目好项目,切实以优质增量项目的持续引入,推动产业结构不断转型升级。强化项目为王导向,紧抓项目建设"牛鼻子"工程,坚持问题导向,深化季度观摩、会办协调、考核评估等机制,全力破解项目难点堵点,推进桐昆聚酯一体化、星源材质锂电池隔膜等重特大项目建设。

三是落实智改数转。落实《南通市制造业智能化改造和数字化转型三年行动计划(2022—2024)》、"产业转型升级24条""科技创新30条"等政策要求,重点推进船舶海工、高端纺织等传统产业智能化改造和数字化转型。对标国内先进地区创建一批智能制造示范工厂和示范车间;积极发展人工智能、大数据、区块链、云计算等新型数字产业,开展"大数据+"赋能制造业专项行动和"万企上云"行动,打造"大数据+"赋能家纺产业和"工业互联网+园区"样板工程。建立多层次、全链条的创新创业载体和知识产权工作机制,开展产学研深度合作,以企业为主导共建产学研合作新型研发机构,加快催生一批原创性重大成果。

(二)畅通发展路径,加强资源要素保障

一是广聚创新人才。深入实施省双创人才计划、市江海英才计划、市"人才新政3.0版"等人才政策,支持企业大力引进创新领军人才和高技术科研人才,指导企业建立健全人才管理机制,完善人才分类评价体系,强化人才分类评价导向,制定人才奖励荣誉制度,推行有市场竞争力的薪酬标准。为青年人才落户安居、就业创业提供充分保障,打造人才配套教育、医疗、居住环境,畅通人才入境渠道。

二是加强金融支持。出台《关于促进金融支持产业转型升级的若干政策意见》,加大信贷支持、形成覆盖企业初创、成长、发展不同阶段的融资支持体系。充分发挥创新发展基金和"通科贷"等科技金融产品作用,扩大政策惠及面;开展"通创荟"、科技金融进科创载体、银企对接等活动,为科创企业提供全方位、全成长周期金融服务。鼓励金融机构创新服务机制、积极开展股权债权融资、风险投资、知识产权和数据资产质押融资、信用保险等投融资活动,提高创新项目贷款抵押率。

三是提供财税保障。争取工业和信息化条线认定类资金项目"免申即享"率达100%,落实符合条件的企业进口设备免税、研发费用加计扣除、固定资产加速折旧、科技成果转化和科技人员税收激励等优惠政策。充分发挥专项基金的引导作用,综合运用股权投资、风险补偿等有效方式,支持企业转移转型;进一步整合工业扶持资金,引导社会资本进行投资、合作设立基金,对重点项目和重点企业引进和培育等给予重点支持。

四是盘活土地资源。出台《关于进一步推进工业用地提质增效的实施意见(试行)》,大力构建工业用地使用长效机制,全面实行工业用地"土地出让合同+投资发展监管协议"配置方式。支持高标准厂房建设,支持企业开发改造低效用地为高标准厂房。建立防止和处理土地闲置的有效办法,完善建设用地动态监测系统,对土地供地和开工竣工等开发利用情况进行全程监管。优先保障重大项目用地,盘活存量建设用地,灵活选择长期租赁、租让结合、先租后让和弹性出让等方式供应集群发展工业用地。

(三)优化政策服务,保障健康营商环境

一是简化政务服务流程。集中资源打好政策组合拳,建立常态化、规范化、制度化的政企沟通渠道,为企业提供一站式互动咨询、政策查阅等服务。建立服务民企"直通车"平台,完善上下联动、部门协作的工作机制。推行"免申即享"机制,持续深化"放管服"改革,大力推广项目审批"携程式"服务、施工许可"一证办理"、竣工联合验收等工作机制,全面实现"一口受理、一窗通办、集成服务"。打造"长三角+"通办模式,一体推进"通城通办""省内通办""跨省通办",丰富法人和个人全生命周期"标准化+一件事"场景。

二是助推低端产业转移。制定《南通市"十四五"淘汰落后产能实施方案》,聚焦钢铁水泥、船舶、化工、钢丝绳、印染、石材等重点行业,压减过剩产能、淘汰落后产能,腾退沿江企业,为沿海发展腾出空间,目前钢丝绳产业已取得一定成效。在梯度转移过程中,建立精准帮扶机制,以石材产业为例,制定一企一策的"关停一批、提升一批、新进一批"推进方案,摸清产业发展底数,稳定产业预期信心。试点"总部+制造"复合型基地发展模式,实现企业总部(含设计、研发、营销中心)"根留南通",引导制造生产基地有序转移。

三是营造公平发展氛围。进一步放开民营企业市场准入，破除制约市场竞争的各类隐形壁垒，着力保障民营企业依法平等使用资源要素、参与市场竞争，为企业打造公平市场环境。完善法律援助制度和司法救助体系，建立化解纠纷机制和协商沟通机制，为企业打造公平法治环境。开展服务诊断活动，遴选一批优秀工业互联网及智能制造诊断服务商，精准匹配企业需求，免费为企业提供个性化服务诊断。积极构建"如鱼得水、如鸟归林"的一流创新生态，形成全域创新的良好氛围，支持行业定期交流沟通，开展各类培训活动，政府提供咨询服务，邀请专家授课，开展业务研讨。

（四）发挥主体责任，形成产业发展合力

一是发挥平台优势。当好政府—企业的"中间人"，实现信息双向有效传递，商会联系着大量中小企业，建立信息服务平台可以帮助中小企业在市场化条件下获得公平的竞争机会并为中小企业发布产品信息提供有效渠道，同时政府可以通过商会更好了解行业发展动态和质态，及时、准确、全面掌握企业在发展过程中的困难与问题，倾听企业心声，从而为政府服务和决策提供第一手精准信息，实现政府与商会共商、共谋、共推行业经济发展。在行业横向及纵向发展时，商会可以整合中小企业，使资源得到最大化利用，形成集群效应。

二是深化协同合作。中小企业独立进行技术改造难度较高、成本较大，形成规模效应较为困难，商会可以组织会员企业共同学习，降低升级成本，高效、快速地提高行业装备水平，确保中小企业不掉队。在寻求对外合作时，由商会代表众多企业与高校、研究院等科研机构开展合作，建设产业联合研究中心，以"企业联盟"方式形成组织化合作，避免各自为政的风险，实现抱团发展、互助发展，从而加快建立以企业为主体、市场为导向、政府为引领的产学研深度融合技术创新体系。

三是积极协商议事。针对当前转型升级和梯度转移的紧迫性，商会应在其中发挥积极推进作用，在制订具体方案时充分参与、代表企业提出意见建议，发挥协商议事功能。例如，在吸取服装产业全部转移的经验教训，学习雄安等地"总部+制造"复合型基地发展模式的过程中，商会应充分发掘行业内有潜力的企业，促使其向集团化、总部化方向发展的同时将制造生产基地外迁转移;再如针对二次转移企业存在消极情绪的现象,商会要组织政府、承接方、企业开展三方对接沟通,明确转移方案,为企业外迁所需各项要素资源提供更大支持保障力度,稳定传统企业发展的信心。

四是宣传企业家精神。应充分开发商会的宣传功能,鼓励会员企业积极履行社会责任。充分利用张謇精神发祥地优势,大力弘扬张謇企业家精神。发挥张謇企业家学院和"1+3"特色展示区的作用,办好张謇论坛、南通企业家日等活动,培育壮大优秀企业家群体,引导企业家专注创新创业、发扬"工匠精神"、打造"单项冠军"、培育"百年老店"。做响"张謇杯"品牌,开展"张謇杯"杰出企业家评选、千企寻访等活动,大力宣传企业家先进典型,增强企业家成就感、荣誉感,有力激发企业家创新创业热情和示范带动作用。召开全市民营经济发展大会,进一步营造全社会关注实体、支持实业以及尊重、理解、支持企业家的良好氛围。

袁 婧

2023 年 12 月

南通市上规模民营企业调研分析报告

南通市工商业联合会

上规模民营企业调研是工商联工作的主要抓手和重要依托,是我国民营经济发展的晴雨表和风向标,对分析经济发展规律有着重要的参考价值。一直以来,南通市工商联高度重视,认真组织,通过调研统计和数据分析,客观反映了南通市民营企业的发展质态和基本情况。

一、基本概况

从 2024 年 4 月份开始,南通市工商业联合会部署上规模民营企业调研工作。调研内容主要包括:企业年度财务数据情况、投资和发展战略情况、治理和守法经营情况、创新发展情况、"走出去"和参与"一带一路"建设的情况、转型升级情况、营商环境情况等,同时对影响民营企业发展的主要问题进行了调查。调研按照企业自愿填报、县(市)区工商联推荐的程序,截止到 5 月 31 日,南通各县(市)区参与调研的企业数 90 家,收到 90 份调研报告。分别为:海安市 21 份,通州区 16 份,海门区 14 份,如东县 14 份,崇川区 10 份,启东市 8 份,如皋市 5 份,开发区 2 份。

2024 年,参与调研的上规模民营企业覆盖 8 个县(市)区,根据系统导出的 90 份营收 5 亿元以上的企业情况分析,调研数量前三位分别是海安、通州、海门(如东并列第三),营业收入总额前三位分别是海安、通州、如东;净利润总额前三位分别是如东、通州、海门;资产总额前三位分别是海安、如东、通州。总体来看,几家建筑企业受恒大商业汇票影响,仍然困难重重;南通四建、通州建总、南通建工、龙信建设、启东建筑等龙头建筑企业影响不大,处于正常赢利水平;苏中集团通过资产注入,渐渐走出困境。

2023 年 9 月,全国工商联、江苏省工商联先后发布了 2022 年调研榜单,在入围门槛高达275亿元的情况下,南通8家企业入围"中国民营企业500强"榜单,中天科技、通富微电2家企业入围"中国民营企业制造业500强"榜单;南通化工轻工1家入围"中国民营企业服务业100强"榜单。"江苏省民营企业200强"榜单入围门槛为75亿元,南通26家企业入围"江苏省民营企业200强"榜单,3家企业入围"江苏省民营企业制造业100强"榜单,6家企业入围"江苏省民营企业创新100强"榜单,20家企业入围绿色发展领军企业名单,12家企业入围社会责任领先企业名单。从入围"江苏省民营企业200强"的南通企业分析,其中包括建筑企业18家,制造业企业6家,贸易流通企业2家,南通建筑企业占入围企业数的2/3。从上榜省200强企业的数量来看,苏州有46家,无锡有37家,常州有28家,南通排名第四。

二、企业利润

2023年是疫情转段后经济恢复发展的一年,但俄乌、巴以地区战火不断,美国持续加息,对我国经济形成挤压,外部环境复杂性、严峻性、不确定性明显上升,南通市传统制造业的供应链、资金链、需求链压力重重,参加调研的基本是运营良好的企业,营业收入、利润总额、税后净利润仍处于持平水平。全年装备制造业、高技术制造业增幅较大。其中,船舶海工、专用设备制造、汽车特种零部件等行业产值年内保持高速增长态势;部分新兴产业,如锂电材料、光伏能源结构件、高分子材料等,因产成品降价,部分企业销售下降。选取填报完整的营收5亿元以上的90家企业进行对照分析,2023年营业收入总额为8 439.34亿元,同比增长5%;利润总额为322.98亿元,同比略降。初步显示,500亿~1000亿元之间的5家(中天科技、南通四建、龙信集团、通州建总、苏中集团);100亿~500亿元之间的有17家,百亿元以上制造业企业仅有中天科技、通富微电、鑫缘茧丝绸、文凤化纤4家。初步估算,2023年全国"民营企业500强"的入围门槛约为290亿元,不计桐昆江苏嘉通(隶属桐昆集团),南通市2024年将有9家企业入围全国民营企业500强。统计表明,南通市上规模民营企业中超大型企业数量偏少,第一梯队过百亿元的22家企业中,有4家制造业企业、2家能源贸易企业、1家零售服务企业,其余15家均为建筑企业。

三、经营效益

2023年，面对复杂的国内外环境，不少企业发展信心受挫，市场预期减弱，发展节奏放缓。在国家、江苏省一系列支持政策带动下，南通市坚持以习近平新时代中国特色社会主义思想为指导，完整、准确、全面贯彻新发展理念，千方百计强信心、稳预期、促发展，推动高质量发展取得新突破、新成效。从90家上规模民营企业经营情况来看，2023年度税后净利润为260.48亿元，户均2.89亿元，与2022年相比基本持平；调研显示，南通市船舶海工、能源贸易、新能源、新材料等板块大幅增长，带动南通市经济企稳回升。比如，嘉通能源、林洋能源、国轩新能源、沃太能源等获得巨幅增长。中天科技、南通四建、通州建总、当升科技、林洋能源5家企业税后净利润超10亿元，其中林洋能源为新晋净利润超10亿元的企业。

四、社会贡献

近年来，民营企业对南通市经济社会发展起着越来越重要的作用，民营经济的健康发展是扩大就业、提高税收、改善民生和维护稳定的重要力量。南通市认真落实党中央、国务院与江苏省委、省政府关于优化营商环境工作的重要部署，持续推进"营商环境提升年"活动，全力营造办事最便捷、服务最精准、监管最科学的营商环境。国家减税降费对支持企业提振信心、稳定增长、保障就业起到了一定的推动作用。

（一）缴税总额

从90家企业调研数据看，2023年缴税总额为216.11亿元，与上年度基本持平。从纳税规模来看，中天科技、南通四建、龙信集团、通州建总、苏中集团5家民营企业缴税总额超10亿元，与上年度持平；江中集团、华新建工、新华建筑、启东建筑、达欣工程、南通五建6家民营企业缴税总额在5亿~10亿元之间，建筑企业仍然是南通市缴税大户和富民产业；21家民营企业缴税总额在1亿~5亿元之间；另外58家民营企业缴税总额在1亿元以内。

（二）就业人数

所调研的企业中2023年共吸纳了74.99万人就业，劳动用工比上年度略减。其中房屋建筑业、纺织服装业、机械电子、贸易流通吸纳就业人数居前；调研企业中，南通四建、苏中集团2家民营企业的员工人数超10万人，

15家民营企业用工人数在1万~10万人之间。

(三)研发费用

调研的90家企业中2023年研发费用投入总额总计为94.92亿元,同比略增。其中82家有研发费用投入。超10亿元的有中天科技、通富微电2家,在1亿~10亿元之间的有17家,南通市高端纺织、新材料、新一代信息技术、新能源、高端装备等"616"产业体系和建筑龙头企业普遍研发投入较高,企业利润与研发投入密切相关。

五、制约因素

2023年,民营企业受国际国内战争局势和贸易保护主义的双重考验与挑战,给对外贸易、运输仓储、订单结算等都带来了很大的不确定性,上规模民营企业的发展受用工成本上升、原材料价格上涨、物流成本上升、人民币结算困难等诸多因素的影响,部分企业出现经营困难、效益下滑等现象。面对经营压力,上规模民营企业积极应对,采取各种措施转变发展方式。

(一)资金成本、物流交通成为制约企业发展的主要困难

从外部环境来看,2023年上规模民营企业面临的最大困难是资金成本、物流交通的不确定性和成本上升,另外还有人才缺乏、资金成本上升、融资困难等因素,以及国家发展改革委根据能源指标、双碳减排的要求,部分行业企业用电、用能、用汽受到限制,使上规模民营企业面临较大的生存压力。

除此之外,上规模民营企业还面临着政策环境、法制环境、社会环境等压力,原材料成本上升、关键技术缺乏等因素也影响企业的长远发展。

(二)积极应对要素成本上升压力

2023年,针对经营成本上升的不利影响,上规模民营企业在大力节能降耗、采用新技术引进新设备的基础上,更加重视研发投入、增强产业上下游的延链补链、加快资产周转率等措施。调研数据显示,上规模民营企业主要采取节能降耗46家,采用新技术引进新设备36家,拓展新兴市场的33家,延伸产业链加大投入建设的25家等。此外,还有提高产品和服务价格、淘汰落后产品、减少中间环节等措施。采取发展电子商务的企业数量增加了23家,积极参与智改数转、加快转型升级步伐的企业增加

了35家，显示民营企业正积极把握"互联网+"机遇，利用信息技术加快转型升级步伐。

(三)转型升级进度明显加快

在我国经济转入新常态、劳动力资源增长减缓的情况下，上规模民营企业向高度重视以人为本转变，通过优化发展战略、加强科技创新、信息化与工业化融合等多种方式推动转型升级。从90家企业转型升级的进度来看，35家上规模民营企业表示转型升级明显加快，约占38%；25家表示转型升级刚启动，约占27%；15家表示转型升级有所放缓；8家表示尚未启动。

从促使上规模民营企业实施转型升级的动因来看，主要为做大做强企业的愿望、劳动力成本上升、劳动用工风险加大、产品技术升级换代等方面。不少企业开始实行机器换人战略，主动引进自动化、信息化产线，数字赋能制造业，加大工业互联网投入，智能工厂、智能车间是未来几年新的增长点和驱动力。

调研数据显示，上规模民营企业转型升级的最主要推动方式向以人为本转变，越来越重视高端人才引进、越来越重视产业工人改革，加强员工培训、强化激励机制、打造企业文化成为企业转型升级的主要方式。上规模民营企业为实现转型升级，主要采取调整企业发展战略和发展规划的有46家，加强企业员工内部培训的有52家，加大人才引进的有48家，实现工艺、产品、品牌升级的有50家，扩展销售渠道的有45家。

朱兴建

2024年5月

资本与产业融合发展报告

通州区政协经科委　通州区发展和改革委员会

资本是经济运行的血液,产业是资本运作的土壤。确保经济高质量发展,发挥资本在服务实体经济、推进产业发展中的作用意义深远。

一、通州区资本与产业融合发展现状

(一)资本支撑动力强劲

全区现有上市公司7家、新三板挂牌企业4家,形成报会2家、在辅导中2家、股改8家等入轨企业及25家上市挂牌重点后备企业培育梯队,股权融资成为支撑经济发展的重要推动力。拥有银行业金融机构25家,法人保险分支机构29家,小贷公司6家、担保公司2家、融资租赁1家、典当4家等地方金融机构14家。近年来,全区新增制造业贷款增幅、新增制造业贷款占新增贷款比重名列全市前茅。

(二)资本创新持续发力

在全省率先探索创新投融资服务企业"联审会商"机制。研究制定了《南通州产业高质量发展引导基金暂行管理办法》,建立了政府主导产业子基金和市场化子基金相结合的产业投资体系、风控机制和决策机制。成立29支基金,总规模87.63亿元。其中,发起设立了3支政府主导型子基金,总规模28.02亿元,已投资3.57亿元,其中3个招引项目成功落地,带动企业投资约14亿元,3个本地项目出资到位。发起设立了3支市场化子基金,总规模10.1亿元,主要投资通州区新一代信息技术、汽车零部件、智能装备制造等"一主一新"主导产业,已投资10个项目,合计项目注册资本12.55亿元,其中基金投资3.8亿元,基金撬动倍数3.05。

(三)资本招商成效显著

通州区企业接触的天使投资、战略投资、财务投资等VC、PE投资人较多,重点培育的上市企业中,已引入投资者60家,引入投资额超18亿元。企业需求中,除人才技术需求外,资本资金需求较明显。实施科技招商突破年行动,聚焦汽车零部件、新一代信息技术、智能装备三大主导产业,以及新能源、新材料等新兴产业,统筹全区科技招商资源、建强科技招商队伍、明确招引重点方向、拓展项目招引路径,着力打造科技创新型企业集群。

二、当前通州区资本与产业融合发展面临的问题

(一)企业上市能力不强

一是新兴产业发展速度不快。全区虽在"工业百强县市区"榜上有名,但战略性新兴产业发展支撑力不强,新一轮产业变革中面临着工业增长乏力和现代化产业体系不完善等问题。高新区近年招引的重大项目,源自外地上市公司的募投项目相对多一些,投资决策受总部控制,不具备独立上市条件。其余镇(街)的工业企业普遍体量较小、盈利能力较弱,具备上市潜力的也不大,依靠企业自身积累推进技术改造和产业升级的难度较大。二是传统产业上市意识不强。家纺产业缺乏行业领军企业,受国际国内消费下滑的影响,增长乏力。建筑业受房地产紧缩的拖累,订单急剧下降,上市缺乏政策支持。技术滞后、人才稀缺、资金匮乏、观念保守等均制约了传统企业的转型升级,多数企业缺乏对资本市场以及金融环境的认知把握,普遍存在"小富即安"思想,甚至以无银行借贷为傲,缺乏借力资本市场发展高技术产业的愿望和动力。三是上市后备企业存量不多。部分在轨企业观望市场窗口,部分企业缺乏长远规划,部分企业发展初期运行内控、资产确权、税收缴纳等不够规范,运作周期较长,贻误上市挂牌最佳时机。在培企业大多体量偏小、质量不高、规范不足,总体上还未形成从入轨、辅导、验收、申报到上市各环节的数量充足的上市后备梯队。

(二)产业基金支撑不力

一是基金规模较小,影响产业投资放大效应。通州区先后设立三只政府主导型基金,总规模超28亿元,目前仅投资3.57亿元,基金实际投资率较低,与先进地区存在较大差距。二是专业水平不高,影响产业基金高效运行。通州区产业基金专业人才不足,高端人才更少,制约了优质投资项目的引进。在子基金建设上,尚未建立定向产业基金及天使基金等创业投资基金,不利于重大产业项目、优质创新项目的招引。此外,在重点产业加速发展、培育初创企业等难度高、风险大的投资中,投资管理人队伍、行业专家等都有所不足。三是协同发展不够,影响产业基金服务能力。政府产业基金投资项目主要通过相关部门或国企组织实施,缺乏谈判经验及项目储备,难以与专业投资机构竞争。政府产业基金通过园区产业招商配套搭建不够,未形成较好的服务能力和集聚效应。通州区半导体光电产业园的"基金+基地"的运营模式,虽效果明显,但尚未得到复制与推广。

(三)融合质效相对不高

一是制度机制有待完善。在推动资本统筹布局与产业协同发展方面尚待加强,相关部门在制定政府产业基金发展战略、解决发展制约等方面作用发挥不足,在提高基金投资质效、激发产业发展活力等绩效考核上尚有欠缺。整体而言,产业发展的引导和评价机制,薪酬与绩效挂钩激励机制,国资管理、审计监督、金融监管等监管机制,以及对交易定价方式、投资损失评估等具体的制度规则,均需进一步优化完善。二是资本招商有待加强。目前,全区产业招商、科技、人才、资本四者融合不够紧密,相关部门互相配合度还有待提升。政府引导基金初具规模,运作模式已现雏形,但资本招商仍处于探索阶段,还存在重点不突出、同质化竞争严重、复合型人才紧缺、子基金返投不理想、招引项目质量不高等问题。三是服务能力有待提高。抢抓发展的意识不强,直接融资氛围不浓,募资项目储备不多。创业创新项目或既有企业新项目没有得到深度挖掘,资本与项目缺少有效链接。通州区不乏细分行业的龙头企业,不乏产业链上下游企业或同行配套企业,但企业资本扩张意识的缺乏以及资金需求信息的不对称性等,导致产业发展合力不强,不利于企业兼并重组和做大做强。

三、推进资本与产业融合发展路径

2023年10月底召开的中央金融工作会议强调,要"优化资金供给结构,把更多金融资源用于促进科技创新、先进制造、绿色发展和中小微企业",要"疏通资金进入实体经济的渠道",要"优化融资结构,更好发挥资本市场枢纽功能"等,一系列的金融要点论述给经济高质量发展指明前进的方向,给产业发展注入强大"兴奋剂"。产业与资本互生共荣,是区域发展的必然选择。

(一)加快企业上市步伐

一是优化企业上市支持政策体系。梳理整合现有政策,出台支持企业上市"政策包",汇聚形成政策合力。科学谋划企业上市时间表、路线图,完善企业上市"全生命周期"服务体系,增强企业规范化上市意识,为企业上市创造良好政策环境。二是加大后备上市企业梯度培育力度。抢抓注册制改革机遇,对接沪深京港多层次资本市场上市挂牌标准体系,分类施策,推进上市公司孵化聚集区试点扩面提质,健全企业上市政策宣讲和上市辅导体系,全面实现后备上市企业提质增量。三是发挥上市企业典型示范引导作用。发挥现有上市企业引导作用,引导企业提高资本运作的市场意识,鼓励企业更多采用定向增发、配股、优先股、债转股和可转债、公司债、资产证券化融资等方式拓展融资渠道,降低融资成本,积极争取上市,更好发挥资本市场在助力企业成长、优化资源配置、促进经济增长等方面的功能作用。

(二)夯实产业基金基础

一是清理整合优化产业基金。清理效率低下、作用不明显的子基金,增设定向产业子基金。根据产业发展需要,扩大产业母基金规模,合理设立各子基金并制定政府产业基金出资规划。研究建立支持市场化基金设立、完善政府配资方式等制度和程序,支持各园区及重点镇街围绕主导产业持续招引市场化产业投资基金。根据通州区产业发展规划,完善政府产业投资引导基金,委托专业基金管理公司管理,实行从招引项目到提交投决会决议的闭环管理模式。针对产业发展重点,分别按照产业和创新两个方向设立定向子基金,在项目选择、尽职调查、专家评估、投后管理等方面,强化各领域基金专业人才及专家队伍建设,形成适应行业特点的政府产业基金运营评价体系,在推动重点产业发展上发挥更大的作用。二是鼓励更多资本参与基金投资。要加大宣传资本的重要性及获得资本的途径和方法,建立全区企业资本需求和投资项目储备库。充分利用通州区家纺、建筑等民营企业资本优势,鼓励组建高科技产业投资管理公司,给予本土民营投资企业相应的政策支持;发挥国有投资引导作用,科创投资集团及所属专业子公司,要探索建立国有投资基金与本土民营投资管理企业的合作模式;鼓励央企、省企等产业投资基金在通州设立创投基金和股权投资基金,同时抓住各轮募集窗口期,争取入股国金资本、省金投等优质创投平台;积极对接国外知名产业投资机构,更好发挥政府产业基金的撬动作用,进一步扩大和活跃通州区资本市场。三是推广基金+基地发展模式。按照通州产业发展重点,瞄准产业新技术、新业态,总结推广高新区光电产业园的投资建设经验,打造更多高能级特色产业园。针对产业园定位配套定向基金,实行"科技招商+产业基金+特色园区+产业服务平台+产业扶持政策"的运营模式,发挥科技招商在资本和产业融合发展中的关键作用,促进资本和产业的良性互动。

(三)增强资本运营能力

一是构建产业技术创新平台。加快完善"众创空间-孵化器-加速器-产业园区"科技企业孵化链条,大力提升科技企业孵化载体运营质量、专业化水平,形成以孵化高新技术企业为运营绩效评价重点的导向,落实科创载体奖补政策,增加科技型中小企业和高新技术企业源头供给。引导科创载体聚焦重点产业领域企业成长需求,提供延展性物理空间、专业化设施服务及共享型上下游配套,加速企业产业化进程,为中小微企业发展成长为高新技术企业提供科创赋能。二是理顺相关部门管理职责。明确基金管理牵头部门和协同部门的职责任务,进一步完善基金运作监管体系。相关部门要借力产业基金,强化资本市场打造与服务,充分发挥产业基金驱动区域产业优化升级的作用。根据所设基金的性质和功能定位,成立专业化的投资决策机构,完善投资决策程序,提高投资决策能力。对政府性产业引导基金投资重特大项目,要着力构建行政、专家、市场共同参与的投资项目论证和决策机制。对市场化产业投资基金,要优选实力强、资源多、业绩优的专业投资管理机构广泛合作,提高产业投资决策效率,吸引更多优质项目落地通州。进一步解决企业尤其是中小微企业额融资难、融资贵难题,为资本与产业深度融合助力。三是建立企业兼并重组服务平台。兼并重组是资本联姻的常见形态,也是扩大产业规模的有效手段,可以是强强联合,也可大小协作,在企业服务中心建立兼并重组需求、闲置资产盘活等信息收集发布平台,并为之提供项目服务。建立项目与资本链接平台,扩充企业服务中心职能,改善条件,建立项目路演机制,收集发布项目或资本动态,建立项目投融资、企业兼并重组、闲置资产盘活等信息平台,为产业项目投融资提供优质服务。

江 华 凌 华

2024 年 4 月

附 录

2023年南通市民营经济发展大事记

一月

1月10日,南通市举行持续推进"招商引资突破年"动员大会暨重大项目签约仪式。南通市委书记王晖,市委副书记、市长吴新明,市政协主席黄巍东,市人大常委会常务副主任、党组副书记庄中秋等出席会议。

1月13日,江苏省工商联印发《关于2022年度全省工商联创新工作优秀成果的通报》和《关于2022年度全省工商联信息(社情民意信息)工作情况的通报》。南通市工商联《全省率先实现县(市)区商会商事调解组织全覆盖》《百家商会进园区·招商引资"十百千"显成效》工作分别荣获2022年度全省工商联创新工作引领示范奖和突出贡献奖。南通市工商联荣获工商联信息(社情民意信息)工作先进单位。

1月29日,南通市委、市政府召开持续推进"机关作风建设提升年""营商环境提升年"动员大会。南通市委副书记、市长吴新明,市政协主席黄巍东,市人大常委会常务副主任、党组副书记庄中秋,市委副书记、宣传部部长沈雷等出席。

1月29日,2023"故乡情·故乡行"百名通商南通行活动举行。南通市委副书记、市长吴新明,市政协主席黄巍东,市人大常委会常务副主任、党组副书记庄中秋,市委副书记、宣传部部长沈雷,市委常委、统战部部长王小红,市领导王洪涛、刘洪、凌屹等出席。

1月30日,南通市委、市政府召开全市制造业发展大会和项目建设动员大会。南通市委副书记、市长吴新明,市政协主席黄巍东,市人大常委会常务副主任、党组副书记庄中秋,市委副书记、宣传部部长沈雷等出席会议。

二月

2月1日,南通市人民政府制定出台《关于推动经济运行率先整体好转促进制造业倍增和服务业繁荣发展的若干政策措施》，全力推动经济运行率先整体好转。

2月3日，南通市委、市政府召开全市建筑业发展大会。南通市委副书记、市长吴新明，江苏省住建厅副厅长王学锋，南通市政协主席黄巍东，市人大常委会常务副主任、党组副书记庄中秋，市委副书记、宣传部部长沈雷等出席会议。

2月9日，南通市低碳经济协会一届一次会员大会暨成立大会召开，江苏微能低碳有限公司总经理袁亚军当选会长。

2月13—14日，江苏省工商联党组成员、副主席李晓林来通开展"全省民企敢闯敢干"大走访大调研。

2月13日，南通市民营经济"两个健康"推进会暨民营企业"敢闯敢干"动员会在张謇企业家学院召开。南通市委常委、统战部部长王小红，江苏省工商联党组成员、副主席李晓林参加会议。

2月27日，江苏省公布2022年第二批"江苏精品"获证企业名单，南通16家企业16个产品进入名单，2022年累计31家企业通过"江苏精品"认证，位列全省第二。

三月

3月17日，连云港市南通商会正式成立，江苏万千食品投资有限公司董事长翟红军当选会长

3月20日，海内外通商学习贯彻习近平总书记重要讲话和全国"两会"精神报告会在安惠国际会议中心举行。全国政协委员、南通市政府副市长刘洪，全国人大代表、通商总会会长、江苏综艺集团董事长昝圣达等参加会议。

3月21日，南通市人民政府印发关于促进南通市建筑业可持续发展的若干政策意见的通知，推进南通建筑业高质量发展。

3月22日，江苏省工商联党组成员、副主席、省总商会党委书记吴卫东一行来通调研商会组织建设和党建工作。

3月22日，百家商会千家民企进高校活动启动。江苏省工商联党组成员、副主席、省总商会党委书记吴卫东，南通市委常委、统战部部长王小

红,南通大学党委书记尚庆飞,市人民政府副市长刘洪等出席活动。

3月23日,工信部公布2022年度绿色制造名单,南通市天楹环保、双宏纺织、华峰超纤、容汇锂业、中天宽带5家企业被评为绿色工厂,入选数位居全省第三。截至目前,南通市已创建国家级绿色工厂18家,省级绿色工厂42家。

3月25日,在宁通商融合发展大会召开。江苏省委统战部常务副部长顾万峰,省工商联党组成员、副主席吴卫东,南通市委常委、统战部部长王小红出席会议。

3月29日,南通市暖通空调制冷行业协会成立庆典暨揭牌授牌仪式举行,南通市建筑设计研究院有限公司副总经理、教授级高工王立忠当选会长。南通市人民政府副市长刘洪出席会议。

四月

4月1日,全国南通商会第十次合作交流暨长三角南通商会联盟会议在沪举行。江苏省工商联主席刘聪,南通市委副书记、宣传部部长沈雷,市委常委、统战部部长王小红,市政协一级巡视员赵闻斌等出席会议。

4月3日,首届海商发展峰会举行,海商联盟成立。南通市委常委、统战部部长王小红出席会议。

4月4日,南通市人民政府印发关于金融服务全市经济运行率先整体好转的工作方案的通知,进一步强化金融支持和保障,全力以赴助推南通经济运行率先整体好转。

4月20日,南通市人民政府发布2023年"万事好通"南通营商环境优化提升举措新66条,持续优化营商环境。

4月22日,宁波市南通商会一届二次会员大会暨如皋委员会成立大会召开。南通市副市长刘洪出席会议并讲话。

五月

5月4日,上海青年企业家南通行合作交流会举行。南通市委副书记、宣传部部长沈雷,南通市政协党组副书记、副主席、张謇企业家学院院长单晓鸣等出席会议。

5月13日,张謇与通商文化座谈会暨南通市投资环境说明会在京举行。江苏省委统战部副部长、省工商联党组书记刘军,南通市委书记吴新明,市政协主席黄巍东,市人大常委会常务副主任、党组副书记庄中秋,市委常委、统战部部长王小红等出席会议。

5月21日,南通市举行第五届通商大会暨全市民营经济发展大会,会上表彰了"十佳科技新锐""十佳青年通商""优秀新通商""杰出通商""社会突出贡献企业",南通四建集团有限公司董事长耿裕华荣获"张謇杯"杰出企业家称号。南通市委书记吴新明,市政协主席黄巍东,市人大常委会常务副主任庄中秋,市委副书记、宣传部部长沈雷,市委常委、统战部部长王小红等出席大会。

5月23日,"5·23南通企业家日"广场服务活动暨南通市首届商会运动会开幕。江苏省工商联党组成员、副主席熊杰,南通市委常委、统战部部长王小红出席活动。

5月23日,"民营企业家健康护航工程"正式启动。江苏省工商联党组成员、副主席熊杰,南通市人民政府副市长刘洪等出席。

六月

6月8日,江苏易实精密科技股份有限公司成功登陆北交所,南通市委书记吴新明出席"云上市"仪式并为公司敲响上市宝钟。

6月25日,苏州市南通商会成立大会暨苏通民营企业跨江融合发展恳谈会举行,苏州通富超威半导体有限公司董事长石磊当选会长,24个跨江融合项目进行集中签约,总投资额186亿元。江苏省政府参事徐惠民,南通市副市长刘洪等参加活动。

七月

7月10—11日,江苏省工商联党组成员、副主席熊杰一行来通开展民营企业思想政治工作情况专题调研。

7月14日,江苏省工信厅发布《关于江苏省第五批专精特新"小巨人"企业和第二批专精特新"小巨人"复核通过企业名单的公示》,南通64家企业上榜。目前,全市累计获评制造业单项冠军企业(产品)27家、国家级专精特新"小巨人"企业61家、省级专精特新中小企业461家。

7月21日,全国工商联发布关于民营企业产权司法保护协同创新百佳实践案例,南通市工商联与市公安局联合创建的"创新警商融合治理工作模式"入选。

八月

8月9日,南通市委、市政府召开全市民营企业家座谈会。南通市委书记吴新明,市委副书记、代市长张彤,市委副书记、宣传部部长、政法委书记沈雷参加会议。

8月15日,江苏省工商联主席刘聪一行来通走访调研,听取企业发展和商会建设的意见建议。

8月26日,珠海市江苏南通商会正式成立,澳门新通工程有限公司总经理朱云忠当选会长。江苏省委统战部一级巡视员李卫华、江苏省委巡视组原组长、南通市工商联高级顾问陈照煌,南通市委常委、统战部部长王小红,市人民政府副市长刘洪,市政协一级巡视员赵闻斌等出席活动。

8月31日,2023南通新一代信息技术博览会暨中国电子元件产业峰会开幕。南通市委副书记、市长张彤,市人大常委会常务副主任、党组副书记庄中秋参加活动。

九月

9月6日,南通市人民政府发布关于授予2022年度南通市市长质量奖的决定,授予江苏力星通用钢球股份有限公司等5家企业"2022年度南通市市长质量奖(组织类)",授予江苏天成科技集团有限公司等3家企业"2022年度南通市市长质量奖提名奖(组织类)",授予吉宜军"2022年度南通市市长质量奖(个人类)",授予顾清波、邢懿"2022年度南通市市长质量奖提名奖(个人类)"。

9月14日,南通市人民政府印发《关于促进民营经济发展壮大的若干举措》和《关于促进全市经济持续回升向好的若干政策措施》,推动民营经济稳中向好。

9月20日,2023南通投资峰会开幕。南通市委书记吴新明,市委副书记、市长张彤等出席峰会。

9月26日,2023江苏民营企业百强发布会暨中国宿迁绿色产业洽谈会召开,会上发布"2023江苏民营企业200强""2023江苏民营企业制造业100强""2023江苏民营企业创新100强""2023年度绿色发展绿色领军企业""2023江苏民营企业社会责任领先企业"。南通共有26家企业入围江苏民营企业200强榜单,3家企业入围制造业100强榜单,6家企业入围创新100强榜单,20家企业入围绿色发展领军企业,12家企业入围社会责任领先企业。

9月27日,"迎中秋 庆国庆"海内外通商联谊会召开。南通市委常委、统战部部长王小红出席活动并致辞。

9月28日,通籍上海优秀企业家南通发展恳谈会举行。南通市委书记吴新明,市委副书记、市长张彤等出席。

十月

10月10—11日,江苏省工商联党组成员、副主席李晓林率队来通开展《江苏省进一步优化营商环境降低市场主体制度性交易成本任务分工方案》落实情况第三方评估调研。

10月11日,中集安瑞环科技股份有限公司在深交所创业板上市,南通市委副书记、市长张彤出席活动并为公司敲响开市宝钟。

10月12日,江苏省工商联副主席胡明率队走访调研南通民营企业,切实助推民营企业高质量发展。

10月13日,南通市人民政府印发《关于促进个体工商户高质量发展的若干政策措施》,更大力度支持个体经济发展。

10月17—18日,第三届"一带一路"国际合作高峰论坛在北京举行。会上南通两家民企项目参加了签约仪式,南通市委书记吴新明在绿色发展高级别论坛上作发言。

10月23日,江苏省新型工业化推进会议召开,会上江苏省委、省政府对"江苏省优秀企业""江苏省优秀企业家"进行表彰。南通市8家企业被评为江苏省优秀企业,8名企业家被评为江苏省优秀企业家

10月27日,江苏质量大会举行,会上发布了2023年第一批"江苏精

品"认证企业名单,南通市23家企业上榜;会上公布了《省政府关于授予2023年江苏省省长质量奖的决定》,江苏铁锚科技股份有限公司荣获2023年江苏省省长质量奖。

10月27日,全国家纺消费节在中国叠石桥国际家纺城开幕。商务部市场建设司司长周强,南通市委书记吴新明,江苏省商务厅副厅长吴海云出席。

十一月

11月4日,纪念张謇先生诞辰170周年座谈会在南通国际会议中心举行。全国政协副主席、全国工商联主席高云龙,江苏省委常委、统战部部长惠建林,南通市委书记吴新明,市委副书记、市长张彤,市政协主席黄巍东,市人大常委会常务副主任、党组副书记庄中秋,市委副书记、宣传部部长沈雷等出席。南通市工商联《坚持"政治铸魂 经济赋能 固本强基"三位一体 擦亮全国民营经济人士理想信念教育基地金字招牌》经验做法得到全国政协副主席、全国工商联主席高云龙同志肯定性批示。

11月10日,南通青年企业家创新发展峰会举行,会上启动了"新生代企业家雏鹰计划"。江苏省工商联二级巡视员李晓东,南通市委常委、统战部部长王小红,市政协党组副书记、副主席、张謇企业家学院院长单晓鸣等出席峰会。

11月16日,南通市商会高质量发展推进会举行,会上发布《南通市工商联所属及在外商会高质量发展三年行动计划(2023—2025)》。江苏省工商联党组成员、副主席吴卫东,南通市委常委、统战部部长王小红等出席会议。

11月18日,南通市滁州商会成立,南通佳杰建筑科技有限公司总经理邱加杰当选为第一届理事会会长。

11月29日,2023高技术船舶和海工装备国家先进制造业集群(南通)发展大会暨船舶海工产业展在南通国际会议中心开幕。江苏省副省长胡广杰,南通市委副书记、市长张彤,市人大常委会常务副主任、党组副书记庄中秋,市委副书记、宣传部部长沈雷出席。

十二月

12月3日,上海市南通商会二届一次会员大会暨投资环境说明会召开,江苏省工商联副主席胡明,南通市委副书记、市长张彤,市委常委、统战部部长王小红,市人民政府副市长刘洪、李玲,市政协党组副书记、副主席,张謇企业家学院院长单晓鸣等出席活动。

12月6日,国家知识产权局发文确定2023年度国家知识产权示范企业和优势企业,南通市14家民营企业被确定为国家知识产权示范企业、17家民营企业被确定为国家知识产权优势企业,总数位居全省第二。截至目前,全市有效发明专利拥有量42 673件,共有国家知识产权示范企业50家、优势企业68家,入选企业总数全省第二。

12月7日,2023南通服装创新发展大会召开。南通市委常委、统战部部长王小红,南通市人大常委会副主任、市总工会主席葛玉琴,南通市人民政府副市长刘洪,南通市政协一级巡视员赵闻斌等出席会议。

12月10日,南京市南通商会五届一次会员大会暨南京市通商联合会揭牌仪式举行。江苏省工商联主席、总商会会长刘聪,省人大教育科学文化卫生委员主任委员陆永泉,南通市人民政府副市长刘洪出席会议。

12月10日,2022—2023年度中国建设工程鲁班奖(国家优质工程)颁奖大会举行。通州建总集团有限公司、苏中建设、南通四建集团有限公司分别承建的3个项目获得"小金人"奖杯。南通建筑铁军获得的鲁班奖达到124个,数量高居全国地级市之首。

12月13日,南通市政府印发《关于加强和优化科创金融供给的若干政策措施》,加大金融支持创新力度,营造有利于科技型中小企业成长的良好环境。

12月17—22日,南通市委常委、统战部部长王小红率队赴吉林、黑龙江考察调研,进一步推动南通民营企业走出去开展合作交流。

12月23日,南通—盐城民营企业高质量发展交流会举行。江苏省工商联党组成员、副主席熊杰,南通市政府副市长刘洪出席活动。

12月29日,全国工商联办公厅发布关于商会调解培育培优行动工作情况的通报,南通市商会商事调解中心被评为商会调解培育培优行动中工作突出的商会调解组织。

2023年南通市入围中国民营企业500强名录

序号	排名	企业名称	营业收入(万元)	所在地
1	102	中天科技集团有限公司	9 024 546	如东县
2	170	南通四建集团有限公司	6 270 609	通州区
3	189	龙信建设集团有限公司	5 721 953	海门区
4	217	通州建总集团有限公司	5 217 637	通州区
5	298	南通化工轻工股份有限公司	4 057 679	崇川区
6	372	江苏江中集团有限公司	3 354 529	如皋市
7	401	南通建工集团股份有限公司	3 203 284	崇川区
8	427	南通五建控股集团有限公司	3 114 214	如东县

2023年南通市入围中国制造业民营企业500强名录

序号	排名	企业名称	营业收入(万元)	所在地
1	64	中天科技集团有限公司	9 024 546	如东县
2	375	通富微电子股份有限公司	2 142 857	崇川区

2023年南通市入围中国服务业民营企业100强名录

序号	排名	企业名称	营业收入(万元)	所在地
1	70	南通化工轻工股份有限公司	4 057 679	崇川区

2023年南通市入围中国民营企业发明专利500家名录

序号	企业名称	排名	行业
1	中天科技集团有限公司	72	电气机械和器材制造业
2	中国天楹股份有限公司	112	生态保护和环境治理业
3	通富微电子股份有限公司	190	计算机、通信和其他电子设备制造业

2023年南通市入围中国民营企业研发投入500家名录

序号	企业名称	排名	行业
1	中天科技集团有限公司	70	电气机械和器材制造业
2	通富微电子股份有限公司	138	计算机、通信和其他电子设备制造业
3	江苏南通三建建筑装饰集团有限公司	318	建筑装饰、装修和其他建筑业

2023年南通市入围江苏省民营企业200强名录

序号	企业名称	营业收入(万元)	排名
1	中天科技集团有限公司	9 024 546	12
2	南通四建集团有限公司	6 270 609	22
3	龙信建设集团有限公司	5 721 953	23
4	通州建总集团有限公司	5 217 637	26
5	南通化工轻工股份有限公司	4 057 679	45
6	江苏江中集团有限公司	3 354 529	57
7	南通建工集团股份有限公司	3 203 284	62
8	南通五建控股集团有限公司	3 114 214	71
9	华新建工集团有限公司	2 413 361	94
10	南通新华建筑集团有限公司	2 211 659	96
11	启东建筑集团有限公司	2 150 008	101
12	通富微电子股份有限公司	2 142 857	102
13	江苏文峰集团有限公司	1 702 150	112
14	南通市达欣工程股份有限公司	1 590 288	115
15	江苏信拓建设(集团)股份有限公司	1 535 759	117
16	江苏通州四建集团有限公司	1 450 281	125
17	江苏新龙兴建设集团有限公司	1 425 885	128
18	中如建工集团有限公司	1 401 212	131

序号	企业名称	营业收入(万元)	排名
19	江苏当升材料科技有限公司	1 314 741	135
20	鑫源茧丝绸集团股份有限公司	1 231 518	144
21	江苏顺通建设集团有限公司	1 132 415	150
22	江苏文凤化纤集团有限公司	1 036 164	161
23	南通华荣建设集团有限公司	925 285	173
24	梦百合家居科技股份有限公司	801 724	191
25	江苏启安建设集团有限公司	799 453	193
26	江苏南通六建建设集团有限公司	794 340	194

2023 年南通市入围江苏省民营企业制造业 100 强名录

序号	企业名称	营业收入（万元）	排名
1	中天科技集团有限公司	9 024 546	12
2	通富微电子股份有限公司	2 142 857	70
3	江苏当升材料科技有限公司	1 314 741	95

2023 年南通市入围江苏省民营企业创新 100 强名录

序号	企业名称	技术领域	排名
1	江苏中天科技股份有限公司	电子信息	3
2	通富微电子股份有限公司	电子信息	10
3	江苏林洋能源股份有限公司	先进制造与自动化	39
4	南通江海电容器股份有限公司	电子信息	66
5	江苏天楹环保能源成套设备有限公司	资源与环境	70
6	江苏神马电力股份有限公司	先进制造与自动化	78

2023年南通市入围江苏省绿色发展领军企业名录

江苏王子制纸有限公司

招商局重工(江苏)有限公司

江苏优嘉植物保护有限公司

威格(江苏)电气设备有限公司

江苏宝众宝达药业股份有限公司

百威(南通)啤酒有限公司

中集安瑞环科技股份有限公司

江苏恒科新材料有限公司

江苏联发环保新能源有限公司

南通中集太平洋海洋工程有限公司

南通深南电路有限公司

精华制药集团南通有限公司

江苏慧聚药业股份有限公司

中国天楹股份有限公司

南通天楹环保能源有限公司

宝钢集团南通线材制品有限公司

南通远吉织染有限公司

江苏德威涂料有限公司

南通江天化学股份有限公司

江苏当升材料科技有限公司

2023年南通市入围江苏省民营企业社会责任领先企业名录

中天科技集团有限公司
南通四建集团有限公司
中南控股集团有限公司
中国天楹股份有限公司
希诺股份有限公司
通富微电子股份有限公司
鑫缘茧丝绸集团股份有限公司
通州建总集团有限公司
罗莱生活科技股份有限公司
江苏联发纺织股份有限公司
江苏神马电力股份有限公司
江苏正威新材料股份有限公司

2023 年南通市江苏省省长质量奖获奖名录

江苏铁锚科技股份有限公司

图书在版编目(CIP)数据

南通民营经济发展报告：2023—2024 / 南通市工业和信息化局, 南通市工商业联合会(总商会)编. -- 北京：中华工商联合出版社, 2024.8 --
ISBN 978-7-5158-4082-6

Ⅰ．F121.23

中国国家版本馆 CIP 数据核字第 2024D2F202 号

南通民营经济发展报告(2023—2024)

编　　者：	南通市工业和信息化局　南通市工商业联合会(总商会)
出品人：	刘　刚
责任编辑：	李红霞　孟　丹
封面设计：	刘　兵
责任审读：	付德华
责任印制：	陈德松
出版发行：	中华工商联合出版社有限责任公司
印　　刷：	南通今典印刷科技有限公司
版　　次：	2024 年 10 月第 1 版
印　　次：	2024 年 10 月第 1 次印刷
开　　本：	710mm×1000mm　1/16
字　　数：	280 千字
印　　张：	17.5
书　　号：	ISBN 978-7-5158-4082-6
定　　价：	79.00 元

服务热线：010-58301130-0(前台)
销售热线：010-58302977(网店部)
　　　　　010-58302166(门店部)
　　　　　010-58302837(馆配部、新媒体部)
　　　　　010-58302813(团购部)
地址邮编：北京市西城区西环广场 A 座
　　　　　19-20 层,100044
http://www.chgslcbs.cn
投稿热线：010-58302907(总编室)
投稿邮箱：1621239583@qq.com

工商联版图书
版权所有　侵权必究

凡本社图书出现印装质量问题,请与印务部联系。
联系电话：010-58302915